QUEM TEM MEDO DE
HUGO CHÁVEZ?

FC Leite Filho

QUEM TEM MEDO DE
HUGO CHÁVEZ?
AMÉRICA LATINA: INTEGRAÇÃO PRA VALER

Prefácio de Beto Almeida

São Paulo / 2012

EDITORA AQUARIANA

Copyright © 2012, FC Leite Filho

Capa: *Gustavo Leite*
Foto da capa: *Miguel Romero – Prensa Presidencial de Venezuela, 04/07/2004 – Chávez regressa da terceira cirurgia em Havana.*
Foto da 2ª orelha: *Alexandre Amarante*
Pré-revisão: *Helena Iono e Jairo R. Viana*
Revisão e editoração: *Antonieta Canelas*

CIP-BRASIL. CATALOGAÇÃO-NA-FONTE
SINDICATO NACIONAL DOS EDITORES DE LIVROS, RJ

L552q

Leite Filho
    Quem tem medo de Hugo Chávez? : América Latina : integração pra valer / FC Leite Filho ; prefácio de Beto Almeida. - São Paulo : Aquariana, 2012.
    272 p. : 23 cm

    Inclui bibliografia e índice
    ISBN 978-85-7217-158-8

    1. Chávez Frias, Hugo, 1954-. 2. Venezuela - Política e governo. 3. Venezuela - História - Séc. XX. I. Título.

12-7427.   CDD: 320.987
                       CDU: 32(87)

15.10.12   23.10.12   039880

Obras publicadas do autor:
Brizola Tinha Razão, Global Editora, 1987
El Caudillo – Leonel Brizola – Um Perfil Biográfico, Editora Aquariana, 2008

Direitos reservados:
EDITORA AQUARIANA LTDA.
Rua Lacedemônia, 87, S/L – Jd. Brasil
04634-020 – São Paulo – SP
Tel.: (011) 5031-1500 / Fax: 5031-3462
vendas@aquariana.com.br
www.aquariana.com.br

Aos meus três rapazes
Guilherme, Gustavo e Gabriel.

Sumário

Prefácio, 9
I – Integração, enfim, 17
II – O nó com Cuba, 31
III – Freando o golpismo, 37
IV – Aproximando vizinhos e ressuscitando a OPEP, 43
V – Libertando a PDVSA, 51
VI – O germe nacionalista, 59
VII – A chegada de Lula, Kirchner, Evo..., 69
VIII – Petrocaribe, Gasoduto e Banco do Sul, 75
IX – A pá de cal na ALCA, o último bastião neoliberal, 81
X – A ALBA como bloco diplomático, 89
XI – A UNASUL no lugar da OEA, 95
XII – Não é OTAN, mas..., 101
XIII – Integração se afirma com a crise de 2008, 107
XIV – Telesur, a nova televisão do Sul, 113
XV – Alô Presidente, @chavezcandanga e a democracia direta, 123
XVI – Resorte, a primeira lei de regulação da mídia, 135
XVII – 11 de abril, o Golpe Midiático, 139
XVIII – A breve vitória do embuste democrático, 149
XIX – A animosidade dos Estados Unidos, 159
XX – Surge uma nova Argentina, 163
XXI – *Ley dos Medios*, Papel Prensa e Reforma Política, 169
XXII – O Plano Colômbia e as sete bases americanas, 179
XXIII – A nova rodada de 2012 pela paz na Colômbia, 189
XXIV – Isolada, a OEA agarra-se à CIDH, 195
XXV – O fim do analfabetismo e da exclusão escolar, 201
XXVI – O *laptop* das crianças pobres, 207
XXVII – O Socialismo do Século XXI, 211
XXVIII – A entrada no Mercosul, 219

XXIX – A doença de Chávez, 223
XXX – A eleição de 7 de outubro de 2012, 233
      Agradecimentos, 243
      Bibliografia, 245
      Depoimentos, 248
      Fotos, 248
      Vídeos, 249
      Abreviaturas e Siglas, 249
      Sites e Blogs, 250
      Índice remissivo, 251
      Sobre o autor, 263

Prefácio

A cobertura da mídia brasileira e internacional sobre o levante insurrecional de 4 de fevereiro de 1992, ocorrido em Caracas e em várias cidades venezuelanas, quando um movimento de jovens oficiais do Exército, liderados por um desconhecido tenente-coronel paraquedista Hugo Chávez, apresentava o episódio apenas como uma quartelada a mais, num continente latino-americano marcado por sangrentos golpes de Estado.

No entanto, mesmo à distância, era possível aos observadores mais atentos perceber, ainda sob a notícia apresentada como golpismo, que ali se abria uma nova página da História da Venezuela – país de uma tradição histórica invejável – e também para uma outra etapa da América Latina. Afinal, aqueles jovens militares que tentavam derrubar o governo corrupto de Carlos Andrés Perez, autodenominavam-se bolivarianos, possuíam um discurso anti-imperialista e tinham como programa básico a convocação de uma Assembleia Nacional Constituinte, com ampla participação popular, com objetivo declarado de tirar a Venezuela da condição de colônia petroleira. Afinal, um país tão rico em petróleo e outros recursos minerais, era objeto de sinistra operação de exploração de sua riqueza e do seu povo, num modelo que tinha como ferramenta uma burguesia parasitária venezuelana, ajoelhada vergonhosamente ante os EUA, maior beneficiário daquele sistema. O antijornalismo da grande mídia lhe impediu ver a mensagem histórica transformadora que aqueles rebeldes carregavam ao colocar em risco a própria vida.

Aquele levante insurrecional não alcançou os objetivos esperados naquele momento. Foi derrotado momentaneamente, para tornar-se vitorioso no terreno da história, já que seu líder, Hugo Chávez, após alguns anos na prisão, tornar-se-ia a síntese de uma aspiração libertária do povo venezuelano. Graças à inteligência popular, Chávez, na prisão, se transforma no homem mais popular do país. Aquela rebelião militar – uma espécie de filha do Caracazo, porque se inspirava na dor e na indignação do povo –, formalmente uma quebra da legalidade que acobertava atos ilegais e entreguistas de um governo submisso aos ditames do FMI, é mais tarde legalizada e institucionalizada quando, por meio de *Referendum*, o povo venezuelano aprova uma nova Constituição democrática, popular e anti-imperialista, parte do programa do movimento militar de 4 de fevereiro.

"Quando ele falou na TV, vimos que ele era um dos nossos, era como nós", disse-me uma vez uma doce senhora na gigantesca favela de El Valle, quando lá passei um dia inteiro, em 2002, conversando com os moradores para conhecer os projetos comunitários, a atuação dos médicos cubanos, a aliança cooperativa com os militares que atuavam na documentação, em pequenas obras de saneamento, de construção etc. Ela se referia aos 47 segundos que Chávez falou em cadeia de TV e Rádio para propor aos seus correligionários, ainda alçados em armas, que se rendessem, porque "por ahora" os objetivos não poderiam ser alcançados e devia-se poupar a vida dos insurretos.

47 segundos – Poucos anos mais tarde, fui convidado pela Universidade Complutense, de Madri, a participar de um Seminário sobre *Información y Liberación*, representando a Telesur. Lá ouvi um dirigente comunista afirmar que depois de muitas discussões internas e ceticismo sobre se Chávez era de fato um homem de esquerda, apenas após o golpe de 11 de abril de 2002, eles, finalmente, deixaram de ter dúvidas. Chávez era de esquerda. Não me contive e, para manter uma boa polêmica, registrei que enquanto aquele setor de comunistas espanhóis havia levado 10 anos para se convencer que Chávez, golpeado pelo imperialismo e recolocado no poder por um gigantesco movimento cívico-militar, era ou não um homem de esquerda, as massas venezuelanas levaram apenas 47 segundos para perceber que ali nas telas de TV estava o seu líder, um mestiço índio-negro, falando a linguagem que o povo entende e que passou a seguir, com lealdade e entrega. Lealdade que se verificou nesta quarta vitória eleitoral de Chávez, de 7 de outubro de 2012, pelo voto direto, numa eleição em que o ex-presidente dos EUA, Jimmy Carter, declarou ser das mais límpidas e confiáveis do mundo. Era uma referência, também, às urnas eletrônicas com auditagem pelo voto impresso, o que não ocorre, por exemplo, com as urnas eletrônicas brasileiras, recusadas por 41 países como inconfiáveis, embora aceitas pelo Paraguai, talvez em retribuição à doação de 19 mil destes equipamentos que o TSE fez ao país inexperiente em democracia.

Fiz este pequeno retrospecto para registrar a importância deste livro *Quem tem medo de Hugo Chávez?* que o experiente jornalista FC Leite Filho está entregando aos leitores brasileiros, sobretudo por ser um trabalho de pesquisa e análise que revela o complexo e sofisticado jogo de desinformação que se lançou contra a Revolução Bolivariana da Venezuela, muitas vezes com capacidade de confundir, seduzir e capturar, até mesmo setores do campo progressista, como se verificou acima nas dificuldades dos comunistas espanhóis para compreender o processo transformador venezuelano.

Tal como ocorrido em outros processos revolucionários latino-americanos, a máquina infernal de desinformação a soldo dos EUA, com a cumplicidade subalterna das oligarquias midiáticas nativas, logo identificou no processo liderado por Hugo Chávez um perigoso exemplo para outros povos também necessitados de organizar um curso rebelde contra a manutenção dos indefensáveis privilégios das empresas transnacionais, sobretudo norte-americanas, sobre as formidáveis riquezas naturais latino-americanas. O livro faz paralelos ágeis e didáticos, a partir de pesquisa paciente e rigorosa, com outros momentos em que correntes progressistas da região, sejam militares ou não, lançaram-se contra a dominação imperial sobre estas terras.

Bolívar e Vargas – Aqui vale registrar que não é casual a grande simpatia que Hugo Chávez nutre pela figura histórica de Getúlio Vargas, um anti-imperialista, cujo passo inicial para transformar o Brasil, deu-se igualmente por meio de um movimento cívico-militar, que em apenas 24 horas havia conseguido recrutar mais de 20 mil voluntários a pegar em armas e arriscar suas vidas por um projeto de mudanças. A Revolução de 1930, um processo transformador que criou o mais amplo sistema de direitos sociais e trabalhistas (CLT), previdenciários, fundou uma nova escola, o próprio Ministério da Educação, o do Trabalho, o da Aeronáutica, então inexistentes, iniciou a industrialização brasileira, como base do Estado, fez nascer a Vale do Rio Doce, a Petrobras, a indústria naval, um sistema de comunicação, a Voz do Brasil, o Rádio Nacional e o Rádio Mauá, mas, apesar de tudo isso, seu líder sempre foi taxado, injustamente, como golpista, ditador e até fascista.

Não surpreende, portanto, os paralelos possíveis com o movimento transformador de Chávez e sua simpatia por Vargas. Até hoje são feitas minisséries, livros, documentários pelos oligarcas midiáticos que continuam vendo o perigo do ressurgimento da Era Vargas – uma sombra permanente que amedronta as oligarquias brasileiras – tal como fez Hugo Chávez com Simón Bolívar, retirando-o das catacumbas da história, onde era "admirado e cultuado" até pela burguesia venezuelana, desde que ficasse lá, imóvel no passado, para fazê-lo andar como exemplo vivo, concreto e programático pelas ruas de Caracas. Com isso, Chávez, capaz de repetir de cor textos fundamentais de Bolívar, vai dotando aquele povo de uma missão libertadora para as gerações atuais e as futuras, inclusive para os povos latino-americanos, como explica FC Leite Filho em vários capítulos. O livro demonstra que a ideia da integração da América Latina foi um projeto concreto em Bolívar, construído na ponta do fuzil, mas movido por um ideal justo e historicamente necessário, que deu a ele e a seus homens inspiração e força suficientes para suportarem todas as intempéries, até mesmo cruzar os Andes a cavalo para libertar outros povos do jugo do colonialismo espanhol. Chávez sabe que sua missão é árdua.

A integração da América Latina ganha neste livro uma narrativa saborosa e leve, apresentada como um processo concreto em andamento, muito longe da narrativa desintegradora e fracassionista com que é apresentada pela mídia neocolonial. Leite informa sobre os passos concretos que já foram adotados pelos governos progressistas latino-americanos, tendo sempre à frente um incansável Hugo Chávez, que para além dos discursos integracionistas em suas incontáveis viagens pela região, vai utilizando legitimamente o petróleo como ferramenta construtora desta cooperação.

Petróleo, educação e integração – Para isto foi necessário fazer ressurgir uma OPEP longe do cabresto das oligarquias petroleiras, com coragem para fazer com que o petróleo deixasse a vergonhosa situação de ter um preço mais baixo do que o de água mineral ou a coca-cola. Isto exigia a completa soberania sobre a PDVSA, estatal petroleira venezuelana que, tinha sido cooptada e infiltrada por uma sistemática imperialista, com a intervenção da CIA, que beneficiava o maior comprador de petróleo, os EUA. Recuperada a PDVSA para o controle do Estado, medida que estava prevista no Manifesto do Levante de 4 de Fevereiro de 1992, agora Dia da Dignidade Nacional, estava o governo Chávez dotado de um instrumento para fazer a integração sair do papel. Aliás, o próprio Chávez é um ferrenho crítico de reuniões de cúpula que nada decidem enquanto os povos da região afundam-se em miséria.

O autor ainda demonstra como as vitórias de Lula da Silva, no Brasil, e de Néstor Kirchner, na Argentina, em eleições que representavam um esgotamento da onda neoliberal na região, abrem para Hugo Chávez uma estrada para semear novamente em solo fértil os ideais integracionistas de Bolívar e de José Ignácio de Abreu e Lima, militar brasileiro que, perseguido pela Coroa Portuguesa no Brasil por sua postura revolucionária-republicana, foge para a Venezuela e torna-se um dos principais colaboradores militares e teóricos do Libertador, sendo inclusive um dos redatores do jornal Correo del Orinoco, porta-voz da luta de independência venezuelana. Assim como retirou Bolívar do campo abstrato da historiografia enciclopédica paralisante e o trouxe vivo para a luta emancipatória, Chávez sinaliza que esta gesta internacionalista não começou hoje, cabendo às novas gerações de brasileiros e latino-americanos fazer o resgate do General Abreu e Lima e da atualidade de sua função histórica.

Os acordos de cooperação econômica e comercial com o Brasil e a Argentina permitem à Venezuela dar um impulso notável no processo de sua industrialização para escapar de vez da "maldição do petróleo". Pela primeira vez na sua história, um país rico como a Venezuela, que nadava em petróleo, mas importava até alface de avião de Miami e não fabricava sequer uma caixa de fósforos, começa a implantar a sua economia agrícola, para o que conta com a participação da Embrapa brasileira e também da tecnologia agropecuária da Argentina.

No campo industrial, os acordos com a Rússia, a China e o Irã formatam um novo patamar para uma arrancada, importantíssimo para um país que não teve a sua própria Era Vargas. No plano social, educacional e informativo, FC Leite Filho com a experiência de quem acompanhou a caminhada de Leonel Brizola, um líder obcecado pelo papel libertador da educação, informa com densidade sobre a relevância dos acordos específicos feitos entre Venezuela e Cuba para erradicar o analfabetismo – a Unesco declarou o país Território Livre do Analfabetismo – para reduzir drasticamente a mortalidade infantil, com a presença de 30 mil médicos cubanos, e a generosa implantação da Missão Milagro, pela qual Cuba e Venezuela, comprometeram-se a realizar cirurgias gratuitas de cataratas com a meta de livrar, em 10 anos, 6 milhões de latino-americanos do risco da cegueira, perfeitamente evitável quando o estado não age com criminosa negligência e insensibilidade social, como se vê nos sistemas de saúde dominados pela ótica capitalista.

Revolução pacífica, porém armada – Como todos estes avanços sociais são rigorosamente sonegados do grande público, seja dentro da Venezuela seja no exterior, torna-se ainda mais interessante o capítulo que o jornalista cearense dedica à explicação da guerra de desinformação que se lança, como um dilúvio incessante e mundial, para impedir que a Revolução Bolivariana seja conhecida objetivamente como tal, um processo transformador. Um processo *sui generis* porque combina formas de luta que vão da rebelião armada insurrecional à sua institucionalização pelo uso dos processos eleitorais. Talvez uma síntese importante para se compreender dialeticamente este processo seja uma declaração do próprio Chávez advertindo às constantes tentativas de desestabilização, golpes e até magnicídio de que foi vítima: "A Revolução Bolivariana é pacífica, porém armada". Ou seja, considerando-se admirador de Getúlio Vargas, de Perón e de Alvarado, líder da Revolução Inca que galvanizou as massas proletárias peruanas, por meio da estatização do petróleo e da reforma agrária, Chávez revela sua disposição de enfrentar processos golpistas que apearam do poder os líderes acima mencionados e outros como Jango e Allende, quando a legalidade democrática não se organizou para, legitimamente, fazer a sua própria defesa contra os golpes preparados a partir de Washington.

Rumo ao Sul – A envergadura da guerra de desinformação contra Chávez é tão grande que até minutos antes da divulgação do resultado eleitoral, jornalistas globais afirmavam que havia pesquisas apontando para a vitória da oposição. O que dizer então dos inúmeros jornalistas que asseguravam que Chávez estava à beira da morte e que sequer chegaria vivo até as eleições? Por tudo isto, o livro que ora chega ao grande público é extremamente útil por mostrar e contextualizar o conjunto das políticas bolivarianas. Estas vão, desde o reforço da integração latino-americana com o impulso de obras de infraestrutura, com a participação de empresas argentinas e brasileiras, estas financiadas pelo BNDES –

banco estatal criado exatamente na Era Vargas –, como a fundação de iniciativas estratégicas como a Telesur, no campo informativo, a Petrosul e o Gasoduto do Sul, no campo energético, incluindo até mesmo a conexão de Cuba – simbólica e concreta – ao continente sul-americano, por meio de um cabo submarino de fibra ótica, que retira a ilha cubana da dependência das empresas norte-americanas, que lhe impõem restrições absurdas para o uso da internet e outros.

O voto da maioria do povo venezuelano reelegendo Hugo Chávez pela quarta vez é um voto pela integração latino-americana e pela continuidade das políticas sociais bolivarianas que fizeram da Venezuela o país menos desigual da região, que paga o maior salário mínimo do continente e que acaba de instalar a mais moderna e justa legislação trabalhista, reduzindo de 44 para 40 horas semanais a jornada de trabalho, enquanto na Europa o estado de bem-estar social é objeto de demolição pelos mesmos setores que apoiaram o Golpe de Abril de 2002. Entre 1999 e agora, Chávez enfrentou 16 eleições, plebiscitos ou referendos, dos quais venceu 15, tendo respeitado democraticamente o resultado na única vez em que foi derrotado.

Por tudo isto, o livro *Quem tem medo de Hugo Chávez?*, de FC Leite Filho, é uma oportunidade notável para os leitores que querem fazer um mergulho no papel político desempenhado pelo presidente venezuelano e nos cenários que se abrem com sua nova vitória para uma urgente e necessária integração latino-americana, capaz de dar aos nossos povos condições para enfrentar a crise capitalista que se aprofunda e se alastra, e, assim, construir um caminho soberano, solidário e cooperativo para uma nova América Latina, não mais marcada por cem anos de solidão, mas, certamente, por cem anos de cooperação!

Beto Almeida
Membro da Junta Diretiva da Telesur
Brasília, 8 de outubro de 2012.

I — Integração, enfim

Crianças e jovens pobres indo para a escola pública com um microcomputador a tiracolo. Elas já não carregam livros porque o material didático e os deveres de casa são feitos em classes plugadas na internet, garantindo a independência do saber, da ciência e da tecnologia. Cenas de um país escandinavo ou Estados Unidos? Errado. Elas ocorrem no Uruguai, na Argentina, na Venezuela...

Este é apenas um dos resultados da política de integração latino-americana, deflagrada em 1999, que diminuiu o desemprego, recuperou os salários e multiplicou em algumas vezes o comércio e o intercâmbio tecnológico, cultural e geopolítico entre os países vizinhos. A aproximação ainda resultou na blindagem contra as fugas de capitais e ataques especulativos, como era comum sob o modelo neoliberal, tornando o subcontinente quase impermeável à crise mundial de 2008 e seus espasmos ulteriores que ainda se arrastavam em 2012.

Como se materializou a nova geopolítica, tão aspirada por esses povos, mas sempre frustrada ao longo de dois séculos de independência formal das antigas metrópoles? Remontemos alguns anos. No início de 1999, um coronel paraquedista expulso do Exército lançava a primeira de suas invectivas contra a ingerência dos Estados Unidos numa conferência de presidentes da República. Ele acabara de ser eleito, aos 44 anos, presidente da Venezuela, em eleições livres, com 56% dos sufrágios. Era sua estreia internacional como chefe de Estado, numa dessas cúpulas interamericanas. Um veterano e solitário militante nessas denúncias, o ouvia, atento e rejubilado. Mandou-lhe um bilhete: "Percebo que já não sou o único diabo nessas reuniões".

O noviço era Hugo Rafael Chávez Frías. O veterano, Fidel Castro Ruz, de 73 anos. Na verdade, os dois se conheciam havia algum tempo. Fidel lhe dera uma recepção de chefe de Estado, ou como disse o líder cubano, de Comandante-em-Chefe do Movimento Bolivariano Revolucionário em Havana. E foi recebê-lo ao pé da escada do avião. Isto aconteceu pouco depois que o militar saíra da prisão, em Caracas. Chávez estivera preso por dois anos, por causa do levante militar que desfechou, sem sucesso, em 1992, contra o então presidente Carlos Andrés Pérez. Pérez havia antes decretado um pacote de arrocho, exigido pelo FMI, que redundou no Caracazo, a comoção social provocada, em fevereiro de 1989, pela repressão aos protestos contra a medida, causando centenas de mortes, em vários dias de tensão no país.

A visita de Chávez a Cuba em 14 de dezembro 1994, deu-se num momento particularmente dramático, quando os cubanos mais se ressentiam do período especial, provocado pela interrupção da maciça ajuda soviética de que desfrutavam até a queda do muro de Berlim, em 1989. Era já noite e nas ruas, quase às escuras por causa do racionamento de energia, Chávez disse que não viu um só carro. A população recorria em massa à bicicleta e lhe pesava a ameaça de fome. A revolução cubana enfrentava sérios desafios e a mídia mundial previa para muito breve a queda do regime. A aparente desolação do cenário, inspirou alguns veículos venezuelanos a estampar a manchete sobre a foto dos dois cumprimentando-se: "Abraço de afogados". Chávez, como ativista político e militar; Fidel, 33 anos mais velho, era também autor de um levante frustrado, o assalto ao Quartel da Moncada, seis anos antes de assumir o poder com a revolução cubana, em 1959.

Depois da recepção calorosa (vídeo da chegada – *ver p. 249*) de Fidel, no Aeroporto José Martí, e das honras militares, Chávez foi, no dia seguinte, dar uma palestra (vídeo no Youtube – *ver p. 249*) na Casa de Bolívar e depois uma aula magna na Universidade de Havana, às quais também assistiu Fidel (sempre tomando notas, como lembra Chávez) e todo o governo. Chávez envergava faceiro um *liqi liqi*, terno típico de sua região, o *Llano* venezuelano, muito parecido com o traje popularizado por Mao Tse Tung, que ressaltava, pelo aprumo, sua figura jovem e esguia do militar, então aos 40 anos. Sentia-se em plena glória. Disse que era a primeira vez que vinha a Cuba, fisicamente, porque em sonhos lá já estivera uma infinidade de vezes. E tal era o seu entusiasmo que, na palestra, afirmou algo premonitório: "Algum dia esperamos vir a Cuba, para estender os braços e, em condições de, mutuamente, alimentar nosso projeto revolucionário latino-americano. Imbuídos estamos, há séculos, da ideia de um continente latino-americano, hispano-americano e caribenho, integrado em uma só nação, que somos".

Quinze anos depois, quando foi a Cuba comemorar os 15 anos desta primeira visita à Ilha e os cinco de existência da ALBA, Chávez proclamou: "Naquela noite de dezembro, quase véspera de natal, este soldado que está aqui, filho de Cuba que me sinto, cheguei a Cuba para sempre. Nunca mais vou embora de Cuba". Na ocasião, assinou 285 contratos com Cuba, equivalente a um montante de mais de três bilhões de dólares, contemplando as áreas de educação, saúde, habitação, alimentação, tecnologia: "São dois governos que se fundem num só", sublinhou.

Sempre se identificando como soldado, Hugo Chávez ainda foi mais longe: "Não é arriscado pensar em uma associação de estados latino-americanos. Por que não pensar nisso? Porque foi o sonho original de nossos libertadores". Fidel não perdeu oportunidade de aduzir: "Poderíamos falar de latino-americania, porque estas são as ideias e os princípios que nos cabem defender mais que nunca". Dali a cinco anos, Chávez chegava ao poder na Venezuela e entreteria uma das colaborações mais intensas com Cuba. A mais 11 anos, instalava-se a União das Nações Sul-Americanas, a UNASUL, que selaria a efetiva integração entre os americanos do sul. E a mais 13 anos, a Comunidade de Estados da América Latina e Caribe, a CELAC, unindo todos os 33 países latinos e povos caribenhos das três Américas.

Mais que conhecidos, Chávez e Fidel eram cúmplices num projeto, sobre o qual muito discorreremos ao longo destas páginas. Na verdade, a história começa aqui, porque, sem essa simbiose, dificilmente ocorreria o impulso, ou a "pulsão heróica", como Chávez diz, para determinar as mudanças que marcariam as novas relações entre os países que compõem a chamada América Latina.

Solitários, incompreendidos, às vezes (ou muitas vezes) ridicularizados, Chávez e Fidel embrenharam-se, a partir dali, numa parceria, que renderia, mais tarde, preciosos frutos para a autodeterminação dos seus e de outros países situados ao sul do Texas. Paciente e estoicamente, eles foram se movendo num terreno altamente minado e pantanoso, mas conseguiram, aos poucos, atrair os países vizinhos para a necessidade de união de rumos e objetivos.

Um dos objetivos imediatos parecia inalcançável, mas sem o qual tampouco poderiam avançar: derrocar a ALCA, o mastodôntico projeto da Área de Livre Comércio das Américas, instrumento com que o neoliberalismo contava remover as últimas barreiras alfandegárias e qualquer empecilho à penetração norte-americana na América Latina. Seria um NAFTÃO ou ampliação do NAFTA (*North American Free Trade Agreement*), o draconiano acordo imposto pelos norte-americanos e canadenses ao México, a partir de 1994.

Com o NAFTA, a economia do México passou a definhar até entrar em parafuso, a partir da crise financeira mundial de 2008 e o recrudescimento do narcotráfico. Não conseguiu desatrelar-se, tendo, ao contrário, afundado ainda mais na excessiva dependência do intrusivo vizinho superpotente. O outrora garboso país azteca, na verdade, vinha sendo comprimido não apenas por aquele acordo mas igualmente por outras amarras que lhe vem sufocando há mais de dois séculos e que se traduziam em invasões militares, ocupações militares e a anexação de mais de dois terços de seu território pelo irmão maior.

"¡Pobre México! ¡Tan lejos de Dios y tan cerca de Estados Unidos!", lamuriava-se o general-presidente Porfírio Díaz, no início do século passado.

Impávido, o movimento dos dois líderes caribenhos vai avançando, irreversivelmente, e alterando o panorama geral hemisférico. Em menos de três anos, acabou delineando – e aí já com a adesão de outros atores importantes, como Luís Inácio Lula da Silva, no Brasil, e Néstor e Cristina Kirchner, na Argentina – uma nova configuração.

Foi quando se desatou um processo de aproximação entre os países sul e centro-americanos. O primeiro resultado concreto viria com a surpreendente e inacreditável implosão da ALCA na praia caliente de Mar Del Plata, a 400 quilômetros de Buenos Aires, no verão de 2005. Com efeito, a colossal Aliança vinha se dissolvendo, lentamente, por uma série de fatores, inclusive a pressão da dupla Chávez-Fidel. A gota dágua foram Mercosul e o movimento popular, que, através da III Cúpula dos Povos, ou Contracúpula, tornou o ar irrespirável para a nova instituição. Esta III Cúpula se desenvolvia paralelamente à oficialista IV Cúpula das Américas, naquela cidade balneário. Nesta IV Cúpula, estavam presentes 34 presidentes das três Américas, inclusive George W. Bush e Hugo Chávez – Fidel Castro tinha sido banido desde a primeira cúpula, em Miami, em 1994, pelos Estados Unidos, sob a alegação de ser Cuba "um país não regido pela democracia". Naquele 1994, embasbacados pelo charme do presidente Bill Clinton, 34 países (ou seja, Estados Unidos, Canadá e o resto das nações que compõem as três Américas, incluindo o Brasil) assinaram uma carta de intenções visando à criação de "uma área de livre comércio que comportaria uma população de cerca de 830 milhões de habitantes e um PIB estimado em US$ 20 trilhões".

A Contracúpula, ali em Mar Del Plata de 2005, reuniu, entre outros eventos paralelos, como oficinas, debates, e palestras, organizados por 500 representantes de organizações sociais, políticas e culturais, perto de 80 mil pessoas, num estádio de futebol, não muito longe da sede da IV Cúpula. Entre seus convidados, pontificavam o exuberante líder boliviano Evo Morales e o inquieto jogador argentino Diego Maradona, além de Hugo Chávez. Este não perdeu tempo e decretou, para o regozijo da plateia:

"Cada um de nós trouxe uma pá, uma pá de enterro, porque aqui está o túmulo da ALCA.

ALCA, al carajo!".

Na Cúpula das Américas propriamente dita, os Estados Unidos, ainda que ajudados pelo presidente do México, Vicente Fox, um ex-presidente da Coca-Cola para a América Latina, e outros três presidentes alinhados à sua política (Álvaro Uribe, da Colômbia, e Alejandro Toledo, do Peru), não conseguiram emplacar a ALCA, como pretendiam – o objetivo era obrigar cada país a implantá-la concretamente ao longo do vindouro ano de 2006. Aí chega o Mercosul, liderado pelo Brasil de Lula e a Argentina dos Kirchner, e veta a pretensão, tirando o ar que a ALCA precisava para respirar.

No lugar dela, Chávez e Fidel tinham acertado, três anos antes, a criação da ALBA (inicialmente denominada, Alternativa Bolivariana para as Américas). A ideia, na verdade, nasceu de uma pilhéria dos dois articuladores, num momento em que a ALCA parecia algo avassalador e incontrastável, naquele continente oprimido pelo mais implacável e asfixiante neoliberalismo. Eles, pouco depois, obtinham a adesão do presidente Evo Morales, da Bolívia, Daniel Ortega, da Nicarágua, Rafael Correa, do Equador, mais tarde, Manuel Zelaya, de Honduras. Logo então formaram um bloco pequeno, mas compacto e uniforme, para, paulatinamente, agregar os outros vizinhos, no esforço para enfrentar, de forma orgânica, as influências alienígenas.

Não tardou muito e Lula, do Brasil, e os Kirchner (a pareja presidencial Néstor e Cristina) da Argentina, representando países que, com a Venezuela de Chávez, representavam 80% do PIB sul-americano, fundaram a UNASUL, União das Nações Sul-Americanas. A nova entidade agregava, num organismo autônomo e sem qualquer vínculo comercial ou político com a metrópole do norte, todos os 12 países do subcontinente. Era um concerto proporcionado pela nova paisagem política e que doravante iria dar as cartas na região. Em pouco tempo, a UNASUL estava, sobrepujando a OEA, Organização dos Estados Americanos, fundada (em 1948), financiada e controlada pelos Estados Unidos, tendo inclusive sede em Washington. A intervenção na sublevação separatista do sul da Bolívia, em 2008, no contencioso entre Colômbia, Venezuela e Estados Unidos, em 2009, e no desbaratamento de um golpe de Estado no Equador, em 2010, mostrou a eficácia e a pronta ação da UNASUL.

A concepção da ALCA, na verdade, tem origem no Consenso de Washington, entidade aparentemente volátil, mas de ação determinante, imposta pelo projeto de superpotência que os norte-americanos acalentaram depois do desmoronamento soviético. É dele que surge o neoliberalismo, uma nova roupagem da doutrina imperial, destinada a resgatar e aprofundar o capitalismo predatório do início do século XIX.

As medidas determinadas pelo Consenso, sobretudo sua política de arrocho fiscal e salarial e, mais importante ainda, de desmonte dos Estados periféricos, começando pela liquidação de suas grandes empresas públicas, geraram uma situação de insustentabilidade, como demonstraram os ataques especulativos que arruinaram economias antes viçosas, como as do México, Venezuela, Brasil e Argentina.

A reação veio lenta, silenciosa, mas contundente. Não por um tsuname discricionário, mas sim pelo método mais ortodoxamente democrático: a eleição livre e democrática de determinados presidentes da República comprometidos com políticas sociais e com o projeto nacional de seus países. Entre os eleitos, estavam, além de Chávez, o primeiro deles, em dezembro de 1998, seguido de Luís Inácio Lula da Silva, no Brasil, em 2002; Néstor Carlos Kirchner, na Argentina, 2003, Tabaré Ramon Vásquez Rosas, no Uruguai, 2004, Juan Evo Morales Ayma, na Bolívia, 2006, José Daniel Ortega Saavedra, 2006, Rafael Vicente Correa Delgado, no Equador, 2007, e Fernando Armindo Lugo de Méndez, no Paraguai, em 2008.

Dez anos depois dessa virada, a integração parecia tão irreversível, que mesmo presidentes eleitos com apoio, inclusive material, dos Estados Unidos, tiveram de dar marcha-à-ré em seus propósitos de atender às demandas divisionistas de seus apoiadores. Sucede que eles se viram de repente emparedados pela evolução dos vizinhos que progrediam com os frutos da integração, na medida que se distanciavam das políticas neoliberais ditadas pela matriz. Venezuela, Argentina e Brasil adotavam políticas sociais e de intercâmbio que permitiam crescimento de indicadores sociais e econômicos expressivos, enquanto a população passava a contar com melhores salários, menos desemprego e uma educação menos sucateada. O Chile, Colômbia, Peru e México, liderados por aliados incondicionais de Washington, amargavam incômodos retrocessos, além de se sentirem escanteados pelos vizinhos.

O Chile, o sucessor da Argentina como o aluno mais aplicado do neoliberalismo, veria seu iníquo sistema educacional afundar, apesar de tão glamorizado por certa mídia, enquanto aumentava o desemprego, o sucateamento da sua educação e seu decantado desenvolvimento não contemplava a inclusão social. A Colômbia, rica e linda, vendo seu comércio com a Venezuela cair de oito bilhões de dólares para menos de um, e o desemprego subir a 15%. O Peru, com seus problemas sociais explosivos e a eterna perseguição aos indígenas. Por fim, o México se esfumando com a diminuição brusca das remessas de dinheiro de seus naturais nos Estados Unidos e o esgotamento de suas fontes de petróleo.

Já a situação nos países que optavam pela integração era bem outra. De 2000 a 2010, o comércio entre países como Argentina, Brasil, Chile, Bolívia e Venezuela, antes verdadeiras ilhas isoladas, saltariam cerca de dez vezes. Na verdade, o comércio era apenas um item do intenso intercâmbio desses povos, onde a transferência tecnológica passou a ser um fator crucial nas relações. Ficara difícil sujeitar-se à caixa preta que as grandes potências, através de suas empresas transnacionais impunham, secularmente. Antes era aceitá-la ou ver-se condenado ao atraso, à decadência e ao estrangulamento.

Agora, aquilo que até ali não passara de distante sonho de poetas e românticos nacionalistas, demarrava e se solidificava, como não se havia visto desde a chegada de Cristóvão Colombo às terras americanas, em 1492. Pelo menos entre esses países, a ordem passou a ser a abertura desta caixa preta, antes mesmo que o negócio fosse fechado. Foi o caso, por exemplo de empreiteiras brasileiras, como a Odebrecht e a estatal Petrobras, que foram erigir obras gigantescas na Venezuela. Destaque entre elas é a terceira ponte de 11.125 metros de extensão sobre o rio Orinoco, em território venezuelano. Antes, Chávez e Lula haviam inaugurado, em 2006, a segunda ponte, outra maravilha da engenharia, com 3.153 metros em quatro pistas de rodovia e uma ferrovia, ao custo de 1,2 bilhão de dólares, financiados pelo Brasil. Outro é a exploração de petróleo naquela faixa, que poderá conter as maiores reservas do ouro negro no mundo. Elas tiveram de treinar pessoal venezuelano, inclusive com o assessoramento de suas universidades, e montar uma estrutura para que a tecnologia local fosse habilitada a seguir com outros projetos no restante de todo um país em construção. Assim também se deu com as empresas de alimentação e da indústria pesada da Argentina que se transferiram para a terra de Bolívar. Os exemplares de gado de raça que eram trocados por gasolina com o Uruguai também foram incluídos no pacote: só se consumavam depois que lhes fosse dada a receita de como uma vaca uruguaia produzia 28 litros de leite ao dia, e a venezuelana não ultrapassava os sete ou oito.

Assim avançava o novo milênio, depois de mais de vinte anos de ditadura dos militares, seguida de outros vinte de seus sucedâneos civis neoliberais, que submeteram os latino-americanos às mais iníquas formas de trocas e à devastadora penetração dos onisciêntes conglomerados norte-americanos e europeus. Até o dólar foi afastado em certas transações diretas. Primeiro foi o Brasil com a Argentina, que passaram a fazer suas trocas na base das próprias moedas nacionais – o real e o peso –, depois, os países da ALBA, com a adoção do Sucre, a moeda virtual, com a qual, não só economizavam o pedágio do uso da moeda norte-americana, como diminuíam a dependência externa e livravam-se do cutelo do FMI.

Como isso foi possível, numa época em que a superpotência denominada United States of America, assim erigida depois da *débâcle* da União Soviética, a ex-potência concorrente, naquele mundo, então bipolar, parecia estreitar ainda mais os tentáculos sobre o planeta? As Américas Central e do Sul e o Caribe, sempre tratados como quintal, ou *patio trasero* dos Estados Unidos, como preferem chamar nossos vizinhos *hispanohablantes*, na verdade, foi por eles entregue ao deus-dará, como dizemos deste lado luso de cá. Depois de 20 anos de saque, depredação e desmantelamento impingidos pelas políticas de privatizações, desregulamentação e arrombamento das fronteiras, conhecidas genericamente como neoliberalismo, a América Latina tinha quase virado sucata. A super e as outras potências ocidentais estavam de olho no petróleo e outras riquezas do Oriente Médio e da Ásia, ameaçadas por causa da sublevação no Iraque, Afeganistão e o risco de propagação revolucionária em direção à Arábia Saudita e mesmo Israel. Elas queriam evitar outra surpresa, como a do Irã, em 1979, que rompeu com uma secular submissão.

Com efeito, os norte-americanos, consumidores contumazes de gasolina, a ponto de, sozinhos, abocanharem 25% da produção mundial, estavam ameaçados de ver suas reservas petrolíferas se esfumarem antes de iniciada a década de 2020. A Venezuela, seu quinto maior e fiel fornecedor, parecia garantido pelo esquema de dominação, iniciado havia quase um século. Os demais países latinos, como Brasil, Argentina e os outros menores tendiam a seguir, na sua lerdeza de sempre, à sombra do poderio da metrópole. Para essas potências, urgia, isso sim, enfrentar os desafios da radicalização islâmica que vinha avançando sobre o Oriente Médio e partes da Ásia, onde até então se concentravam as maiores reservas do antigo óleo de pedra. Isso porque o quintal da América Latina e seus dóceis povos mestiços pareciam ferreamente domesticados. A poderosa artilharia da propaganda midiática havia pouco permitido que elas se apoderassem, sem derramar uma gota de sangue, de suas grandes empresas estatais e de seus recursos naturais, sobretudo o petróleo e os minérios, e até do subsolo, através de suas empresas transnacionais. Não importava, para elas, que a operação tivesse custado o desmantelamento dos serviços de saúde, escolas, transportes e habitação, multiplicado o desemprego e elevado os índices de miséria a até 70%, em certos casos.

A mídia, este novo fenômeno do fim do século XX, assegurava, com o milagre das comunicações instantâneas, as imagens coloridas e os efeitos especiais da TV e dos computadores, o amortecimento das tensões e o entorpecimento das consciências. O neoliberalismo, ou globalização, como também passou a ser chamada esta avassaladora investida dos grandes conglomerados sobre os povos pobres, conseguiu avançar, olimpicamente, por mais de vinte anos. Seus efeitos nefastos, no entanto, chegaram a um ponto sem retorno, em finais de 2001, quando ocorreu o colapso financeiro da Argentina, até ali tida como o aluno mais aplicado das receitas do FMI e do Consenso de Washington. Um pouco antes, o Caracazo, como ficou conhecida a convulsão social em Caracas de 1989, havia alertado, com suas centenas de mortos, em protesto contra a recessão e o aumento vertiginoso dos preços (só a gasolina subiu 100%, da noite para o dia), que as populações deste lado sofrido das Américas se dispunham a reagir. Mas foi na Argentina, onde o povo na rua botou abaixo, em pouco mais de um mês, cinco presidentes da República comprometidos com o neoliberalismo, onde foi dado um basta. A revolta popular foi logo seguida da declaração da moratória, um fato que fez tremer de susto as transnacionais, ou, mais especificamente, os bancos e as financeiras. Estas, na verdade, já vinham experimentando sobressaltos, com as insolvências no Sudeste da Ásia, México, Brasil e Rússia.

Desenvolvendo-se de forma lenta e insinuante, a reação brotou, aparentemente de geração espontânea. Mas tinha um eixo, que era a integração, ou seja, o esforço conjunto de seus países para, entre si, e sem dependência ou ajuda das potências externas, superar suas dificuldades; e um norte, a sua independência e autodeterminação. Tão isolados quanto desconfiados entre si, por força do divisionismo, de que foram atavicamente impregnados por aquelas potências, esses países vão, aos poucos, juntando seus trapos. Não sem antes substituírem suas carcomidas lideranças associadas ao grande capital, por outras mais identificadas com os anseios de seus povos. E tudo sempre por meio do voto universal e democrático. Num movimento em que, ao mesmo tempo, fortaleciam internamente sua economia, atacando a questão social, quanto possível distantes das antigas metrópoles, se abriam para a cooperação e o intercâmbio. Voltavam-se, igualmente, para outros quadrantes do mundo, como a China, Índia, Rússia e Irã, na busca de mercado e tecnologia para enfrentar problemas que antes pareciam insolúveis, de tão complexos e antigos. O analfabetismo era o primeiro deles. Chaga e maldição dessa parte do mundo, foi aos poucos sendo extinto nos países mais atingidos: Venezuela, Bolívia, Nicarágua e Equador.

As mudanças de dirigentes desses países, que formam o fator determinante desta nova realidade, começaram com a eleição do tenente-coronel Hugo Chávez para presidente da Venezuela, em dezembro de 1998, quando ganhou a eleição, com 56% dos votos. Com sua visão – e mesmo obsessão – bolivariana, calcada nas doutrinas do libertador Simón Bolívar, e tendo como centro a integração econômica e social dos povos irmãos, Chávez lançou-se a uma cruzada, visando à aproximação entre os países da América do Sul e do Caribe, ao mesmo tempo, que se articulava com outros países emergentes, como o Irã, Iraque, Arábia Saudita e Emirados Árabes, além da Rússia e da China. Em pouco tempo, sua ação fez ressuscitar a OPEP, Organização dos Países Exportadores de Petróleo, organismo quase desativado pela política divisionista das grandes potências, como contrapeso no cenário mundial e considerável fatia de poder dos povos desprivilegiados. Tal articulação internacional também propiciava uma solidariedade multilateral, como forma de progredir e superar suas dificuldades e de se garantir contra as sempre presentes retaliações forâneas.

Desde o primeiro momento, ele tem como aliado incondicional Fidel Castro e sua revolução cubana, na época correndo sérios riscos de esvanecer-se, devido ao cenário trazido pela queda do muro de Berlim e à escalada do bloqueio norte-americano. Paradoxalmente, o momento se prenunciava promissor por causa sobretudo do esgotamento do modelo neoliberal, depois da devastação que este provocou no mundo, particularmente na América Latina. Chávez, aliás, é produto direto desta nova conjuntura, que na Venezuela provocou o Caracazo.

Ele havia lançado, anos antes, nos quartéis da Venezuela e outros países, o Movimento Bolivariano Revolucionário, o MBR-200 (tributo aos 200 anos de nascimento de Simón Bolívar), que depois o projetaria como líder militar e político. Para entender o novo processo de união de nossa Latino-América, é preciso mostrar como o movimento cívico e militar de Hugo Chávez conseguiu deslanchar, um tanto a fórceps, e deitar as bases do processo de uma integração, que hoje, no início desta segunda década do terceiro milênio, se configura cada vez mais real e tangível. Antes que examinemos a origem deste movimento, vamos nos ater a um aspecto fundamental que é a aliança com Cuba, o objeto de nosso próximo capítulo.

II — O nó com Cuba

Não se poderá entender o processo empreendido por Hugo Chávez sem examinar o concurso cubano. Há de se perguntar: o que tem a oferecer o regime de Fidel Castro, que muitos consideram esgotado ou falido? Não é bem assim. Cuba, apesar dos efeitos do bloqueio dos Estados Unidos, desenvolveu e mantém um dos melhores sistemas de educação e pesquisas, uma medicina respeitada, uma tecnologia avançada nas ciências, medicamentos, na energia, tecnologia da informação, de alimentos e esportes, um exército altamente adestrado, um serviço de inteligência considerado dos mais eficientes e uma militância internacional de grande potência.

Em contraste, a Venezuela, por causa da abundância e do dinheiro fácil do petróleo, não cuidou em desenvolver uma infraestrutura mínima de país. Importava tudo, principalmente dos Estados Unidos. Sua deslumbrada burguesia orgulhava-se de mandar buscar o *whisky* escocês original em Edimburgo, em boeings fretados, sem falar das verduras que vinham da Flórida, também por via aérea. Enquanto isso, a pobreza disseminava-se, chegando a 76% quando Chávez é eleito, em dezembro de 1998. Nos morros de Caracas, densamente povoados, como os do Rio de Janeiro, grande parte da população nunca tinha visto um médico na vida.

Antes de Chávez, os governos conservadores e os compromissos que foram obrigados a assinar com Washington impediram qualquer tipo de aproximação com a Ilha revolucionária. Só que os dois países comungam uma origem comum da maioria de seus povos, originada dos ex-escravos africanos distribuídos por todo o Caribe, que selou uma relação que abrange todo um período histórico de mais de 200 anos. O professor Humberto Gómez, por exemplo, lembra a história de que uma cubana amamentou Simón Bolívar e que os avós de Antônio José Sucre, líder independentista, nasceram na Ilha.

Mais recentemente, porém, os dois países viviam de costas um para o outro, quando tinham tudo para se complementar, como mostram os novos tempos. Viviam em permanente atrito, a maior parte das vezes arquitetado de fora dos dois países: de um lado, Fidel Castro procurando disseminar a revolução pela América Latina, através do estímulo às guerrilhas, inclusive na Venezuela, considerada altamente estratégica por ser uma potência petrolífera; de outro, os governantes venezuelanos liderando movimentos de hostilidade e pela expulsão de Cuba da OEA (Organização dos Estados Americanos), que acabou se consumando em 1962.

De lá até 1999, as escaramuças persistiram, mesmo depois que Fidel Castro renunciou à exportação revolucionária, em 1970, bem antes da queda do muro de Berlim. Os contenciosos foram se avolumando, obviamente teleguiados pelos Estados Unidos, que temiam a influência cubana.

Numa dessas escaramuças, o presidente Rafael Caldera, antecessor de Chávez, convida Jorge Mas Canosa, o líder cubano anticastrista, presidente da execrável Fundação Nacional Cubano-Americana, financiadora das operações terroristas anti-Cuba, a partir de Miami. Transcorria o ano de 1994, quando o neoliberalismo atingia seu nirvana no mundo, e Caldera tinha acabado de libertar Chávez da prisão, numa manobra destinada a aliviar as tensões provocadas pelo seu mais recente pacote econômico, que produziu muito desemprego e aumentou o preço da gasolina em até 800% e dizem até que de olho nos votos de Chávez, cujo prestígio eleitoral já era considerável.

Fidel retalia, convidando Chávez para um passeio na Ilha, para que ele explicasse aos cubanos seu projeto bolivariano. Lá, é recebido com honras de chefe de Estado. Os dois até ali não se conheciam pessoalmente e é provável que houvesse desconfiança de Fidel, em face das posições mais independentes do coronel paraquedista, que não se cansava em criticar os vários movimentos da esquerda venezuelana, particularmente os ligados aos cubanos. Por seu lado, Chávez havia estudado a revolução e tinha Fidel como um de seus líderes, mas parecia mais inclinado a focar-se nos movimentos nacionalistas de Perón, Alvarado e Torrijos. Os dois, porém, tinham em comum a leitura infatigável dos heróis latino-americanos desde San Martin, Artigas, Tupac Amaru, Bolívar, José Martí.

Hugo Chávez desembarca em Havana, em 13 de dezembro de 1994. Já é tarde da noite e o céu está estrelado, como ocorre quase sempre no Caribe. O presidente Fidel Castro encontra-se ao pé do avião da Conviasa, companhia venezuelana, que aterrissara no Aeroporto José Martí, de Havana, num voo normal. Os outros passageiros já tinham descido no terminal internacional tendo o avião seguido depois para um hangar exclusivo das forças armadas. Dentro dele ficam apenas o tenente-coronel Hugo Chávez e um companheiro militar do levante de 1992, Rafael Isea, depois ministro e governador, naquele momento servindo-lhe como assistente pessoal.

Chávez diz que um frio lhe percorreu a espinha. Na sua condição de oficial expulso do Exército e mal saído da cadeia, jamais esperaria tal acolhida. Achou que fosse fazer uma mera visita à Ilha, num programa destinado a conferências na Casa Bolívar e outras instituições. Foi para isso que tinha sido convidado pelo historiador Eusébio Leal. Mas, lá estavam o "caballo" (cavalo), expressão de alta reverência quando alude a Fidel, e o protocolo de governo, incluindo o chanceler Felipe Pérez Roque e o presidente da Casa Bolívar, Eusébio Leal. Fidel faz questão de abraçá-lo demoradamente: "Me lembro de seu abraço e principalmente de seu olhar, que me traspassava e que via mais além de mim mesmo", confessaria Chávez anos depois.

A partir dali, os dois demarram uma relação – os cientistas políticos chamariam de simbiótica – que vai perpassar e levantar toda a América Latina e muitos outros países pobres e emergentes do restante do mundo. Por ironia, o panorama cubano, naquele momento, é devastador. Já fazia cinco anos do colapso da União Soviética, seu principal ponto de apoio diante do truculento bloqueio norte-americano. Chávez mal sabia que seria o novo salvador da Ilha, a partir daquele momento.

Com efeito, o regime atravessava o seu maior desafio, com as habituais pitonisas prognosticando sua derrocada em questão de dias ou horas. Em Miami, a velha oligarquia cubana, que lá se radicou desde a ascensão de Fidel, no distante 1959, já disputava o butim e não foram poucas as festas que se convocaram para celebrar o fim antecipado da "tirania".

Mas, naquela ocasião, Fidel e Chávez pareciam mais preocupados em ouvir a voz da história. No outro dia pela manhã, Fidel ouviria a palestra de Chávez sobre Simón Bolívar, na Casa que leva o nome do libertador, e sua proposta mestra de construir a pátria grande, como ele chama, invocando Simón Bolívar, a união dos povos latino-americanos.

Dali, saem para um percurso pelo país, iniciando um longo diálogo sobre os destinos de seus povos, que só parecia terminar com o fim biológico de um dos dois. O conteúdo dessas conversas ainda está guardado por ambos debaixo de sete chaves, mas suas consequências já tomam forma dali a cinco anos. Mais exatamente, na cerimônia de posse do presidente Hugo Chávez, em 6 de fevereiro de 1999. O alijado Fidel Castro ocupa a primeira fileira dos convidados de honra de seu juramento como Presidente, para o arreganho da presunçosa burguesia e o desespero de Washington. Toma corpo a relação especial que ambos definiram ao longo das sucessivas conversas, a partir daquele dezembro de 1994.

A relação de Venezuela com Cuba dá, então, uma guinada de 360 graus. Esta relação que não envolve diretamente dinheiro, e muito menos dólares, mas espécie, ou mais exatamente, troca de bens materiais e culturais, que os dois países têm em abundância, mas que, por causa do divisionismo a elas imposto ao longo dos séculos pela mão pesada do império, nunca puderam efetuar, até aquele momento mágico. Por exemplo, Cuba, rica em recursos humanos, educação, medicina e inteligência, necessitava terrivelmente do petróleo que, na Venezuela atrasada, empobrecida e saqueada, havia em abundância. Nada mais natural do que fazer o que já deveriam ter feito há muito tempo: promover soberania, diretamente, sem a interferência de ninguém, com a troca dessas riquezas, complementando-se.

E assim foi feito. A Venezuela passou a fornecer o petróleo de que Cuba necessitava e, em troca, a receber enormes contingentes de médicos, professores, técnicos, cientistas e equipamentos para suprir e corrigir suas carcomidas e injustas estruturas social, econômica, administrativa e política.

Em três anos, a relação especial começa a dar seus primeiros frutos concretos. Completa-se o programa de alfabetização e a Venezuela é declarada pela Unesco território livre do analfabetismo. Jovens e adultos que abandonaram os estudos também puderam voltar a estudar e graduar-se em universidades qualificadas. Dali a mais alguns meses, toda a população pobre passou a ser atendida pelos médicos-família, em casa, ou em modestos mas eficientes ambulatórios construídos pelo governo em tempo recorde.

Cuba, por seu turno, que padecia da falta de petróleo, passou a oxigenar sua economia e administração com convênios especiais em várias áreas do desenvolvimento, inclusive recuperando uma velha refinaria construída pelos soviéticos, em 1960, a Cienfuegos. Mais tarde, com o auxílio da PDVSA (Petroleos de Venezuela SA), descobriria um reservatório, em suas águas territoriais do Golfo do México, estimado em 20 bilhões de barris. Cada qual só tinha a ganhar naquela transação, realizada à margem dos mercados, do neoliberalismo, do imperialismo, Consenso de Washington e de toda a parafernália construída para espoliar os povos e beneficiar os setores dominantes.

A experiência militar e de inteligência de Cuba e o tirocínio de Chávez serviram ainda para forjar um complexo sistema de segurança, capaz não apenas de desbaratar as tentativas de golpes e conter a ingerência das potências ocidentais, como assegurar a continuidade e o fortalecimento da integração desses povos, aí já incluídos Argentina, Uruguai, Brasil e países do Caribe, engajados num novo tipo de relação que só tinham a se beneficiar e desembaraçar-se das amarras das grandes potências. Enquanto isso, o golpismo preparava-se para ceifar mais esta experiência autonômica, mas, desta vez, ia encontrar sérios obstáculos.

III — FREANDO O GOLPISMO

No passado, as experiências de governos nacionalistas foram sucessivamente destroçadas, com truculência, na maioria das vezes, pelas forças conservadoras, calçadas no suporte das grandes potências, sobretudo os Estados Unidos e Inglaterra. Historicamente, tais governos sentiram-se impotentes para montar uma estrutura que lhes garantisse a sustentação e continuidade de suas obras. Na verdade, os conservadores eram respaldados por sofisticados aparatos internacionais, com ramificações nas forças armadas, nas finanças, nos conglomerados e nos meios de comunicação e no próprio aparelho do Estado de seus países. Eles conseguiam torpedear, administrativa e politicamente, qualquer experiência inovadora que contemplasse os objetivos nacionais, pois viam nestes uma ameaça a seus altos negócios.

Até aí estes governantes experimentaram fracassos retumbantes em todas as tentativas de se defender. A mais articulada delas foi a de Juan Domingo Perón, quando presidente da Argentina, no seu primeiro período, de 1946 a 1955. General com grande senso de estratégia e mesmo de guerra, já que estagiou na Escola de Guerra da Itália, pouco antes da II Guerra Mundial, Perón intuiu que a defesa de seu regime teria de ser feita tanto no plano interno como no externo. Ele sabia que o apoio popular, ainda que sustentado pelos militares e mesmo com o controle dos meios de comunicação, como era seu caso, não seria suficiente para manter-se no poder.

Com esta preocupação, ele arquitetou, em 1952, o Pacto ABC – Argentina Brasil e Chile – destinado a amparar as reformas sociais, políticas e econômicas daqueles três governos populares. Chegou a ter um entendimento com o presidente do Chile, Carlos Ibañez del Campo, também general, mas empacou diante do presidente do Brasil, Getúlio Vargas, um civil. Getúlio já tinha sido deposto, em seu primeiro período, na fase ditatorial (1930-1945), por pressão americana, devido a seu programa social e de industrialização.

Quando foi procurado por Perón em 1952, durante a fase constitucional (1951-1954), Vargas já era alvo de outra conspiração, também emanada de Washington, que culminou com seu suicídio, em 1954. Perón instara antes que ele transferisse a sede do governo do Rio de Janeiro, onde ficava a capital federal, para Porto Alegre, terra natal do presidente e pregada na Argentina. Era uma forma de Getúlio assegurar sua retaguarda, mas nem isso o sensibilizou.

O general Perón queixou-se depois, durante uma conferência na Escola Superior de Guerra, em Buenos Aires, em 1953, da atitude de Getúlio, até hoje não muito bem explicada, de isolar-se, quando poderia ter formado um bloco compacto com argentinos e chilenos e garantido a continuidade do seu governo e dos dois outros vizinhos.

Em consequência, o Pacto ABC fracassou e os dois foram ao chão: Getúlio, em primeiro lugar, em 1954, e Perón, em 1955. Detonava-se, desse modo, duas excepcionais experiências de governos nacionalistas e populares, em que seus países experimentaram extraodinárias conquistas no desenvolvimento econômico e social e na industrialização. Ibañez chegou até o fim do mandato, em 1958, mas muito enfraquecido por uma crise econômica, que elevou a inflação a 71%.

Já a nova realidade propiciada pela integração arquitetada por Chávez e Fidel reforçou sobremaneira os governos populares. É que essa cooperação partiu de bases sólidas e concretas e abrangendo um arco bem amplo que se expandia muito além do continente. Talvez o insucesso da iniciativa de Perón tenha se dado justamente por restringir seu alcance ao Cone Sul, muito provavelmente devido à forte dependência dos outros países sul-americanos da política de Washington. As comunicações, por outro lado, condenavam ao isolamento esta imensa vastidão de terras dos centros nevrálgicos do globo. As alianças que Hugo Chávez amarrou com o Irã, a Líbia, Argélia, Síria, Rússia, Bielorrússia, Índia e China de certo seria impossível concretizar-se naquele início dos anos 1950. Havia também a Guerra Fria, o surdo mas violento conflito que travavam as duas superpotências: Estados Unidos e União Soviética. Perón até que tentou a sua doutrina da Terceira Posição, mas não encontrou eco nem dentro nem fora da Argentina.

O fato é que as alianças de Chávez, e depois de outros presidentes progressistas como Lula da Silva, Néstor e Cristina Kirchner, tecidas pacientemente em constantes e intermináveis viagens aos vários quadrantes do mundo, tiveram como consequência, um firme respaldo à nova geopolítica nacional e continental. A política petrolífera, usada como arma e chamariz político, a intensificação do intercâmbio comercial e a intensa mobilização popular nos vários países sedimentaram uma aliança estável e consolidada entre governos.

Paralelamente, um esquema de segurança e informação, que afastou grande parte da ação dos operadores da CIA e das ONGs americanas e europeias, blindou os governos diante de ameaças de desestabilização ou de assalto direto ao poder por parte dos agentes conservadores. O coronel reformado da Marinha Juan Paz Morález, observa que a interferência americana não se dava apenas através de seus órgãos de inteligência, como também da ação direta de oficiais do Exército daquele país que permanentemente faziam palestras aos oficiais venezuelanos. Morález lembra de uma palestra de um general americano que foi à sua guarnição para informar um plano destinado a substituir as forças armadas por uma guarda nacional, dedicada apenas a resguardar a ordem pública: "Da segurança nacional e continental, cuidamos nós, que estamos mais equipados", teria dito o general americano, numa conferência que presenciou Juan Paz Morález.

As oposições alegam que tais operadores foram substituídos por agentes cubanos, venezuelanos e peronistas, que teriam se introduzido, tal como os homens da CIA, nas forças armadas, receita federal, alfândegas, cartórios e juntas comerciais.

Não obstante, o conhecido coquetel de greves, *lock-outs* e sabotagens generalizadas que derrocaram presidentes como João Goulart, no Brasil, em 1964, Salvador Allende, no Chile, em 1973, ainda seria utilizado contra o próprio Chávez, em 2002. Esbarrou, porém, numa nova correlação de forças, até ali desconhecidas. Claro que o golpe antichavista fracassou em grande parte devido à sustentação popular e militar do regime venezuelano e à determinação do presidente em confrontar e derrotar os conspiradores. Não fora, porém, o respaldo dos presidentes dos países vizinhos, inclusive com ajuda material, como foi o caso do petróleo mandado do Brasil, dificilmente teria sobrevivido.

Mesmo presidentes aliados tradicionais de Washington, como Fernando Henrique Cardoso, do Brasil, e Eduardo Dualde, da Argentina, se opuseram e denunciaram a assuada. A atitude colocou numa posição de isolamento os Estados Unidos, que juntamente com a Espanha e o Vaticano, se precipitaram em reconhecer o governo efêmero de Pedro Carmona. Diante da reação latino-americana, tiveram de voltar atrás. Fortalecido, Chávez teve uma vez mais de resistir – e vencer – outras conspirações tão ou mais graves, como a greve do petróleo, o chamado *paro petrolero*, que literalmente nocauteou todo o país por dois meses, a partir de dezembro de 2002, nos moldes das greves que sacrificaram Allende, no Chile.

Tais episódios terminaram por servir como alerta para que os governos populares se unissem mais ainda, desta vez, não apenas com ações improvisadas, mas sim orgânicas, através da instituição de mecanismos permanentes de defesa, proteção e desenvolvimento. Os presidentes passaram, então, a reunir-se, de forma bilateral ou multilateral a cada três meses e, ficaram a partir dali pendurados ao telefone fazendo consultas e checando informações, situação que resultou em mais aproximação e mais e melhores negócios entre eles.

Dessa nova ótica, surgiu a UNASUL (União Sul-Americana das Nações), que teve sua primeira reunião, na cúpula de chefes de Estado, em Brasília, em 29 de setembro de 2005. Pesou muito para sua efetivação, o apoio decidido do Brasil, Argentina, Venezuela, Chile, Bolívia e Equador. A nova entidade compreende os 12 países situados na América do Sul e seus mais importantes organismos regionais, o MERCOSUL (Mercado Comum do Sul) e a Comunidade Andina de Nações (CAN), representando um território de 17.731.457 km^2 e 387 milhões de habitantes.

A UNASUL não era uma simples entidade a mais que surgia entre os muitos organismos continentais. Ela começou se estruturando administrativa e legalmente, com a criação de uma secretaria-geral para organizar e planificar suas ações, e oito conselhos permanentes, inclusive um de defesa e segurança, além de um banco para financiar projetos de desenvolvimento, o Banco do Sul, criado com um capital inicial de sete bilhões de dólares.

E disse logo a que veio, quando abortou tentativas de golpes na Bolívia e no Equador e se posicionou firmemente contra a deposição militar do presidente Zelaya, em Honduras. Era uma posição diametralmente oposta à da OEA, a qual, controlada por Washington, costumava sacramentar aqueles golpes, quando menos porque emanavam de inspiração norte-americana.

A simbiose Castro-Chávez cuidou de atacar esse problema e parece ter sido relativamente exitosa até aqui, como provam o golpe contra Chávez, em 2002, que reverteu, em 48 horas e as tentativas contra Evo Morales, em 2008, e Rafael Correa, em 2010. A deposição de Manuel Zelaya, em Honduras, em 2010 não pode ser incluída no circuito popular iniciado com a vitória de Chávez, em 1998, porque Zelaya foi eleito num esquema conservador, só tendo aderido à nova política de integração nos dois anos finais de seu mandato.

Mas Cuba, de que muito nos ocuparemos mais adiante, foi só o começo de uma complexa negociação, porque Hugo Chávez exploraria outros caminhos e outros mundos, sempre com o olhar voltado para identificar e unir destinos e interesses. É do que vamos tratar no próximo capítulo, quando enfocaremos sua política de aproximação, primeiro com os vizinhos geográficos e, segundo, ou ao mesmo tempo, com os povos afins do mundo emergente e do mundo petrolífero.

IV — Aproximando vizinhos e ressuscitando a OPEP

O feitio estouvado de Hugo Chávez desorientou muitos de seus adversários, inclusive as corporações transnacionais. Estas, no afã de desqualificá-lo como um tipo desequilibrado, bronco, bufão e inculto, não atinaram para as habilidades de leitor voraz, paciente negociador e exímio estrategista do alvo de sua campanha de desmoralização. Trata-se de algo inconcebível diante da dimensão dos sofisticados *think tanks* e serviços de informação das grandes potências. Em seus escritos, depoimentos, entrevistas e falas, o ex-coronel paraquedista, desde a juventude na Academia de Ciências Militares, tinha na estratégia e na geopolítica o centro de suas preocupações.

Ele confessa, em repetidas manifestações públicas, que estudou sem descanso os ensinamentos de generais como César, Aníbal, Napoleão, Clausewitz e Mao Tse Tung, além, evidentemente, de Bolívar, seu maior fetiche. São leituras que intensificou durante os dois anos na cadeia de Yare, localizada no Estado de Miranda, a 70 quilômetros de Caracas, onde fora encarcerado depois do levante que comandou, em 4 de fevereiro de 1992 contra o Governo Carlos Andrés Pérez, o CAP.

Chávez orgulha-se e insiste em proclamar-se um soldado, não naquele sentido de obedecer cegamente as ordens dos superiores hierárquicos, mas do homem de visão que usa as armas com aquele senso romano de defender a pátria, a soberania e a autodeterminação dos povos. Quando se sente ameaçado pelas ondas avassaladoras que desfecham contra seu governo, de dentro e de fora do país, ele costuma enfatizar: "Esta é uma revolução democrática, mas armada. E com armada, me refiro a tanques, aviões e fuzis acionados para defender a pátria".

Procura, entretanto, relativizar sua visão militar ao condicioná-la ao apoio do povo: "De minhas leituras de Mao tirei conclusões que foram determinantes para mim. Uma delas é que a guerra tem uma série de componentes e de variáveis a calcular... Uma delas é a moral, pois o que determina o resultado de uma guerra não é a máquina, o fuzil, o avião, mas o homem, sobretudo a moral do homem, que maneja a máquina", diz ele em depoimento a Marta Harnecker, no livro desta militante marxista chileno-cubana, para acrescentar: "A outra é de que o povo está para o Exército como a água está para o peixe. Eu sempre concordei com isso e tenho tratado praticá-lo, ou seja, sempre tive uma visão cívico-militar, que devia haver uma estreita relação entre o povo e o Exército".

A partir desta premissa, ele percebeu, já no manejo dos cordéis do poder, que a Venezuela não poderia arcar, sozinha, com o projeto que visualizara de transformação pacífica das carcomidas estruturas sociais, políticas e econômicas, pois iria, inevitavelmente, colidir com muitos interesses poderosos, principalmente os alienígenas. Tinha muito presentes as sabotagens que levaram ao aniquilamento de outras experiências nacionalistas: Arbenz, Vargas, Perón, Allende, além dos intermináveis atentados contra Fidel e a revolução cubana.

São situações que ele diz ter estudado a fundo, inclusive *in loco*, nas muitas viagens que fez pelo mundo, antes de assumir o governo e nas discussões com os companheiros do Movimento Bolivariano. Urgia então, naquele momento de ascensão, desencadear um processo de efetiva integração e cooperação, que tampouco poderia restringir-se aos países vizinhos e irmãos da América Latina. Era preciso ir mais longe e congregar todos os países emergentes da África e da Ásia, num diálogo sul-sul. E, ainda mais importante, aqueles produtores de petróleo, entre os quais o venezuelano pontificava como o quinto maior do planeta.

Aproveitando-se ou simplesmente usufruindo da desatenção ou negligência dos poderosos adversários, então mais ocupados com as invasões do Iraque e Afeganistão, Chávez lança-se febrilmente, nos primeiros dias de Miraflores, o palácio presidencial, a uma maratona de contatos e viagens por países de quase todos os cinco continentes. Antes de assumir e já na condição de presidente eleito, viaja, no espaço de menos de dois meses, a 12 países, num périplo que o leva ao Brasil, Argentina, Colômbia, México, República Dominicana, Cuba e França.

Depois chega até o *Oval Office*, gabinete presidencial da Casa Branca, onde o presidente Bill Clinton lhe concede uma audiência minúscula de 15 minutos. Antes, faz uma visita ao governador do Texas, George W. Bush, que sucederia Clinton dali a alguns meses e traçaria o eixo do mal, no qual pretendia isolar e exorcizar os líderes de países inimigos, ou párias, na sua concepção, entre os quais Chávez seguramente se enfileiraria. Mais tarde, Clinton o receberia durante uma hora, numa audiência na representação estadunidense, durante a sessão anual da Assembleia Geral das Nações Unidas, em Nova York.

Hugo Chávez esforça-se por ser visto naquele contexto internacional, impregnado de neoliberalismo e de culto ao mercado, como um líder racional, pagador da dívida externa e respeitador das leis do livre-comércio: "Não sou o diabo nem um tirano ou esta mescla de Hitler e Mussolini, como me pintam por aí", diria num encontro com empresários franceses.

Paralelamente à aproximação com as grandes potências e os senhores do mercado, ele engata uma ação arriscada: a conquista dos países árabes para sua tese de voltar ao protagonismo destes na política do petróleo. Aí é quando assusta Washington. O petróleo estava tão barato nos Estados Unidos, que os guias turísticos costumavam dizer, orgulhosos, aos estrangeiros visitantes que o preço da gasolina estava mais barato do que um copo d'água.

Poucos meses depois de assumir, Hugo Chávez começa a executar seus planos, aí tidos como megalômanos, de ressurreição da OPEP (Organização dos Países Exportadores de Petróleo). Na época, a organização encontrava-se tão debilitada por causa do encurralamento das grandes potências, que não conseguia reunir-se desde 1975. A iniciativa, logicamente, provocaria calafrios nos grandes círculos do capitalismo mundial.

Ora, a Venezuela, é um dos membros fundadores da entidade, constituída na sua totalidade de representantes de países tão subdesenvolvidos como ela própria. Hugo Chávez então se atribuía todo o direito em resgatar a instituição do imobilismo, revitalizando-a para que retomasse a força dos velhos tempos de antes de 1974, quando ditava os preços do cobiçado ouro negro.

Neste propósito, ele não hesita em visitar Sadam Houssein, o demonizado presidente do Iraque, o terceiro maior país petrolífero, e um dos idealizadores da OPEP, naquele momento submetido a feroz confinamento, que lhe impôs os Estados Unidos, depois da primeira invasão de seu país, em 1991. Chávez era o primeiro estadista a visitar Sadam em muitos anos.

As cenas de Chávez num Mercedes-Benz dirigido pelo próprio Sadam pelas ruas de Bagdá acionaram as sirenas do capitalismo contra o impetuoso venezuelano. Antes de Sadam, Chávez tinha visitado o regime dos aiatolás do Irã, segundo maior produtor, e outro país maldito para a cúpula do capitalismo. Ato contínuo, visitaria Muamar Kadafi, na Líbia, outro grande produtor, por isso, homem-chave da OPEP e outra figura abominada pelo Ocidente.

Essas ações provocaram estremecimentos no centro nervoso dos sistemas de dominação, que reagiu com uma bateria de ataques dos governos e da mídia, que passaram a chamá-lo do novo – e mais perigoso, por causa do potencial petrolífero – Fidel Castro. Pouco importa. O fato é que dali a dois meses, em 26 de setembro de 2000, Chávez ressuscitava a OPEP, com uma magna reunião, em Caracas, dos 11 chefes de Estado ou seus representantes que compõem o organismo. Hugo Chávez é eleito presidente rotativo, com poderes para designar o secretário-geral, e principal executivo da organização. O preço do petróleo, que estava em sete dólares na data da posse de Chávez no governo, já estava a 30 dólares, no dia da reunião.

Alí Rodríguez Araque, ministro das Minas e Energia e depois presidente da PDVSA, foi nomeado secretário-geral da OPEP. Ele hoje lembra que, na verdade, sete dólares era a média de preços da cesta de petróleo, porque há vários tipos do produto, o que significava que, na verdade, a Venezuela estava vendendo o barril por cinco dólares.

"Este foi", disse Rodríguez, "o resultado da abertura petroleira, que nos deixou numa situação verdadeiramente crítica, em 1999. Quando recebi as contas na PDVSA (2001), a primeira coisa que me disse o gerente de fianças foi que, se os preços se mantivessem naquele patamar, seria preciso contrair um empréstimo de três bilhões de dólares".

Mas por causa da política geoestratégica de Chávez, a Venezuela encetou negociações com outros países, conseguindo resolver os conflitos internos da OPEP e recuperar sua unidade. Em consequência, o preço do petróleo chegava a 16 dólares, no final do ano, superando a necessidade daquele empréstimo.

O que aconteceu antes, segundo Alí Rodríguez, foi que a abertura petroleira estava voltada para a destruição da OPEP. Nela, a então direção da PDVSA foi muito ativa, sobretudo quando contribuía para o incremento irracional da produção, num momento em que os preços do petróleo desciam ladeira abaixo.

A partir da reativação da OPEP, Hugo Chávez ditou as raízes de uma aliança política, econômica e industrial, que seria determinante para o desenvolvimento que a Venezuela passaria a exibir pouco depois e para a segurança do regime da revolução bolivariana. Mais alguns dias, e ele mira o potencial da China, país que vai visitar quase uma dezena de vezes e do qual obtém consideráveis contratos para aquisição de aviões, satélite, armamentos e implantação de fábricas de navios, perfuradoras para extração de petróleo. Um detalhe: nesses contratos, sempre está embutida a contrapartida tecnológica. Em 2010, o fornecimento de petróleo ao país do dragão, salta de 80 mil para 500 mil barris diários, quase metade das exportações para os EUA. Era um tremendo alívio para os venezuelanos, que desovavam quase toda sua produção para os americanos.

Hugo Chávez cuidou, ao mesmo tempo, de dar segmento à sua política de cooperação entre os vizinhos, já que sua grande meta era unir e fortalecer toda a América Latina, com o que também restringia o risco de derrocada do seu e de outros projetos nacionais dos líderes progressistas da região. Ele costuma dizer que, se a América Latina estivesse unida, na época da Guerra das Malvinas, "os ingleses não teriam passado do Caribe".

Inicialmente, Chávez investe pesado no Brasil, a maior potência do subcontinente, com cujo presidente, Fernando Henrique Cardoso, estabelece uma empatia, que lhe renderá preciosos frutos nos momentos cruciais das crises de seu governo. Apesar do corte neoliberal e da política externa dependente de Washington, Fernando Henrique Cardoso foi cativado, não só pelo encanto pessoal, mas também pelos projetos de intercâmbio e cooperação do novo presidente. A Venezuela, além do petróleo, tinha muito gás natural, ao contrário do Brasil, que ainda não havia feito as descobertas no setor. Pesam, igualmente, as possibilidades de negócios naquele país ainda inexplorado, carente de tecnologia e que importava até palito de dentes de Miami, como constata o professor e ex-guerrilheiro venezuelano Humberto Gómez García.

A unidade, entretanto, não poderia sustentar-se sem um aporte concreto. A retórica, mesmo as sonantes frases e propósitos de líderes históricos, ao longo de dois séculos, como Simón Bolívar, que Chávez cita *ad nauseam*, tinham fracassado em repetidas tentativas anteriores. O exemplo mais contemporâneo são os esforços descomunais da revolução cubana, que ainda sobrevive aos trancos e barrancos.

Era imperativo algo palpável que cimentasse e consolidasse a cooperação. É quando Chávez brande novamente o seu rico manancial de petróleo, desta vez para utilizá-lo não apenas como cacife estratégico, como o fez com os árabes, mas para redistribuí-lo, em troca de tecnologia, insumos e mercadorias, de que tanto se ressente seu país, por causa justamente do desperdício de suas preciosas reservas.

A partir dali, ele começa a fornecer petróleo em troca de bois e tecnologia genética com o Uruguai. O propósito é aumentar a produtividade das vacas venezuelanas, que só dão oito litros de leite por dia, enquanto as uruguaias chegam a 28. Com a Argentina, estabelece um relacionamento mais complexo para usufruir de seu rico *know-how* no campo agroalimentar, industrial, financeiro e aplicá-la à precária agricultura venezuelana. Já com os países mais pobres da América Central e do Caribe, que se debatem dramaticamente com a alta do preço do petróleo, Hugo Chávez fornece-lhes petróleo com tarifa subsidiada e recebe em troca as preciosas frutas da região, então vendidas a preços vis aos mercados dos EUA e Europa.

Essa política aliviou profundamente os sacrifícios dos povos daquelas regiões, já que na sua maioria não têm condições sequer de pagar uma passagem de ônibus para transportar-se dentro da própria cidade, tão alto se situava o preço dos combustíveis. A economia também experimentou grande impulso, por causa do alívio financeiro e da ajuda que também passaram a receber da Venezuela, em matéria de saúde, educação e tecnologia. Dali a pouco surgiria a Petrocaribe, com a promessa de Chávez de consolidar seu programa de assistência e até construir refinarias em territórios dos países membros. A Petrocaribe funcionou como um embrião para a ALBA (Aliança Bolivariana dos Povos de Nossa América), que abordaremos mais na frente. Por enquanto, vamo-nos ater à reversão verificada na política petrolífera com o fim de financiar os programas sociais e econômicos.

V — LIBERTANDO A *PDVSA*

Para avançar em seu projeto de salvação nacional e de integração latino-americana, Hugo Chávez teve de acertar algumas pendências em casa, a começar por regular a questão do petróleo, a maior riqueza nacional. A Petroleos de Venezuela Sociedade Anônima (PDVSA), responsável pela prospecção, produção, refinamento, distribuição, exportação e transporte do produto, constituiu-se, desde a sua fundação em 1975, num feudo das corporações transnacionais. Tal feudo já dominava a empresa antes da sua posterior desestatização, na autodenominada abertura petrolera, a partir de 1983.

Os lucros colossais desta terceira maior empresa petrolífera do mundo eram repartidos apenas entre a Exxon Mobil, Conoco Phillips, Chevron Texaco e seus governos, além de um reduzido grupo de associados nacionais venezuelanos, incluindo os técnicos e dirigentes da empresa. Levando uma vida nababesca entre Caracas e Miami, tal elite, que se autodenominou mediocracia, pairava sobre todas as instituições nacionais, a começar pelo presidente da República, condicionando as políticas de governo a seus interesses pessoais ou corporativos.

Neste contexto, a decisão de assumir o controle da PDVSA adotada pelo governo Hugo Chávez, em 2002, desatou uma operação de guerra, por parte das classes dominantes, levando o país ao colapso durante mais de dois meses. A produção e exportação de petróleo, responsável por mais de 90% da balança comercial, foi desmantelada, provocando uma queda no PIB que chegou a 26% no segundo trimestre daquele ano, uma perda que o país levou mais de cinco anos para se recuperar. Muitas empresas privadas quebraram, sobretudo de médios e pequenos negócios, que são responsáveis pela grande maioria das contratações laborais, demitindo milhares de trabalhadores e elevando o desemprego a índices dramáticos.

Cumpria-se, na Venezuela, a mesma estratégia de desestabilização, e desta vez em moldes e sofisticação logística ainda mais predadores do que os observados, por exemplo, na conspiração contra Allende, no Chile, em 1973. O propósito era assustar e açular a população contra o presidente e, dessa maneira, removê-lo do cargo. O movimento eclodiu quando mal se completavam oito meses do golpe midiático-militar de 11 de abril de 2002, que depôs o presidente por 48 horas.

Hugo Chávez não se deixou intimidar e reagiu com a força de um leão. Não recuou um milímetro naquelas medidas estruturais e saneadoras. Seu foco era fazer com que a empresa tivesse como prioridade o interesse nacional, distribuindo as riquezas oriundas dos 3,5 milhões de barris do petróleo por dia entre a sociedade, e servisse a outros objetivos estratégicos que iam muito além dos lucros dos donos, dirigentes e funcionários da empresa.

Sua intervenção na PDVSA ainda veio acompanhada de outras medidas explosivas em outros setores da economia, contidas num pacote de 49 leis. Aí estava a regulação dos bancos, freando a privatização do setor; as terras, restringindo o latifúndio rural e urbano; a pesca, protegendo os pequenos pescadores da invasão das grandes empresas. Por fim, a lei orgânica dos hidrocarbonetos, centrada na PDVSA, aumentava de 1% para 31% os impostos devidos pelas transnacionais de petróleo ao governo e preservava a maioria acionária da estatal em todos os projetos das petrolíferas que atuavam no país, sobretudo na Bacia do Orinoco, depois reconhecida como detentora da maior reserva de petróleo e gás do planeta. Esta área já tinha sido toda loteada entre as transnacionais, em negócios escusos envolvendo os governos anteriores. Com a nova lei, o Estado deveria assumir 51% de todos os negócios no Orinoco, a PDVSA ficava totalmente estatizada e sua direção, subordinada ao ministério do Petróleo, deveria, prioritariamente, carrear os seus lucros para os programas sociais do governo nacional.

Chávez mexia num vespeiro, porque os gerentes e técnicos sentiam-se donos absolutos e tinham negócios e compromissos com as transnacionais, que, juntamente com seus governos, à frente os Estados Unidos, respaldavam suas ações. Um desses compromissos era puxar para baixo os preços do petróleo e solapar a estratégia de Chávez de reavivar a OPEP e o sistema de cotas mínimas de produção, para tornar os preços mais competitivos. O presidente ainda exigiu que a empresa abrisse suas contas, até ali uma caixa preta, que se prestava a todo expediente de corrupção e influência política.

A reação da mediocracia, que agia de comum acordo com os grandes banqueiros e empresários, não se fez esperar. Para começar, houve um *lock-out* de grandes proporções, autoproclamado Paro Cívico Nacional, por seus articuladores, os grandes empresários encastelados na poderosa FEDECÂMARAS (Federação das Câmaras e Associações de Comércio e Produção da Venezuela) e líderes sindicais financiados pelos patrões, congregados na Confederação de Trabalhadores da Venezuela (CTV).

A greve patronal, de âmbito nacional, então irrompeu com o ímpeto dos furacões que costumam açoitar a região, levando de roldão, com a força de seus ventos de 300 quilômetros horário, tudo o que encontra pela frente. Durante dois meses e um dia, o *lock-out*, o maior da história de toda a América Latina, brecou, literalmente, todas as atividades comerciais, industriais, institucionais, educativas, esportivas e de entretenimento do país. As lojas, shopping centers, supermercados, armazéns, escritórios, órgãos governamentais, empresas de transportes, as indústrias, tendo como nave capitânea a PDVSA, as escolas públicas e particulares de todos os níveis e universidades, os jogos de beisebol, a paixão nacional, os bares, as discotecas foram todos obrigados a fechar as portas por piquetes armados e equipes de televisão da mídia privada, sob ameaça de apedrejamento ou exposição na TV e no rádio. Só podiam funcionar, por razões logísticas caras aos grevistas, os transportes aéreo e terrestre.

As empresas da mídia privada, por sua vez, suspenderam sua programação normal de novelas, filmes, atrações infantis e publicidade, para somente transmitir as manifestações e tumultos de rua assim como palavras de ordem contrários ao governo. Por cima da cobertura vinham os comentários incandescentes de seus apresentadores, sempre invocando a necessidade da deposição do presidente. Caçarolaços, cortes de rua e ameaças de quebra de ônibus e veículos particulares, sempre instigados por equipes de televisão, travavam o caminho de quem quisesse trabalhar. Os trabalhadores, que na sua grande maioria, pretendiam trabalhar, inclusive porque não tinham nada a lucrar com aquele movimento de empresários, muito pelo contrário, pois perderiam as conquistas sociais propiciadas pelo governo bolivariano, eram ameaçados de demissão, pelos patrões, ou de agressão física, pelas gangues mal-encaradas que emergiam de toda parte.

Nos primeiros dias, esta estratégia do caos parecia funcionar com perfeição e a renúncia forçada do presidente para possibilitar o retorno dos governos neoliberais, era tida como favas contadas.

Aos poucos, o governo, que só contava com a televisão estatal VTV (Venezoelana TV), a Rádio Nacional e as TVs e rádios comunitárias, estas bem adestradas, tinha seus manifestantes igualmente motivados e, como se revelou depois, bem mais organizados, foi envolvendo o movimento patronal num cerco até asfixiá-lo por completo, ao fim de dois meses.

Antes de reportar a reação governamental, é importante que recapitulemos os fatos. A greve foi inicialmente decretada por apenas 48 horas, a partir de 2 de dezembro de 2002, mas foi-se prolongando, indefinidamente, na proporção que suas ações ousadas davam a impressão de que o governo estivesse à deriva. O fundeamento dos navios petroleiros junto com a paralisação da produção petrolífera, que já causava a falta de gasolina e de gás de cozinha, pareciam levar o país ao colapso, se Chávez continuasse governando.

De seu lado, a incitação subversiva, que teve entre seus focos a ocupação da tradicional Praça Francia Altamira, na parte leste da cidade, próxima a um dos edifícios da PDVSA, por parte de militares da ativa, figuras-chave dos partidos oposicionistas, celebridades e artistas de novela e cantores renomados, com uma inflamável e diuturna cobertura da mídia privada, davam pouca margem a dúvidas de que o movimento conseguiria seus objetivos.

Declarando-se em "desobediência legítima" e dando o novo nome ao logradouro de Praça da Meritocracia, os grevistas foram surpreendidos numa noite de muita agitação. Em 6 de dezembro, por volta das 21 horas, dezesseis pessoas tombam – três mortas e 13 feridas –, atingidas por tiros do revólver de João de Gouveia. Este cidadão desconhecido passou de repente a disparar a esmo. Agarrado e dominado pela polícia e manifestantes, Gouveia, como se comprovou depois, sofria de problemas mentais e parecia não estar a serviço de qualquer facção a não ser a de seus delírios. Não obstante, os grevistas trataram de aproveitar o incidente a seu favor: os quatro canais de TV privados repetiram durante toda a noite as imagens dos mártires mortos e feridos e acusando de assassinos o governo, seus funcionários e simpatizantes.

Outros incidentes foram-se acumulando, deixando o governo aparentemente às tontas. O *lock-out* atropelou sem piedade as festas natalinas, o dia de ano bom e o tradicional campeonato da Liga de Beisebol, que teve de ser transferido para a Costa Rica. Focado na PDVSA, e tendo a TV e o rádio privados, com mais de 90% de audiência, a transmitir, insuflar e repicar as manifestações para o país e para o mundo, o movimento mostrou sua ousadia quando os televisores transmitiram a um país bestificado a interdição do navio transportador Pilín León em pleno mar. O fato ocorreu em 4 de dezembro, quando a greve aportava o seu segundo dia. Abarrotado de petróleo, quando saía do Lago de Maracaibo para tomar o rumo do oceano, o Pilín acabou se transformando no indicador e símbolo da truculência a que estavam dispostos os golpistas.

De imediato, foram ocupados outros navios transportadores enquanto outros atos vandálicos foram se disseminando na máquina governamental, como a destruição de computadores e a danificação do complexo sistema de *software* da PDVSA. Tudo era executado pelos próprios técnicos e gerentes da meritocracia, ou ascensão funcional por mérito, no propósito de demonstrar que estavam dispostos a reduzir a empresa em pedaços se não fosse atendida sua reivindicação de remover o presidente da República. Na sanha predatória, indicavam que só eles, por terem conhecimento específico, neste campo altamente complexo, seriam capazes de reparar os danos causados ao sistema.

Dentro de seu estilo característico de evitar a violência e confiar no diálogo, Chávez recusou-se a recorrer às medidas discricionárias previstas na Constituição, como o estado de emergência, que suspende as garantias institucionais. Tampouco utilizou o Exército ou a polícia para reprimir os manifestantes. Mas não ficou inerte. Com um verbo contagiante e surpreendente visão estratégica, mobilizou seus partidários, os trabalhadores descomprometidos com a mediocracia e a cúpula do paro, assim como a grande maioria anônima. Esta não só assistia estupefata aos incidentes, como era atingida diretamente pela falta de gás na cozinha, de gasolina nos postos, de liberdade de ir e vir, enquanto o país engolfava no desconhecido.

Recebendo ordens expressas para evitar choques com os poderosos manifestantes oposicionistas, que pareciam já ter dominado as ruas, os governistas, na maioria saídos dos extratos menos privilegiados da população, foram gradativa e firmemente ocupando áreas estratégicas. Na madrugada do dia 9 de dezembro, multidões de manifestantes governamentais cercaram estações de TV e rádio em várias cidades e ocuparam a TVS, de Maracay, para protestar contra o facciosismo e a pregação golpista.

O secretário-geral da OEA, César Gaviria, ex-presidente da Colômbia, encontrava-se havia algum tempo em Caracas, como representante do Grupo "Amigos da Venezuela", num esforço para mediar a crise. Desse grupo, só o Brasil de Lula parecia realmente apoiar os venezuelanos, porque os Estados Unidos, a Espanha, México, Chile e Portugal, os outros "amigos", só trabalhavam para solapar o regime para futura entrega aos golpistas.

E outro não se revelou o papel de Gaviria, que condenou as manifestações populares junto às sedes de TV e rádio, enquanto se calava sobre a ação francamente insurrecional da mídia privada: "A liberdade de imprensa e a liberdade de expressão de todos os venezuelanos precisam ser protegidas", disse ele, em enviesado apoio aos grevistas.

Neste mesmo dia 9, o novo presidente da PDVSA, Alí Rodríguez Araque, que teve sua nomeação desconhecida pelos dirigentes e técnicos da empresa, chamou os trabalhadores, empregados e gerentes a retomar o trabalho e conclamou o povo a concentrar-se nas portas das instalações e vigiar as sabotagens.

Por sua vez, o presidente Hugo Chávez ordenou o Exército a abrir e fazer funcionar os supermercados fechados, numa ação que repercutiu bem entre a população, àquela altura ameaçada pela fome, devido à falta de acesso aos meios de subsistência, e golpeou fundamente o *lock-out* empresarial. Cenas de soldados assumindo os caixas e outros serviços dos supermercados para atender ao público revelaram a capacidade de controle do governo, tanto para retomar uma atividade essencial quanto para desbaratar a sabotagem.

A mobilização do povo e trabalhadores foi também essencial para dominar os sabotadores da PDVSA, que sentiram o primeiro golpe da ação governamental na retomada do petroleiro Pilín León, fundeado no Lago Maracaibo. Isto ocorreu em 23 de dezembro, 21 dias depois da decretação do *lock-out*, quando os trabalhadores da PDVSA leais ao governo, acompanhados por efetivos do Exército, expulsaram os golpistas. O barco foi em seguida levado ao Porto de Bajo Grande, na costa ocidental do Lago, para ser descarregado.

A recuperação do Pilín León constituiu, por seu turno, o reinício da produção petrolífera, que só iria se completar, em 21 de fevereiro, 18 dias depois do fim do *lock-out*, quando o governo conseguiu a restauração plena do sistema de informática da PDVSA. Para tanto, a empresa recorreu aos técnicos aposentados e outros afastados, para, com sua *expertise*, juntamente com pessoal especializado das forças armadas, reparar os danos causados pelo vandalismo.

Hugo Chávez afrontou as pressões dos grevistas e ainda mandou demitir, em ato do dia 25 de dezembro, o primeiro grupo de gerentes da empresa, por abandono do trabalho. Nas semanas seguintes foram anunciadas outras demissões de gerentes, empregados e trabalhadores, por envolvimento com as danificações da empresa, que chegou ao total de 18.576 funcionários.

No levantamento que fez daqueles dias, em 15 de maio de 2012, para o site *aporrea.org*, Jose Amelliac, citou outros eventos importantes que levaram ao final do paro:

30 de janeiro: a PDVSA anuncia o controle de 94% de sua frota (de navios) e que se reiniciam os embarques automatizados, a partir do Terminal José, em Puerto La Cruz, no Estado de Anzoátegui;

1º de fevereiro: a empresa informa que a indústria já está produzindo 1,5 milhão de barris diários (a produção anterior ao paro era de 3,5 milhões);

20 de fevereiro: o Complexo Cirogénico do Oriente retoma o seu funcionamento normal.

O fracasso do *lock-out,* malgrado a enormidade dos prejuízos causados ao país, veio a consolidar na Venezuela e na América Latina a convicção de que os golpes de Estado, engendrados por potências estrangeiras ou nacionais, não mais seriam aceitos com resignação, como ocorrera até ali. Outro dado benéfico do paro foi a libertação da PDVSA da ingerência americana e europeia e de seus agentes venezuelanos, um fator decisivo para o sucesso dos programas sociais, que fizeram da Venezuela o país que hoje mais investe na educação, na saúde, nos transportes, na habitação e mais colabora no crescimento e soberania de seus vizinhos latino-americanos. Daí a importância de examinar o novo quadro venezuelano, que teve fundas repercussões na política, na economia e na nova visão do subcontinente. Mas, antes de detalhar o fenômeno Chávez, é importante que examinemos as origens de suas ideias e como ele formou seu pensamento e ação, ainda como cadete. Este é o tema central do próximo capítulo.

VI — O GERME NACIONALISTA

O Movimento Bolivariano Revolucionário 200 (homenagem ao bicentenário da independência), ou MBR-200, deflagrado em fins dos anos 1980 e que chega ao poder pelo voto, com Chávez à frente, em 1998, não é uma ação isolada. Ele se confunde e se complementa com outros projetos nacionalistas e de libertação, que marcaram a vida dos povos emergentes no século XX.

Hugo Chávez iria mais longe, pois buscou inspiração e alento no movimento independentista de Simón Bolívar, no início de 1800.

Mais recentemente, o triunfo da revolução cubana, liderada por Fidel Castro, em 1959, por sua vez, teve imediata repercussão na América Latina, assim como na África, Ásia, Oriente Médio e outros países subdesenvolvidos. Não obstante, os movimentos guerrilheiros rurais ou urbanos, que tinham como meta a ruptura constitucional e tentaram seguir a epopeia castrista, não conseguiram materializar-se como poder, influenciaram sobremodo a formação de governos democráticos progressistas, que viriam marcar a primeira década de 2000. O elemento decisivo aqui é o engajamento popular, o qual, articulado por líderes genuínos, que se mostraram capazes de minimizar a ingerência dos Estados Unidos, aliviou o arrocho dos tentáculos do poder econômico, e desbaratou o golpismo então recorrente nas forças armadas.

Antes, a CIA, as fundações americanas, as multinacionais, os temidos *trusts*, como a United Fruit e a IT&T conseguiam, com o apoio de militares, empresários e jornalistas amestrados, desestabilizar e em seguida derrocar, com espantosa facilidade, governos constitucionais na Guatemala (1953), Brasil (1954 e 1964), Argentina (1955, 1966 e 1976), Nicarágua (1989) e Chile (1973).

Com o bolivarianismo, a realidade mudou muito, de 1999 para cá. Estes *trusts* viram-se, impotentes nas várias tentativas de derrubar Hugo Chávez, na Venezuela, mais diretamente, no Golpe de Abril de 2002 e no Paro Petroleiro, de dezembro de 2002 a fevereiro de 2003; Evo Morales, na insurreição separatista na Bolívia, em 2008; e Rafael Correa, na assuada policial do Equador, em 2010. É verdade que o golpismo foi bem sucedido na deposição dos presidentes Manuel Zelaya, de Honduras, em 2010, e Fernando Lugo, do Paraguai, em 2012. Mas a reação latino-americana, que se traduziu em fortes pressões sobre a OEA, a ponto de esta, que antes convalidava praticamente todos os atentados à democracia no continente, se viu obrigada a suspender o regime militar hondurenho. Era um sinal de que já não se dá golpes como antigamente.

Hoje, Chávez e Morales se dão ao luxo de expulsar ninhos de espiões instalados na DEA (*Drug Enforcement Agency*) e embaixadores norte-americanos[1], antes verdadeiros vice-reis nestes países, algo impensável, por exemplo, no Brasil, Argentina, Peru etc. Ao contrário do que acontecia no século anterior, esses presidentes, por terem reagido à descabida ingerência, não sofreram sanções violentas, como invasões militares e ataques aéreos, a exemplo do que se viu em Cuba, Nicarágua, Granada, Santo Domingos e Panamá de antanho. Imagine-se o que teria acontecido no Brasil, se o governo João Goulart tivesse expulsado o embaixador Lincoln Gordon, por suas atividades francamente sediciosas naqueles tempos que precederam o Golpe de 1964. Ou que Perón despachasse de volta Spruille Braden, o embaixador de Washington, que participava de manifestações de rua, em Buenos Aires, pregando a deposição do presidente?

---

1. Em 12 de setembro de 2008, quando o país vivia uma ameaça de sessação, o presidente Evo Morales, expulsou o embaixador dos Estados Unidos, Phillip Goldberg, visto em fotos de jornais se encontrando com líderes separatistas na sediciosa província de Santa Cruz. No mesmo dia, em solidariedade a Evo, o presidente Hugo Chávez deu 72 horas ao embaixador Patrick Duddy para deixar o país. Em 2012, o presidente do Equador aplicou a mesma sanção à embaixadora Heather Hodges, devido a um telegrama revelado pelo Wikileaks, no qual ela afirmava haver "corrupção generalizada na polícia".

Ao mesmo tempo, setores militares progressistas tiveram sua cota de contribuição na mudança deste cenário, sobretudo se nos detivermos nas raízes de alguns movimentos que fizeram figura na história da emancipação dos emergentes. Cinco desses movimentos tiveram especial destaque, na medida que calaram fundo nas lideranças autonomistas, dispostas a redirecionar os rumos de seus países no sentido de mais soberania, desenvolvimento e inclusão.

São eles: o Grupo de Oficiais Unidos, GOU, que levou o coronel Juan Domingo Perón ao poder, na Argentina, com o justicialismo, a partir de 1943; a Associação dos Oficiais Livres, AOL, liderada pelo coronel Gamal Abdel Nasser, lá no distante Egito, em 1952, que pôs abaixo o regime colaboracionista do rei Faruk, sustentado pela Europa e Estados Unidos, e, desse modo, resgatando o pan-arabismo, o grito de independência dos povos árabes e muçulmanos oprimidos; o levante de jovens oficiais, liderado por Omar Torrijos, no Panamá, em 1968; e o movimento de oficiais nacionalistas peruanos, liderados pelo general Juan Velasco Alvarado, também em 1968.

Chávez, 38 anos, Omar Torrijos, 39, Perón, 48, Nasser, 36, guardam em comum o fato de terem sido jovens oficiais e idealistas, na patente de coronel ou tenente-coronel, quando deflagraram seus movimentos de rebeldia, dentro dos quartéis, e depois em direção ao poder central. No Brasil, o Tenentismo, outra corrente de jovens oficiais, destacou-se, ao longo da década de 1920. Chegou, porém dividido na Revolução de 1930, que adotou muitas de suas teses, como o voto secreto, o voto da mulher e a legislação social, mas que depois se diluiu na fisiologia ou no golpismo que redundou na ditadura direitista de 1964.

Alguns analistas consideram que a mais marcante dessas influências em Chávez é a do líder panamenho Omar Torrijos, cuja política nacionalista levou os Estados Unidos a reconhecer os direitos do país sobre o Canal do Panamá. Torrijos era também coronel e tinha 39 anos quando, em 1969, tornou-se líder máximo, dois anos depois de ter atuado no levante militar que depôs o presidente recém-eleito Arnulfo Arías Madrid, em pleito tido como fraudulento. Chávez teve ocasião de conhecer as ideias de Torrijos, quando, estudante na Academia Militar da Venezuela, conviveu com cadetes panamenhos que lá faziam um curso preparatório.

Por fim, Chávez apreciava a experiência, no Peru, do Governo Revolucionário das Forças Armadas, liderado pelo general nacionalista Juan Velasco Alvarado (1968-1975), que lançou o Plano Inca. Este plano consistia num programa radical e abrangente de nacionalização das companhias de petróleo e cobre as empresas jornalísticas. Alvarado, o mais maduro dos outros líderes inspiradores de Chávez, já era general quando assumiu o poder, aos 59 anos. Ele ficou praticamente isolado no subcontinente e acabou sucumbindo ao cerco das ditaduras militares implementadas pelos Estados Unidos. Chávez, chegou a conhecer pessoalmente Alvarado, quando ouviu uma palestra do líder peruano, numa viagem oficial ainda como cadete da Academia Militar, em 1974.

Todas elas são experiências que visavam reverter a tendência generalizada dos exércitos regulares de proteger os interesses das classes dominantes e seus associados multinacionais, em favor da soberania de seus países e de medidas com vistas a diminuir as desigualdades e promover a inclusão social. Eles obtiveram muitos avanços, mas foram inapelavelmente afastados por golpes de Estado, caso de Perón e Alvarado; ou por mortes suspeitas em desastre de avião, como ocorreu com Omar Torrijos e Gamal Abdel Nasser.

Ao se preparar para o poder, Chávez teve uma fase inicial, em que desconfiava do sistema eleitoral, desgastado e carcomido, para promover as mudanças. Como Leonel Brizola, no Brasil, depois do golpe de 1964 e na fase do exílio no Uruguai, depois da queda do governo popular de João Goulart, o líder venezuelano apostava suas fichas num levante militar, calçado no apoio do povo que, na sua maior parte, condenava os velhos expedientes eleitorais. Derrubado o governo, a nova ordem convocaria uma Assembleia Constituinte para estabelecer seu programa, dentro da qual funcionaria o novo estado de direito. Se no Brasil, a opressão era militar ou militar-empresarial, na Venezuela, o problema era a oligarquia política, que se sustentava com base num sistema eleitoral, onde as votações nacionais, sem voto obrigatório, mal registravam o comparecimento de 10% do eleitoral.

Hugo Chávez, tentou o assalto ao poder, através do levante militar, em 4 de fevereiro de 2002, exatamente como fizeram seus inspiradores nacionalistas. Os tempos, porém eram outros. O desgaste dos regimes militares, por ter assolado quase todo o continente latino-americano nos derradeiros 20 anos, estava tão ou mais arraigado quanto o do neoliberalismo, que se seguiu àquelas ditaduras.

Derrotado e preso por dois anos na cadeia de Yare, perto de Caracas, ele se reciclou e, com o massivo apoio popular recebido, por ter tentado derrubar o regime corrupto de Carlos Andrés Pérez, foi lançar as bases de sua candidatura presidencial, já a partir do cárcere. Ao ser libertado, em 1994, Chávez tem uma base consolidada, tanto de civis como de militares, que vai estruturar sua campanha presidencial vitoriosa de dezembro de 1998.

Quando assume o governo, convoca uma Constituinte exclusiva para elaborar uma nova Constituição, que é aprovada em referendo, também exclusivo. Aprovada a constituição, que interrompe o mandato presidencial de quatro anos, que mal tinha alcançado o primeiro ano, são convocadas novas eleições presidenciais e para o parlamento, agora unicameral (antes tinha Câmara e Senado). É quando Hugo Chávez é reeleito, desta vez para um mandato de seis anos.

Ele sabe que terá o mesmo destino de seus inspiradores, assassinados ou depostos, se não tiver um respaldo internacional. Estudioso inveterado de estratégia e inteligência, o jovem presidente da Venezuela procurou cercar-se ao máximo de apoio popular e um escudo fora de seu país capaz de neutralizar qualquer insurreição doméstica ou alimentada de fora do país, exatamente do tipo daquela que sacrificou, não só Alvarado, Torrijos, Perón e Nasser, como também os civis Salvador Allende, do Chile, e Getúlio Vargas e João Goulart do Brasil.

Hugo Chávez diferencia-se dos outros regimes cívico-militares que o inspiraram, ao esforçar-se, e até certo ponto, consegue seu intento nesse ponto, em adotar um regime de total liberdade de imprensa e pensamento, apesar de ser vítima de atentados quase diários dos oligopólios midiáticos, tanto de seu país como do exterior. O grau de liberdade de seu regime é tanto, que ele até se permitiu a atender à oposição, quando esta exigiu a revogação de seu mandato, caso perdesse um referendo específico a este respeito. Tal referendo, inserido na Constituição de 1999, por ideia do próprio Chávez, foi realizado em 16 de agosto de 2004, e o presidente mantido no cargo pela decisão soberana dos eleitores, por 58,25% contra 41,74% dos votos.

Outro exemplo da liberalidade do governo chavista é o tratamento dado aos presos políticos, em número infinitamente menores do que os das antigas ditaduras ou mesmo dos governos anteriores de seu país, reputados como democráticos. No caso das manifestações estudantis violentas, como aquelas que resultaram da desativação do canal RCTV, a polícia levava os estudantes para suas casas e lá advertiam os pais quanto aos riscos de manipulação dos jovens para praticarem arruaças. Imagine-se se isso ocorria nos regimes militares do Brasil, Chile, Argentina e Uruguai.

Instalado no Palácio Miraflores, ele começou de forma cautelosa, apesar do ataque à velha constituição oligárquica, que desfechou, em plena cerimônia de posse, no dia 2 de fevereiro de 1999:

"Juro perante Deus, juro perante a pátria, juro diante do meu povo e sobre essa Constituição moribunda, que farei cumprir as transformações democráticas necessárias para que a República tenha uma nova Carta Magna, adequada aos novos tempos".

Dotado de surpreendente senso de realismo e cautela para o seu caráter romântico e arrebatado, Chávez, num primeiro momento, frustrou muitos de seus seguidores mais à esquerda, devido a algumas medidas conservadoras, para assegurar a governabilidade, nos primeiros dias. Logo, porém, se lançava a uma expedição internacional, que consumiu 52 dias de seu primeiro ano de governo. Os líderes que visitou, pessoalmente, foram, desde o presidente neoliberal do Brasil, Fernando Henrique Cardoso (1995-2002), ao presidente dos Estados Unidos, Bill Clinton e o então governador do Texas e futuro presidente George W. Bush, aos homens fortes e execrados pela mídia, como o do Iraque, Sadam Houssein, da Líbia, Muamar Kadafi, e os aiatolás, do Irã. Estes eram, igualmente, os piores inimigos do sistema de dominação. Antes da posse, estivera longamente com Fidel Castro, outro futuro integrante do "eixo do mal", cunhado por Bush, acertando um relacionamento especial com Cuba. Isto seria determinante tanto para o país comunista, ameaçado de ser varrido do mapa pelo efeito dominó da queda do muro de Berlim, em 1989, como para a Venezuela, carente de quadros e infraestrutura, devido a uma economia excessivamente atrelada às exportações do petróleo.

Nos primeiros dias de governo, o furacão Hugo Chávez da eleição transformava-se, pelo menos a olhos vistos, num vento brando, quase uma brisa, a ponto de alguns cogitarem de que ele tivesse sido cooptado pelo sistema internacional, como havia acontecido com tantos outros presidentes progressistas e mesmo revolucionários. Tateando no escuro e sem a mínima vivência administrativa (nunca fora prefeito, governador, parlamentar ou dirigente empresarial), ele encontrou um quadro catastrófico do ponto de vista social e econômico: a pobreza subia a 80% naquele país nadando em petróleo, enquanto o preço do barril tinha baixado a perigosos 7,2 dólares. Os cofres do tesouro estavam vazios e não havia dinheiro sequer para pagar o funcionalismo.

Seu ato mais surpreendente foi a manutenção provisória da ministra da economia do governo neoliberal de Rafael Caldera, seu antecessor, Maritza Izaguirre, coautora de vários pacotes econômicos de arrocho e privatizantes, a mando do FMI. Neste movimento tático, Chávez se credenciou de alguma maneira junto à desconfiada comunidade internacional, o nome utilizado pela mídia e a diplomacia para referir-se ao consórcio de dominação mundial integrado Estados Unidos e a União Europeia. O mercado, com efeito, já tinha sido antes tranquilizado pelo compromisso assumido pelo novo presidente de pagar, rigorosamente, a dívida externa.

Chávez foi cobrado pelos que à sua esquerda viam nessa atitude uma contradição e mesmo uma apostasia. Como é que um governo dito revolucionário ia pagar uma dívida externa, se poderia carrear os recursos a ela destinados para o desenvolvimento e a infraestrutura do país. Ele não tinha nenhuma experiência da máquina administrativa, mas olhava para mais longe. Pragmático e calculando os passos a médio e longo prazo, sabia que o calote, nas circunstâncias em que assumiu o governo, iria asfixiar o país e inviabilizar sua nascente experiência.

Além do mais, tinha projetos grandiosos que iam depender de investimentos internacionais de grande monta. Realista, também percebeu que, sem uma política fiscal eficaz jamais obteria créditos, por exemplo, para o projeto da Faixa do Orinoco, que pretendia transformar, como parece já estar acontecendo, na maior fonte energética do mundo. O que é que ele ia dizer à China, potência alternativa, mas exigente em matéria de segurança de seus negócios, que iria financiar a maioria de seus megaprojetos? Um deles era a fábrica China Petroleum Co., para produzir 4 milhões de toneladas de orimulsão, combustível de caldeira para gerar eletricidade, a ser consumido pelos chineses, e a Plataforma de exploração de gás Deltana? Neste diapasão, Chávez vai abrindo caminho e surpreendendo o mundo com o seu estilo cauteloso de administração mas incandescente no plano político. Analisemos seus próximos movimentos.

VII — A CHEGADA DE LULA, KIRCHNER, EVO...

Em 29 de outubro de 2002, o ex-líder metalúrgico Luís Inácio Lula da Silva elege-se presidente do Brasil, país gigante abrangendo quase metade do território, da população e dois terços do poder econômico da América do Sul. Portador de uma plataforma de esquerda moderada, detentor de raro tirocínio geopolítico e de uma agilidade de águia, Lula vai iniciar, em 1º de janeiro de 2003, um período de oito anos de mandato, marcado pela aproximação e colaboração com os vizinhos. Com ele, o Brasil torna-se o grande aliado de Chávez e Fidel na montagem do novo cenário latino-americano em direção à unidade. Quando Dilma Rousseff recebeu o governo de Lula, em 2011, Hugo Chávez tinha visitado o Brasil 16 vezes.

Lula não conta com o estamento militar nem com um movimento popular organizado para respaldar suas ações transformadoras, como ocorre com Chávez e Fidel, mas é detentor de fina astúcia que vai driblar inúmeros obstáculos arremessados no caminho. Mais político que revolucionário, ele também viajou pelo Brasil e pelo mundo, durante 20 anos de militância, acercando-se dos movimentos sociais e sindicais, líderes opositores e chefes de Estado de diversos países. A despeito de não ter uma formação acadêmica, tem uma intuição prodigiosa que lhe permite uma visão estratégica incomum do papel do Brasil nas Américas e no mundo.

As diferenças de estilo vão gerar algumas incompreensões com o venezuelano e o cubano, mas os três já estão acertados, quando começa a chegar a safra dos novos protagonistas dessa cena e o continente nos próximos dez anos. Em 2003, elege-se presidente Néstor Kirchner, político provinciano da gelada e distante Patagônia, que, junto com a mulher Cristina Fernandez, vai demonstrar raro descortino e arrancar a Argentina de uma depressão profunda, para, engajado na luta pela integração, projetá-la entre as economias e realizações sociais mais viçosas. Depois vêm, numa rápida sucessão, Evo Morales, o primeiro indígena a presidir seu país, a Bolívia, a partir de 2004; o médico Tabaré Vásquez, no Uruguai, também em 2004; Daniel Ortega, o sandinista comandante guerrilheiro que liderou a deposição do ditador Anastasio Somoza, e afastado do poder pelos americanos, na guerra dos contras, na Nicarágua, em 2006; o acadêmico Rafael Correa, no Equador, em 2007; o bispo Fernando Lugo, no Paraguai, em 2008; e, em 2011, Ollanta Humalla, outro militar golpista e nacionalista, no Peru.

Era uma relação específica e de acordo com as peculiaridades de cada líder, de cada realidade política e de cada complexidade do país correspondente. Com o brasileiro Lula, havia de ter em conta não só o tamanho e a força, mas o histórico do país de inextricável atrelamento aos Estados Unidos e Europa. Leonel Brizola, célebre líder nacionalista, que pontuou a política por quase 60 anos, costumava dizer que "a burguesia brasileira não cabe dentro de Miami". Aludia à vasta e complexa natureza de nossa economia, ao contrário da elite de Cuba, que se transportou inteiriça para aquela cidade norte-americana.

Lula tinha, assim, de pisar em ovos, especialmente naquela quadra em que o neoliberalismo acabara de perpetrar a maior razia no país, talvez só superada pela que ocorreu na Rússia, com o colapso soviético de 1989. As corporações transnacionais abocanharam grande parte das riquezas, como as companhias estatais de comunicações, com uma rede de dimensões continentais integrando todo o território de 8,5 milhões de Km^2; a Vale do Rio Doce, uma das maiores empresas de minérios do mundo, a Eletrobras, nossa distribuidora de energia elétrica, e bancos da dimensão do BANESPA (Banco do Estado de São Paulo) e BANERJ (Banco do Estado do Rio de Janeiro).

Ao mesmo tempo, uma legislação perniciosa abria nossos sistemas de financiamento, inclusive do BNDES (Banco Nacional de Desenvolvimento Econômico e Social) para cevar ainda mais aqueles mamutes internacionais, sedentos de lucros e mais lucros. Para se ter uma ideia da magnitude dessa rapina, a American Airlines, que pediu falência, em 2010, devia um bilhão de dólares àquele banco. Imagine-se, um banco criado por Getúlio Vargas, com o fim de financiar o nosso sofrido desenvolvimento, se via obrigado a emprestar tal soma a uma multinacional americana que certamente jamais irá quitar a sua conta.

Lula sucedeu a Fernando Henrique Cardoso, o presidente sociólogo e dos mais aplicados discípulos do Consenso de Washington. Nos seus dois mandatos de quatro anos cada, Fernando Henrique Cardoso havia demolido a chamada Era Vargas (de Getúlio), como ficou conhecido nosso período de realizações no campo industrial, econômico e social, incluindo a avançada legislação trabalhista. Seus resultados não se fizeram esperar: desemprego maciço, arrocho salarial, deterioração dos serviços públicos. Não obstante, o presidente ficava blindado pelo apoio das corporações, que controlavam os meios de comunicação, seus parceiros nos negócios das privatizações. Estes vendiam a imagem de um país moderno porque em breve, como prometiam, iria desfrutar, com sua administração enxuta e azeitada, as maravilhas do primeiro mundo, aquele dos países ricos.

A propaganda ainda fazia efeito durante o primeiro mandato de Lula, também de quatro anos, porque a classe média fora levada a um consumismo desbragado, incentivado por uma inflação baixa e uma moeda, o antigo cruzeiro, que chegou a valer mais do que o dólar. Lula, que tinha sido eleito com os votos de considerável parcela desse estamento social determinante na política, não podia contrariá-la e muito menos o aparato internacional, que tinham na mídia a sua grande arma.

Ultimamente, as empresas jornalísticas, radiofônicas e televisivas haviam se transformado em complexas máquinas de poder com capilaridade por todo o território nacional. Eram capazes de destruir com um sopro o governante ou auxiliar deste, de qualquer nível, suspeito de obstar os desígnios das corporações. Elas ainda ditavam os termos tanto da agenda de rigorosamente todos os poderes da República – o Executivo, o Legislativo e o Judiciário –, como inspiravam e controlavam os temas em debate.

Ele teve de aceitar e até aprofundar a política fiscal, ainda que contivesse mas não de todo abolisse as privatizações. Para compensar essas concessões, lançou-se a um amplo programa de combate à miséria, de que se tornou emblemático o Fome Zero, promovendo a ascensão social de milhões de brasileiros. Paralelamente, deflagrou uma política externa agressiva destinada a fazer negócios com todos os países do mundo e, especialmente, com os países vizinhos latino-americanos e os emergentes da África e da Ásia.

Habilmente, Lula conseguiu aproximar-se da Venezuela e da Argentina, que realizavam políticas de cunho nacionalista e antineoliberal, ao mesmo tempo que afagava a Colômbia, o Peru e o Chile, os quais insistiam em maior alinhamento com Washington, e ainda defender o governo de Fidel Castro, debaixo de uma saraivada de críticas da grande imprensa.

Esta postura equidistante valeu-lhe credenciais de negociador, essenciais para alternativas à crise interna da Venezuela, como aquela que redundou no referendo gatório que confirmou Hugo Chávez no poder, e da Venezuela com a Colômbia, agravadas com a atividade guerrilheira liderada pelas FARC (Forças Armadas Revolucionárias da Colômbia) e a instalação de sete bases militares norte-americanas em território colombiano.

Neste meio termo, o Brasil incrementava sua presença naqueles países e estendia laços pelo resto das Américas e do hemisfério sul, sem descuidar dos Estados Unidos e da Europa. Isto ficou marcado numa maratona de viagens do presidente brasileiro à Líbia de Kadafi, ao Egito de Hosny Mubarak, ao Irã dos aiatolás, China, Estados Unidos e mesmo Inglaterra.

A retórica estridente de Chávez contra os Estados Unidos incomodava visivelmente o líder brasileiro, que também se via constrangido em efetivar alguns planos grandiosos da nova Venezuela, como o Gasoduto do Sul, uma estrutura de tubos de 15 mil quilômetros para levar gás natural, partindo de Puerto Ordaz, na

Venezuela, passando pelo Amazonas, Pará, Ceará, Pernambuco, São Paulo, para chegar a Buenos Aires; a Petrosul, que uniria a venezuelana PDVSA, a brasileira Petrobras e a argentina ENERSA (Energia de Entre Rios S.A.), o Banco do Sul, para financiar projetos de desenvolvimento e a Telesur, uma rede de televisão destinada a enfrentar a penetração dos oligopólios estrangeiros, como CNN, Fox e BBC, e a enfocar as notícias segundo a ótica latina e não das grandes metrópoles.

Trata-se de planos consistentes e necessários a uma efetiva integração dos países, mas que assustavam os intocáveis defensores do mercado, ainda muito influentes, a despeito do naufrágio do neoliberalismo. Para eles, tais planos escondiam uma intenção de Hugo Chávez em dominar o continente e sujeitar os outros países, inclusive o Brasil com toda a sua potência. Representavam, igualmente, diziam, uma volta da intervenção do Estado na economia, algo inconcebível para seus planos de continuarem dominando nossa economia.

Lula administrava essas contradições com um molejo e bom humor muito próprios. Dizia que estava aí para "acalmar" o Chávez, ao que o presidente venezuelano aquiescia de bom grado. Reconhecia que às vezes exagerava, mas nem por isso deixava de cobrar a execução de seus projetos, na maioria das vezes adiados ou esquecidos.

Era um jogo de esperteza e persistência, mas também de procrastinação que Chávez, muito atento, não deixava escapar. Ele resolveu sozinho e com a ajuda mínima da Argentina e do Uruguai, levar adiante a Telesul (Telesur, a nova televisão do Sul), da qual nos ocuparemos depois. Ele também fincou pé e concretizou o Banco do Sul, a Refinaria Abreu e Lima, tantas vezes postergado, mas que se converteu em realidade, quando os ministros da Fazenda do Brasil, Argentina e Venezuela bateram o martelo, quase uma década depois de lançada a ideia.

Paralelamente, pipocavam alguns gargalos, como a atuação das grandes empresas brasileiras, inclusive a Petrobras, que praticavam uma política de saque e da depredação nos países vizinhos. Alguns países reagiram, levando alguns a temerem pelo sucesso da unidade, pois era enorme a reação dos oligopólios nacionais, sempre vocalizada pela ação funesta da mídia.

Com a mesma picardia, Lula absorveu a decisão repentina do presidente da Bolívia, Evo Morales, de nacionalizar os ativos da Petrobras naquele território, mas endureceu quando o presidente do Equador, Rafael Correa, expulsou a empresa brasileira Odebrecht e ameaçou nacionalizar um campo onde a Petrobras produz 32 mil barris de petróleo/dia. Ele convocou o embaixador brasileiro para explicações, mas a inflexão pouco alterou o ritmo da aproximação, que iria blindar a região contra os efeitos da crise econômica mundial de 2008.

VIII — Petrocaribe, Gasoduto e Banco do Sul

O preço do petróleo é alto não apenas pela especulação comercial ou o uso político que dele se faz, mas principalmente pela ação dos intermediários. Nos países não produtores, como os do Caribe e outras regiões pobres da América Latina, os custos são encarecidos a um nível quase insuportável pelas companhias navegadoras, que cobram quantias absurdas para o seu transporte. O resultado disso é que as populações mais pobres ficam sem condições sequer para tomar um ônibus, tão cara se tornou a passagem. Em 2005, já tendo o governo tomado o controle da PDVSA, a qual estatizou totalmente, o que possibilitou à Venezuela assumir, sem a interferência das transnacionais, o potencial de suas maiores reservas mundiais, Chávez decidiu oferecer petróleo barato aos vizinhos. O pagamento poderia ser efetuado por tecnologia, obras viárias, ensino, medicina, gado, frutas, açúcar e outros produtos de que necessitavam os venezuelanos. Chávez ainda tomaria providências para construir seus próprios navios transportadores, em convênios com a Argentina e o Brasil, que renderam substanciais divisas para a economia desses países, além de criar emprego.

Tratava-se de uma complementação, bem melhor do que a política de favorecimento às empresas transnacionais, em negócios sujos que só prejudicavam o Estado, a exemplo daquela praticada nos anos anteriores ao governo bolivariano. Como se sabe, as facilidades que a PDVSA abria para aquelas companhias e seus governos, principalmente Estados Unidos e Europa, com sua "política de internacionalização", iniciada em 1986, representavam cerca de 40% do preço do petróleo.

Segundo o ministro do Petróleo e presidente da PDVSA, Rafael Ramírez, "foram transferidos mais de 14 bilhões de dólares na aquisição de ativos no exterior, justo nos anos da mais profunda crise econômica na Venezuela". Tais aquisições, segundo ele, eram feitas com base numa política de descontos na fatura petroleira, em que se vendia o petróleo, quando o preço estava a 10 dólares o barril, com até quatro dólares de descontos ao refinador nos Estados Unidos".

Com o propósito de viabilizar seu projeto de integração, unidade e complementação da América Latina, Hugo Chávez lançou a Petrosul, o Gasoduto do Sul e o Banco do Sul. São três propostas conjugadas que assegurariam, não só um preço acessível para o petróleo, como a arrancada do desenvolvimento autônomo da região, livre da dependência das grandes potências e de suas agências. Dessa maneira, a Petrosul uniria as empresas estatais do continente, como a PDVSA venezuelana, a Petrobras brasileira, a Enarsa argentina e demais estatais em outros países vizinhos, para atuar sem intermediários e desenvolver de maneira integral negócios de toda a cadeia de hidrocarbonetos.

A empatia com os colegas brasileiro Lula e argentino Néstor Kirchner, levou Chávez a facilitar a assimilação da ideia, que chegou a ser aprovada nas reuniões trilaterais que os presidentes passaram a ter regularmente a partir de 2005. Para cimentar a integração e diminuir mais os custos, Chávez também propôs a construção do Gasoduto do Sul, que, partindo da Venezuela, entraria pelo Amazonas, Pará, Ceará, Pernambuco, Brasília, Rio de Janeiro e São Paulo, para chegar a Montevidéu e Buenos Aires.

O plano petrolífero seria coroado com a criação do Banco do Sul, uma espécie de fundo monetário regional, como o Fundo Monetário Asiático, sem a participação dos Estados Unidos. O banco financiaria este e outros projetos de desenvolvimento regional, a juros baixos, para garantir a liquidez de suas economias em tempos de crise. A entidade teria seu capital integralizado por cada um dos 12 países da América do Sul, que contribuiria com 10% de suas respectivas reservas internacionais.

Os três projetos foram aceitos com entusiasmo pelos presidentes da Argentina e do Brasil, mas sua implementação foi dificultada pelas pressões dos organismos multilaterais de crédito, como o Banco Mundial, Banco Interamericano de Desenvolvimento e o FMI, e das transnacionais de um modo geral, que viam na ideia um péssimo exemplo para seus negócios na América Latina e nas outras regiões do terceiro mundo.

Como sua influência é grande no mundo empresarial, nos meios de comunicação e nos setores políticos conservadores, o plano de integração petrolífera foi sendo adiado indefinidamente, ainda que não de todo esvaziado. Nestas pressões, não faltaram intrigas, muito bem difundidas, denunciando pretensões megalômanas ou hegemônicas de Chávez e da Venezuela, país que dali a pouco se revelaria como uma maiores áreas comprovadas de reservas petrolíferas e gasíferas.

Em 30 de julho de 2007, Hugo Chávez se queixava, num encontro com os presidentes do Brasil, Argentina e Bolívia, que o projeto do Gasoduto do Sul "esfriara", por causa de oposição regional, que não especificou:

"Há uma parte da própria América do Sul contrária ao gasoduto. Conseguiram esfriar o projeto! Vínhamos avançando; (houve) reuniões com técnicos, (nós) os presidentes assinamos um convênio com Lula, Kirchner, Morales", discursou Chávez para depois acrescentar:

"Mas agora o projeto está frio, não houve mais reuniões, nós chamamos, adiaram a data", continuou o presidente. "Enfim, o projeto esfriou. Bom, não podemos obrigar (ninguém) a fazer um gasoduto para o Sul." Ele não quis identificar a causa do "esfriamento", mas, possivelmente, se referia à Petrobras, que, por pressão de seus sócios minoritários, que controlam 49% das ações da estatal, na maioria de capital norte-americano, impedia o desenvolvimento inclusive da Refinaria Abreu e Lima, um empreendimento, conjunto da Petrobrás e PDVSA, para refinar 250 mil barris de petróleo bruto venezuelano. A maior parte do Gasoduto do Sul, com um custo estimado pela Petrobras de 23 bilhões de dólares, seria desenvolvida em território brasileiro. No plano de Chávez, os tubos sairiam de Güiria, litoral leste venezuelano, e chegariam a Buenos Aires e Montevidéu, passando por Manaus, Recife, Brasília, Rio de Janeiro e São Paulo.

Sem deixar de insistir na ideia, sempre que podia, Hugo Chávez sentiu que não podia ficar imobilizado à espera da decisão dos dois grandes países e incrementou suas negociações com os países menores mais próximos, geográfica e ideologicamente. Foi quando articulou, primeiro a ALBA (Aliança Bolivariana para os Povos de Nossa América), a partir de 2001, e a Petrocaribe, em 2005.

A ALBA, da qual tratamos em capítulo específico mais adiante, foi lançada, em 2001, num encontro de Chávez com Fidel Castro, tendo começado sua expansão, em 2006, com a adesão da Bolívia, e, em anos posteriores, da Nicarágua, Equador, Dominica, San Vicente e Las Granadinas e Antígua e Barbuda.

Arrostando ameaças e empecilhos de toda sorte, e já tendo uma parceria sólida com Fidel Castro, de Cuba, país a que fornecia uma boa quantidade de petróleo, a preços especiais, os governos venezuelano e de outros 13 países acordam em criar, em 2005, a Petrocaribe.

Em reunião realizada na cidade venezuelana de Puerto La Cruz, no dia 29 de maio daquele ano e denominada Primeiro Encontro Energético de Chefes de Estado e de Governo do Caribe, esses países assinam o Acordo de Cooperação Energética, pelo qual decidem eliminar todos os intermediários para apenas atuar os órgãos estatais nas transações com petróleo, que seria fornecido pela Venezuela em bases especiais.

A Venezuela passaria a fornecer petróleo de graça durante um ou dois anos, período a partir do qual começaria o pagamento com juros que poderiam cair até 1% se o preço internacional do barril fosse superior a 40 dólares. Os convênios ainda permitiam a troca do petróleo por produtos da região, como frutas e pescado, e a instalação e financiamento de usinas de eletricidade, refinarias (casos de Cuba e Equador) e programas de saúde e educação.

A lista de países da Petrocaribe compreendia, até 2012, Antígua e Barbuda, Bahamas, Belize, Cuba, Dominica, Granada, Guatemala, Guiana, Haiti, Honduras, Jamaica, Nicarágua, República Dominicana, São Cristovão e Neves, São Vicente e Granadinas, Santa Luzia, Suriname e Venezuela.

Tanto a ALBA como a Petrocaribe foram fundadas com base nos princípios de solidariedade, transferência tecnológica, aproveitamento do potencial de cada país e economia dos recursos. Para isso, realizam convênios de crédito para facilitar pagamentos e cobranças. Tais convênios, regulados pelos Tratados de Comércio dos Povos (TCP), em contraposição aos Tratados de Livre Comércio (TLC), dos Estados Unidos, que provocam desemprego e marginalização, ao exigirem programas econômicos recessivos, privatização dos bens e recursos naturais.

Chávez teve de esperar por tempos melhores para desenvolver seus megaprojetos, ainda que o Banco do Sul desse passos importantes em sua institucionalização. É processo demorado, já que, além dos acertos burocráticos, compensações de assimetrias e outros entraves, dependia da aprovação de cada parlamento para se efetivar. Enquanto isso não ocorria, concentrou seu foco noutro *big* entrave que preparavam as grandes potências para sujeitar ainda mais os países latino-americanos: a ALCA, Área de "Livre" Comércio das Américas.

IX — A PÁ DE CAL NA ALCA, O ÚLTIMO BASTIÃO NEOLIBERAL

Em 1994, o neoliberalismo, concebido pelo Consenso de Washington, cinco anos antes, despontava para muitas mentes adestradas como a grande cartada para os males nacionais e internacionais. A propaganda que festejava os milagres da globalização, com a interconexão do mundo em tempo real pela internet e a informação instantânea, havia levado quase todas as nações dos cinco continentes, sobretudo as mais carentes do Terceiro Mundo, agora conhecidas como emergentes, a aderir à nova ordem, que prometia progresso, equidade e, particularmente, muita paz. Afinal, no dizer de um filósofo futurista, o nipo-americano Francis Fukuyama, a dissolução da União Soviética, em 1989, tinha determinado o fim da história, ou seja, a eliminação das guerras, dos conflitos e outros atropelos da humanidade. Para Fukuyama, o colapso do comunismo, em 1989, depois da queda do fascismo, com o término da II Guerra em 1945, havia comprovado que a democracia de mercado se impunha finalmente como o modelo político mais adequado às necessidades do homem, o que implicava ausência de motivos para as guerras. O desaparecimento da segunda potência mundial determinara ainda o fim da guerra fria, o silencioso conflito que ameaçava o planeta com a hecatombe nuclear. Não importava que a primeira potência, bem mais forte e ameaçadora, não só persistisse como se transformasse na única e inatingível superpotência.

Tal sentimento parecia impregnar-se por toda parte. O Brasil, por exemplo, acabara de eleger seu primeiro presidente neoliberal: um intelectual que falava várias línguas, pinçado da esquerda e, bem ao gosto da época, tinha sido cassado e exilado pelo Golpe Militar de 1964. Fernando Henrique Cardoso, um sociólogo, que se considerava marxista teórico, foi o homem encarregado de terminar com a Era Vargas, que teimava em resistir aos golpes institucionais, civis e militares, desde 1930, e aplicar um dos maiores desmanches da máquina pública, só perdendo para a Rússia ex-soviética. Na Argentina, nada menos do que um peronista, Carlos Saul Menem, o homem que defendia "relações carnais" com os Estados Unidos, tinha sido sagrado um pouco antes presidente, por esmagadora maioria, para implantar a nova doutrina. O mesmo ocorria nos outros países, como a Venezuela e o México, não obstante suas eleições fraudadas, além dos países menores. A única exceção era Cuba, que resistia bravamente ao forte cerco, inclusive com ameaça de fome. Todos, uníssonos, davam vivas ao neoliberalismo.

Foi neste contexto, que os Estados Unidos quiseram obrigar os 34 países das três Américas a anular suas barreiras tarifárias, as leis de proteção aos trabalhadores, os direitos autorais e as preferências das compras governamentais às empresas nacionais, para transformá-las no maior território mundial do chamado livre comércio.

Para tanto, convocam, para 9 de dezembro de 1994, a primeira Cúpula das Américas, com a presença daqueles 34 países, à exceção de Cuba, única nação vetada, na cidade de Miami. Com toda pompa e circunstância, o simpático e garboso presidente William Jefferson Clinton, mais conhecido com Bill Clinton, anunciou, com a anuência bovina de seus pares, a criação da ALCA, Área de Livre Comércio das Américas. Integrando a superpotência mundial com o Canadá e os outros 33 países das Américas pobres, o novo organismo resultaria no maior mercado do mundo, com 20 trilhões de dólares de PIB e uma população de 850 milhões de pessoas, o dobro da Europa.

A ALCA, na verdade era apenas um outro nome dado ao velho projeto de dominação dos Estados Unidos, através de uma união aduaneira continental e uma moeda única, como proposta na Primeira Conferência Pan-Americana, em Washington, realizada entre 2 de outubro de 1899 e 19 de abril de 1890. O projeto não andou por causa da forte objeção de alguns países como a Argentina, cujo presidente Miguel Ángel Juarez Celman rejeitou de pronto a ideia, em nome da inviolabilidade e soberania dos países, através de seu representante, o embaixador e depois presidente, Roque Sáens Peña. Não obstante, os Estados Unidos conseguiram impor, no mesmo encontro, a criação do Escritório Internacional das Repúblicas Americanas, embrião da Organização dos Estados Americanos, a OEA, esta fundada na Conferência de Bogotá, em 1948, com sede em Washington. Ainda na primeira Conferência de Washington, em 1889, os Estados Unidos propunham a adoção do padrão prata, a uniformidade dos sistemas de pesos e medidas, direitos de patentes, medidas sanitárias etc.

Com o novo rótulo, o projeto agora denominado ALCA, até que obteve sucesso em seu lançamento, em 1994. Mas, passada a fase do encanto inicial, os países latinos começaram a identificar os gargalos que o organismo representaria para sua economia, a questão social e a soberania política. De seu lado, os Estados Unidos não se dispunham a abrir mão das pesadas tarifas que impunham à chegada ao país dos produtos latinos, enquanto pressionavam que estes abrissem mão por completo de suas defesas aduaneiras. Sob o lema do livre comércio e da lei da oferta e da procura, que segundo a ideologia dominante, tudo regula e tudo resolve, a região se viu ameaçada da maior invasão estrangeira, talvez ainda pior do que aquela da época do puro e direto colonialismo.

Não obstante, a propaganda procurava infundir a ideia de que as populações seriam beneficiadas, porque desfrutariam de produtos mais baratos e bem acabados, não importando que as indústrias locais fossem, em consequência, desativadas, aumentando o desemprego e agravando a questão social. Isto seria resolvido pelas medidas corretivas previstas pela ALCA, que obrigavam os países signatários a flexibilizar a legislação trabalhista, a fazer investimentos vultosos na infraestrutura para poder, imaginem, competir com os Estados Unidos, a dar preferência nas compras governamentais aos produtos norte-americanos e a fazer mais privatizações das estatais por ventura restantes.

A ideia, claro, era bem aceita pelos presidentes latinos da safra do auge do neoliberalismo, cujas campanhas receberam gordas doações das transnacionais, ONGs, USAID, fundações e outros organismos, com o incondicional apoio e engajamento dos meios de comunicação. Aos poucos, no entanto, a realidade foi se impondo e a panaceia neoliberal e globalizante, se liquefazendo: as crises em cadeia começaram em 1997, com a quebra no Sudeste Asiático, que pouco depois se refletiria na Venezuela, México, Brasil, e Rússia, para culminar com o colapso argentino de 2001/2002. As coisas começaram então a tomar outro rumo. As populações foram tomando consciência do engodo de que foram vítimas e, democraticamente, elegeram presidentes progressistas mais identificados com seus anseios. O primeiro deles foi exatamente Hugo Chávez, eleito em 1998, que seria seguido por Lula, no Brasil, em 2002, e, nos anos seguintes, por Kirchner, na Argentina, Evo Morales, na Bolívia, Rafael Correa, no Equador, Daniel Ortega, na Nicarágua, Fernando Lugo, no Paraguai e Ollanta Humalla, no Peru.

Eles foram gradualmente afastando seus governos do esquema neoliberal, num processo sinuoso, já que enfrentavam fortes pressões, tanto internas como externas, ao mesmo tempo que dinamizavam sua política externa para incrementar o comércio e o intercâmbio entre si e as nações emergentes dos outros continentes, como África, Oriente Médio e Ásia, sem descurar dos países mais ricos. No Brasil, o presidente Lula mandou abrir mais de 70 novas embaixadas e o comércio exterior deu um salto significativo, enquanto Chávez ressuscitava a OPEP e estreitava seus laços com o Irã e a China, e Néstor Kirchner, encaminhava a questão da dívida para retirar o país da recessão, arrancando-o para o desenvolvimento.

Enquanto isso, as pressões pela ALCA se intensificavam. Quando lançou a ideia, em 1994, o presidente Clinton queria, na verdade, a implementação imediata de acordos parciais para atingir a abertura total do mercado em 2005. Mas teve sua ação brecada pelo próprio Congresso norte-americano, temeroso de os acordos prejudicarem a agricultura e o comércio domésticos. Em 2000, George Bush eleito presidente, anunciou que não iria retirar os gigantescos subsídios à agricultura nem alterar a política protecionista aplicada a produtos como o aço, cítricos, açúcar etc.

O embaixador brasileiro Samuel Pinheiro Guimarães, um dos arquitetos da política externa independente de Lula, sustenta que o principal objetivo norte-americano é incorporar o Brasil e a Argentina, que são as duas principais economias industriais da América do Sul, a este "grande conjunto" de áreas de livre comércio bilaterais. Lá, as regras relativas ao movimento de capitais, aos investimentos estrangeiros, aos serviços, às compras governamentais, à propriedade intelectual, à defesa comercial, às relações entre investidores estrangeiros e Estados seriam não somente as mesmas como permitiriam a plena liberdade de ação para as megaempresas multinacionais. E isto reduziria ao mínimo a capacidade dos Estados nacionais para promover o desenvolvimento, ainda que capitalista, de suas sociedades e de proteger e desenvolver suas empresas (e capitais nacionais) e sua força de trabalho".

Estava clara a determinação dos americanos para impingir, com a ALCA, uma via de mão única para só tirar proveito de uma economia latina dependente de seu poderio. Mas seus poderes, juntamente com todo o seu aparato midiático e financeiro já não tinham o condão de ofuscar uma realidade cada vez mais evidente. A recessão já se instalara no continente e o colapso da Argentina, em 2001-2002, ocorrido justamente porque foi aquele o país que mais aplicou à risca os preceitos do FMI, que comanda a política neoliberal, deixou de sobreaviso muitos governos, mesmo aqueles mais conservadores.

O Mercosul, integrado pelo Brasil, Argentina, Paraguai e Uruguai, viu-se ameaçado de ser engolido pela ALCA e foi se retraindo, inclusive porque o Brasil, com a política externa agressiva, que incluía consideráveis empréstimos a países como a Argentina, Venezuela, Bolívia, Colômbia e Peru, dizia nas entrelinhas que não iria se entregar à ALCA.

Finalmente, em cinco de novembro de 2005, quando os Estados Unidos convocam a IV Cúpula das Américas para efetivar a ALCA com a detonação das comportas dos pobres mercados latinos, em Mar Del Plata, na Argentina, os presidentes progressistas, à frente Chávez, entravam de tal maneira as negociações, que inviabilizam de vez a ALCA.

De nada valeu a manobra dos Estados Unidos, que, através do Panamá, e alegando dispor da maioria dos votos dos países ali presentes, tentou aprovar uma resolução determinando a imediata vigência da abertura dos mercados aos oligopólios estadunidenses e europeus. Argentina, Brasil e Venezuela fizeram valer sua voz e seu peso geopolítico, barrando a manobra, e a ALCA foi para o espaço, ou como proclamou Hugo Chávez: *"ALCA, al carajo!"*

Ele havia dado esta palavra de ordem, poucas horas antes, junto a cerca de 80 mil pessoas reunidas ali perto, no Estádio Mundialista de Mar Del Plata, vindas de todo o hemisfério, para a III Cúpula dos Povos, uma espécie de Contracúpula dos Chefes de Estado: "Cada um de nós trouxe uma pá de coveiro, porque, aqui, em Mar Del Plata, está a tumba da ALCA... ALCA... ALCA, al carajo! Quem enterrou a ALCA? Os povos da América".

Na III Cúpula oficial, o presidente argentino Néstor Kirchner, também dera seu recado claro. O mesmo tinham feito o presidente brasileiro Lula da Silva e o uruguaio Tabaré Vásquez, que precisaram voltar a seus países, antes de terminada a reunião, deixando seus respetivos chanceleres como representantes.

– *No nos vengan a patotear!* (Não venham nos intimidar!) – reagiu Néstor Kirchner, anfitrião da Cúpula, diante do presidente George Bush, da secretária de Estado, Condolezza Rice, e dos outros colegas presidentes das Américas. Depois de aludir às consequências funestas do neoliberalismo e do Consenso de Washington, Kirchner não deixou dúvidas quanto à sua posição e à dos argentinos: "Nosso continente, em geral, e nosso país, em particular é prova trágica do fracasso (dessas teorias)".

Por estas razões, o presidente argentino procurou ser didático: "Nenhuma integração nos vai servir, senão aquela que reconheça as diversidades", lembrando depois que "os organismos de crédito querem impor as mesmas políticas que conduziram a Argentina ao *default* (colapso de 2001)". No final, não deixou de criticar os Estados Unidos por haver permitido "políticas que fizeram cair governos democráticos".

O presidente Lula, do Brasil, também deixou clara sua posição, mas teve de sair mais cedo porque, no outro dia, receberia o presidente Georges Bush, em viagem oficial a Brasília. Sustentou que a integração, nos termos propostos pela ALCA, "não é oportuna" para o momento, podendo mesmo "atrapalhar" o andamento de negociações mais relevantes para o Brasil, como as da Rodada Doha, da Organização Mundial do Comércio (OMC). E frisou que os países sul-americanos devem negociar acordos de livre comércio com nações mais desenvolvidas (aparentemente referindo-se aos Estados Unidos), somente depois de fortalecerem e estabilizarem suas economias.

O presidente brasileiro ainda enfatizou que as economias sul-americanas "estão crescendo", os "empregos estão aparecendo", sem as mesmas ilusões da década de 1970, quando ocorria a "entrada fácil de dinheiro de fora", e dos anos 1980, quando houve o "desmonte dos Estados nacionais e as privatizações". Finalmente, constatou haver consciência na região de que o crescimento econômico depende "da capacidade de desenvolvimento, da inteligência dos governantes e do povo, da política industrial, da política exterior".

Depois, a reunião foi retomada, com outra intervenção do presidente Hugo Chávez para afiançar que os chefes de Estado ali presentes "têm uma dupla tarefa: de um lado, enterrar a ALCA e o modelo econômico imperialista, capitalista; e, de outro, ser parteiros do novo tempo, parteiros da nova história, parteiros da nova integração, os parteiros de uma nova ALBA. Chegou a hora da segunda independência dos povos das Américas".

A IV Cúpula das Américas terminou sem consenso e o presidente George Bush queixou-se, quando se despediu do presidente da Argentina e anfitrião, Néstor Kirchner: "Confesso que estou um tanto surpreso. Aqui passou-se algo que não tinha previsto".

Dali para a frente, a ALCA, cujas negociações já haviam empacado dois anos antes da Cúpula das Américas de Mar Del Plata, desandou de vez, para sobreviver apenas nos queixumes do presidente do México, Vicente Fox, que, na reunião, ao defender desesperadamente o organismo, parecia mais atuar em sua condição de presidente da transnacional Coca-Cola, do que como líder dos mexicanos. Fox acusou Chávez de torpedear a reunião, sem citar o nome deste, acusando-o de ter outros interesses que não os dos venezuelanos nem dos sul-americanos. O presidente mexicano insistia que a proposta do Panamá de reavivar a ALCA tinha o apoio de 29 dos 34 países da região, incluindo os Estados Unidos, Canadá e o México, enquanto apenas cinco haviam firmado posição contrária: Venezuela, Argentina, Brasil, Uruguai e Paraguai, os quatro últimos integrantes do Mercosul.

Quando chegou a Caracas, no outro dia, Chávez passou vídeos da reunião, em seu programa "Alô Presidente", mostrando as intervenções patéticas dos presidentes pró-ALCA, entre os quais se incluíam com destaque as de Fox, do *premier* do Canadá, e do vice-presidente do Panamá, encarregado de encaminhar a proposta pró-ALCA. Foi quando Chávez chamou Fox de "Cachorrinho del império". Fox exigiu um pedido de desculpas a Chávez e este não só não se desculpou como retirou seu embaixador do México, o mesmo fazendo o presidente mexicano com o seu. E nunca mais se falou de ALCA. Mas dali a pouco se afirmava a ALBA.

X — A ALBA COMO BLOCO DIPLOMÁTICO

Não fosse o respaldo da ALBA, Aliança Bolivariana para os Povos de Nossa América, o presidente Rafael Correa, do Equador, dificilmente poderia ter acolhido, em agosto de 2012, o pedido de asilo de Julien Assange, o fundador do Wikileaks, ameaçado de condenação à pena de morte pelos Estados Unidos, por ter exposto os podres da diplomacia da superpotência. Sem ela, o pequeno país sul-americano poderia sofrer uma invasão direta ou indireta, digamos, via Colômbia, ou amargaria um processo de asfixia econômico-financeira, que levaria poucos dias para desalojar Correa do poder, tal como acontecia pouco mais de dez anos antes, quando a integração regional era apenas um projeto ou um sonho.

Já com a ALBA, um grupo reunindo oito países das Américas e do Caribe, sob a liderança da Venezuela, uma potência petrolífera, gasífera, tecnológica, militar e ideológica, o Equador pôde fazer justiça a um perseguido político e dar um exemplo ao mundo de como se pode enfrentar o medo dos arreganhos das grandes potências. Por isso, é importante conhecer como surgiu este pequeno mas sólido bloco diplomático que, com o caso Julian Assange, do Wikileaks, ganhou notoriedade mundial.

Era de madrugada e o dia, 23 de abril de 2001, quase amanhecendo, em Havana, quando Fidel Castro lança o desafio a seu interlocutor:

– Hugo, a batalha que vem agora é contra a ALCA. Vamos derrotar a ALCA!

A provocação intrigou o presidente venezuelano. Naquele que era um dos muitos diálogos que os dois vinham entretendo, sempre depois de um giro internacional, quando dava um jeito para passar por Havana, antes de posar em Caracas, Chávez explicava-lhe justamente a quase unanimidade pela ALCA verificada na III Cúpula das Américas de 2001, nos dois dias anteriores, em Quebec. Ele se viu sozinho ao discordar da declaração final, determinando a vigência do organismo a partir de 1º de janeiro de 2005.

Recordou que, na Cúpula, chegou a se entusiasmar com um discurso inflamado do presidente Fernando Henrique Cardoso, tendo-o mesmo aplaudido de pé, quando o brasileiro disse alto e bom som: "A ALCA não é mais que uma proposta. Nosso caminho é o Mercosul". Mas, depois, o brasileiro se juntou aos outros presidentes e "aprovou tudo". Chávez conta que, então, lhe perguntou:

– Cardoso, e o discurso? E ele, ah, foi uma questão de tática. E eu fiquei sozinho (na discordância).

Por isso, naquela conversa a sós, em Havana, pensou com seus botões:

– O Fidel ficou louco!

Hugo Chávez contou esta história nas comemorações, em Havana, em 2009, pelo quinto aniversário da ALBA, a alternativa bolivariana à ALCA, que os dois presidentes tinham gestado naquela e em muitas das conversas que tiveram, desde que Chávez pisou pela primeira vez em solo cubano, em 14 de dezembro de 1994.

A ALBA foi anunciada por Fidel e Chávez, na mesma Havana, em 14 de dezembro de 2004, um ano antes da reunião de Mar Del Plata que enterrou a ALCA. Na ocasião, os dois também comemoraram o décimo aniversário daquele primeiro encontro pessoal. A iniciativa foi logo atacada e ridicularizada pela mídia oligárquica. Para revista Veja, a iracunda porta-voz do neoliberalismo, aquilo era "uma iniciativa hilariante" e "um disparate de Chávez que não vai interessar a ninguém". Os dois fincaram pé (depois vieram a Bolívia, Nicarágua, Equador, Honduras, Dominica, São Vicente e Granadinas e Antígua Aruba) e levaram adiante o projeto de integração regional, inaugurando um novo tipo de cooperação, baseada, não na competição de suas grandes empresas, na maioria de origens transnacionais, como se refletia no Mercosul, mas na solidariedade, na cooperação e na complementaridade.

União de maltrapilhos, que nada tinham a negociar a não ser a própria pobreza e o subdesenvolvimento, como ironizavam os vozeiros do grande capital? Não, porque a Venezuela está abarrotada de petróleo e quer oferecê-lo a preços baixos aos vizinhos, em troca de frutas, açúcar e da tecnologia em educação e saúde, industrial, agroalimentar e energética que, por exemplo, proporcionam Cuba, Brasil e Argentina. Chávez fez ver aos vizinhos que não tinha sentido os países caribenhos e sul-americanos importarem combustível da Europa ou Estados Unidos, a um custo altíssimo, se a Venezuela, ali pertinho, poderia intercambiá-lo com seus alimentos, inclusive porque seu país não os produzia. O intercâmbio não pararia aí, porque, com a tecnologia de Cuba, a Venezuela iria promover a revolução educacional e de saúde, modernizar nos países integrantes seus sistemas de energia elétrica e de distribuição e mesmo refino de petróleo.

Na sua ata de constituição, a ALBA afirma que não acolhe interesses egoístas relacionados a negócios ou benefício nacional em prejuízo de outros povos, pois se baseia na visão de um amplo latino-americanismo que reconhece o fato de ser impossível aos outros países se desenvolverem e serem realmente independentes no isolamento, mas serem capazes de alcançar aquilo que Bolívar chamava "a maior nação do mundo emergindo da América, não pela sua extensão e riqueza, mas por sua liberdade e glória".

Para mostrar que nada daquilo era propaganda ou mera fantasia, Fidel e Chávez promovem aquela festa em Havana para celebrar os cinco anos da ALBA, em 13 e 14 de dezembro de 2009. Os resultados palpáveis daquele lustro de intenso trabalho não poderia deixar de ser enunciados: eliminação do analfabetismo (certificada pela Unesco) na Venezuela, Bolívia e Nicarágua, através do método cubano Yo Sí Puedo, que depois beneficiaria o Equador, dois milhões de cirurgias de catarata e de recuperação da vista dos habitantes da região. Além disso, cerca de dois mil médicos eram graduados pela Escola de Medicina Latino-Americana, em Cuba, na época com 6.653 estudantes, como parte de treinamento médico, com ênfase no internacionalismo e humanismo.

A estruturação ocorrida nesses cinco anos ainda permitiram à ALBA lançar-se a outros ambiciosos projetos, como o Banco Alba e uma moeda regional, o SUCRE (Sistema Unitário de Compensação Regional), para facilitar o intercâmbio entre os oito países-membros. O SUCRE oferece uma alternativa às transações comerciais com o dólar americano e assegura a soberania monetária para os países da aliança. A nova moeda, virtual, pois ainda não conta com um órgão emissor de peças e bilhetes, realizou sua primeira transação com a compra de um carregamento de arroz venezuelano, por Cuba, em 4 de fevereiro de 2010. Em 6 de julho do mesmo ano, Venezuela e Equador realizaram a primeira com a venda de cinco mil toneladas de arroz, pelo Equador a Venezuela, e em 8 de outubro, a Bolívia vendeu cinco mil toneladas métricas de azeite cru de soja para a Venezuela, num total de 4,6 milhões de sucres, de valor igual ao dólar.

Ao mesmo tempo a ALBA passou a atuar como um bloco unificado de oito países no cenário internacional, mostrando sua influência na ONU, OEA, UNASUL, Cúpula das Américas, Cúpulas Ibero-Americanas, entre outras. Nesses organismos, fincou posição contra o embargo americano a Cuba e, só não inviabilizou a VI Cúpula das Américas, em Cartagena, em atenção ao presidente anfitrião Juan Manuel Santos, que encetou um processo de entendimento da Colômbia com a Venezuela, dois depois do rompimento de relações dos países, em 2010, por causa das posições intransigentes de seu antecessor Álvaro Uribe. A pressão, da ALBA, que contou com o apoio discreto do Brasil e da Argentina, foi tão eficaz em Cartagena, que acabou inviabilizando qualquer acordo entre os 33 países presentes e tornou evidente sua próxima realização, caso permaneça o veto americano à presença de Cuba.

A ALBA ainda demonstrou poder e coesão ao se estruturar em diversos conselhos deliberativos e ao instalar uma academia militar na Bolívia e um núcleo em Cuba, destinada a preparar quadros de defesa, segundo a perspectiva bolivariana, e construir uma doutrina latino-americanista, independentista e de paz. Segundo o comandante venezuelano Héctor Herrera, a escola formará militares, não para a guerra convencional, mas para a guerra popular de resistência.

Não faltaram críticas, que associam a academia bolivariana à antiga Escola das Américas (School of Americas), administrada pelos Estados Unidos, em Fort Amador, no Panamá. Mais conhecida como escola de torturadores e ditadores, pois teria formado mais de 60 mil militares e policiais, de 1946 a 1984, mais tarde responsáveis pela instalação de ditaduras e centros de torturas em 23 países latino-americanos. Esta escola foi depois transferida para Fort Benning, Georgia, com um novo nome, Instituto do Hemisfério Ocidental para a Cooperação em Segurança (Western Hemisphere Institute for Security Cooperation) ou WHINSEC, na sigla em inglês, por causa das denúncias dos órgãos de defesa dos direitos humanos. Os dirigentes da academia da ALBA respondem, no entanto, que a instituição não vai formar torturadores nem ditadores, mas focar "numa doutrina anti-imperialista e socialista com vistas a uma nova identidade regional".

Esses críticos ainda sugerem que o SUCRE, moeda virtual do organismo, pode dar margem ao que chamam de infiltração do Irã na América Latina, já que facilitaria aquele país, que passou a ter grande presença na região, a driblar as sanções econômicas que lhe impuseram os Estados Unidos e a Comunidade Europeia, por causa do programa nuclear. A preocupação também reside no fato de a ALBA ter aumentado o protagonismo de Hugo Chávez na condução na região, que poderá se tornar ainda mais agudo com a eventual adesão de outros países ao organismo bolivariano. Este receio se aprofundou mais ainda depois do ingresso da Venezuela no Mercosul, em agosto de 2012, depois da decisão que suspendeu o Paraguai do bloco, por causa da deposição do presidente constitucional Fernando Lugo, em junho do mesmo ano.

Seja como for, o fato é que a ALBA acabou conquistando apoio popular nos oito países, particularmente naqueles menores e mais pobres, como os caribenhos, que conseguiram melhorar sua economia, tornando-lhe acessíveis os preços do petróleo, e seus programas de educação e saúde, que passaram a ser mais inclusivos. Depois da ALBA, viria a UNASUL e desta, a CELAC.

XI — A UNASUL no lugar da OEA

A Organização dos Estados Americanos, a OEA, funcionou incontrastável como instrumento de controle político da América Latina, pelos Estados Unidos, desde e muito antes de sua fundação, em Bogotá, em 1948, até 2006, com a fundação da UNASUL. Convalidou todas as invasões territoriais, golpes de Estado, ditaduras militares, civis e midiáticas, expulsou Cuba e chancelou o mais longo e desumano dos bloqueios já aplicados a um país, que ainda se mantinha incólume, em 2012, depois de mais de 50 anos de vigência.

Ao longo do período, ninguém conseguiu desafiar este poder absoluto, cuja sede funciona na capital dos Estados Unidos, onde se dão suas principais reuniões e resoluções. Washington é ainda responsável pelo pagamento de cerca de 60% do organismo. Os outros 40% são rachados entre os outros 32 países, sendo que a cota do Brasil corresponde a seis milhões de dólares, ou 6% de seu orçamento.

Entretanto, o cenário começou a mudar em 1998, com a eleição dos presidentes progressistas latino-americanos, que se viram na necessidade de articular uma instituição própria, no seu quintal, e o quanto mais longe possível do cutelo da grande potência do norte. Muitas foram as reuniões, os tropeços e os dissensos, que enfrentaram nos primeiros anos, entre eles mesmos presidentes progressistas, mas já em 9 de dezembro de 2004, a III Cúpula Sul-Americana, realizada em Cuzco e Ayacucho, no Peru, chegava ao preâmbulo da inicialmente chamada Comunidade das Nações Sul-Americanas, CNS ou CASA, que depois se consolidou na UNASUL. Este avanço, contudo, não superou algumas divergências de fundo, que separavam, de um lado, Peru, Brasil e Chile, que focavam no objetivo comercial de um bloco que uniria o Mercosul (Brasil, Argentina, Uruguai e Paraguai) e a Comunidade Andina (Colômbia, Peru, Chile e Venezuela), de outro, a Venezuela, maior entusiasta da entidade, que defendia uma instituição voltada para o intercâmbio e a complementaridade política, econômica, social e cultural. As arestas foram pouco a pouco sendo aparadas até chegar à forma atual, que é de uma entidade focada na integração política, fortalecimento e defesa dos países-membros e não uma mera união aduaneira ou tratado de livre comércio.

 A declaração final da III Cúpula Sul-Americana, contendo a criação da CSN, foi assinada na cidade próxima de Ayacucho, por uma questão histórica e altamente simbólica para a ocasião: foi ali que Antônio José Sucre, o célebre Marechal Sucre, sob a liderança de Simón Bolívar, "O Libertador", venceu a última tropa imperial espanhola na América do Sul, em 1824. Dos 12 países da América do Sul, compareceram oito chefes de Estado (Lula, do Brasil; Carlos Meza, Bolívia; Álvaro Uribe, Colômbia; Ricardo Lagos, Chile; Bharrat Jagdeo, Guiana; Alejandro Toledo, Peru; Ronald Venetiaan, Suriname; e Hugo Chávez, da Venezuela); os outros quatro presidentes (Néstor Kirchner, da Argentina; Lúcio Gutiérrez, Equador; e Jorge Battle, do Uruguai) não compareceram mas enviaram seus representantes.

 A entidade teria assentado seu nome definitivo de União das Nações Sul-Americanas, UNASUL, na IV Cúpula Sul-Americana, realizada na Ilha de Margarita, na Venezuela, em 2007 e, finalmente oficializada, na V Cúpula de Brasília, em 2008, que também define sua primeira presidência *pro tempore*, que fica a cargo da presidenta do Chile, Michelle Bachellet. Não houve, porém, consenso em torno do secretário-geral, o cargo encarregado de dar estruturação definitiva ao organismo. O presidente da Argentina, Néstor Kirchner, que esgotaria seu mandato na Casa Rosada, em dezembro daquele ano, foi cogitado como o nome mais adequado para o cargo, mas esbarrou no veto do presidente do Uruguai, Tabaré Vázquez, agastado pelo boicote de Kirchner à construção das Papeleiras Botnia y Ence, por uma multinacional finlandesa, nas margens do rio Paraguai, na fronteira com os dois países. Apesar de o contencioso só ter sido resolvido com o término do mandato de Tabaré, em 2009, com eleição do presidente José Pepe Mujica, da Frente Ampla, o mesmo partido de seu antecessor, deu o *no obstat*, e Kirchner foi sagrado como o primeiro secretário-geral, a UNASUL estava em plena ação, resolvendo conflitos regionais. Um deles foi o da Bolívia, ameaçada por uma guerra civil e separatista, iniciada na rica província de Santa Cruz, e incentivada a partir do exterior, que a Unasur debelou em pouco tempo, com o apoio determinante do Brasil, Argentina, Venezuela e os outros países que a integram. Agora, sem a interferência dos Estados Unidos ou da OEA, a entidade, sob a direção de Kirchner, pôde ainda intermediar outros conflitos de grande monta, como aqueles envolvendo a Colômbia e a Venezuela, a tentativa de golpe contra o presidente do Equador, Rafael Correa, e promover o cerco diplomático ao golpe em Honduras que depôs o presidente Manuel Zelaya.

No Brasil, o presidente Lula acabou dando um grande passo para a criação da CELAC, abrangendo toda a América, à exceção dos Estados Unidos e Canadá, países considerados colonialistas, ao conseguir realizar, em 2008, a primeira reunião da história sem a presença dos Estados Unidos e do Canadá, em duzentos anos de independência.

A Cúpula da América Latina e do Caribe sobre Integração e Desenvolvimento se deu nos dias 16 e 17, na Costa de Sauípe, *resort* situado ao lado de Salvador, a mais vibrante e miscigenada das capitais brasileiras, no estado da Bahia. Lula tinha sido eleito, em 2002, com um programa moderado de transformação, num acerto com as desgastadas elites brasileiras, que se viram impotentes para emplacar um novo presidente neoliberal para suceder a Fernando Henrique Cardoso. Quando assumiu, em 1º de janeiro de 2003, o Brasil ressurgia das trevas de 21 anos de regime militar e 19 de neoliberalismo civil dos mais fundamentalistas.

Sua ascensão foi questionada pelos nacionalistas, à frente o histórico líder Leonel Brizola, que teve seu caminho ao poder central barrado por uma furiosa campanha de desinformação. Lula, afinal, teve de assinar uma Carta aos Brasileiros, documento com que se comprometia a respeitar o processo de privatização, que entregou às transnacionais nossas estatais e os principais recursos naturais, os contratos assinados, a autonomia do Banco Central, as metas de inflação, a alta dos juros e a flutuação do câmbio.

Dotado de fenomenal sagacidade, Lula cumpriu os acordos, sem os quais não teria sido eleito, nem empossado, a julgar pela tremenda influência que ainda exercem os Estados Unidos e suas multinacionais nos estamentos do poder brasileiro, particularmente entre os empresários, militares, a igreja, a mídia e a intelectualidade. Ele conseguiu, no entanto, imprimir uma ênfase aos programas sociais, atenuar o arrocho econômico e, mais que tudo, desenvolver uma política externa independente e agressiva, tendo como prioridade a aproximação com os vizinhos latino-americanos e os países emergentes dos outros continentes, sobretudo a África.

Naquele dezembro de 2008, a política externa de Lula, que havia aberto mais de 70 embaixadas ao redor do mundo, executada pelo chanceler Celso Amorim, o assessor especial Marco Aurélio Garcia e o secretário-geral Samuel Pinheiro Correa, já apresentavam resultados concretos em benefício do Brasil: a multiplicação em nosso saldo de exportação, o alívio dos problemas econômicos internos, como o desemprego e o arrocho salarial, depois de oito anos de congelamento e, principalmente, no amortecimento dos efeitos da nova crise mundial de 2007/2008.

Segundo o ex-chanceler e depois ministro da Defesa, Celso Amorim, o comércio do Brasil com os países da América do Sul, que girava em torno de 10%, passou para mais de 20% do total das exportações: "São quase o dobro das realizadas para os Estados Unidos, e com um alto conteúdo de manufaturas", frisa Amorim.

Esses resultados e a astúcia do presidente em contornar dificuldades contribuíram para atenuar as pressões dos bolsões conservadores que sobre ele desabaram com toda força, a partir de uma operação denuncista, que quase resultou no *impeachment*, com o chamado escândalo mensalão, "descoberto" em 2005. Lula sabia que a política externa soberana já havia deposto alguns governos como os trabalhistas de João Goulart e Getúlio Vargas, e até do conservador Jânio Quadros, em 1961, este porque condecorou Che Guevara, então ministro da Economia da revolução cubana e iniciava uma política externa ousadamente independente.

Lula concentrou os esforços na América do Sul, pois, como explica o ex-chanceler, os outros países da América Latina, como o México e os da América Central estavam por demais atrelados aos Estados Unidos: "Só o México", diz ele, "concentrava 65% de seu comércio com os americanos". Os obstáculos seriam múltiplos e mais complexos, porquanto dificilmente superáveis a médio prazo. Daí a prioridade para a América do Sul, onde os problemas eram menos intrincados, ainda que exigisse muita criatividade e persistência.

Era preciso cuidado, mas também ação. Daí a pressa em concretizar a UNASUL e, em seguida a CELAC. Na Cúpula da Costa do Sauipe, de 2008, Lula não só deixou de fora os Estados Unidos e o Canadá, como convidou Cuba, ausente que estava havia oito anos das cúpulas de chefes de Estado do hemisfério, por causa do veto americano. Ao saudar a presença do presidente Raul Castro (Fidel estava afastado do cargo por causa da doença que o vitimou em 2006), o presidente brasileiro destacou o fato como "muito importante para todos nós" e assegurou: "Esta é a primeira de muitas reuniões em que vamos contar com sua presença". Raul Castro, na sua humildade de ex-enjeitado na casa dos irmãos, exaltou o fato daquela ser "a primeira vez em que todos os países ao sul do rio Bravo vão se reunir sem exclusões e sem presenças alheias à região".

Já Hugo Chávez foi mais direto e provocador, como é de seu estilo. Depois de frisar que a simples realização da cúpula demonstra que "os Estados Unidos não mandam mais aqui", concitou seus colegas chefes de Estado a "tomar decisões e aplicá-las, como fazem no norte. Lá se reúnem, tomam decisões e as aplicam em todos nós", vituperou.

A deposição do presidente de Honduras, Manuel Zelaya foi outro fator motivador para selar e consolidar a união latino-americana. Pouco se importando com a presença de uma das maiores bases americanas, nos arredores de Tegucigalpa, os presidentes progressistas, à frente Chávez, Lula e Cristina, engajaram-se num esforço ingente para enfrentar o golpe, nitidamente inspirado pela direita estadunidense, com o respaldo sempre presente da mídia comercial. Se não conseguiram repor o presidente Zelaya, arrancado de casa em pijama para ser colocado de madrugada numa pista de pouso do Aeroporto de San José, na Costa Rica, a reação daqueles presidentes, que envolveu manobras diplomáticas como a volta clandestina de Zelaya e seu asilo na embaixada brasileira, demonstrou que a América Ibérica não mais iria aceitar inerme outro golpe da CIA. Prova disso foi dada, em junho de 2012, no Paraguai, com o golpe contra o presidente Fernando Lugo, este mais brando e por isso considerado de quarta geração, por ter envolvido apenas o Congresso. Trata-se de história que merece um capítulo específico que vamos abordar mais adiante.

XII — Não é OTAN, mas...

A morte repentina de Néstor Kirchner, em outubro de 2010, acabou-se transformando em outra prova de fogo da unidade da UNASUL. A engrenagem do organismo, a partir da sede em Quito, no Equador, vinha sendo paciente e resolutamente montada pelo ex-presidente da Argentina, quando um infarto fulminante tirou-o de combate. O nome de Lula, que tinha passado a presidência do Brasil para Dilma Rousseff, em 1º de janeiro, chegou a ser aventado como o substituto ideal de Kirchner, mas o ex-presidente estava envolvido com outros planos na política interna de seu país.

A Colômbia, já sob a presidência de Juan Manuel Santos, reivindicou o cargo, indicando a ex-ministra e diplomata María Emma Mejía, e a Venezuela, para não ficar para trás. Apresentou o também ex-chanceler e ex-presidente da PDVSA, Alí Rodríguez. Longe dessa disputa resvalar para a luta interna entre os países, estes adotaram uma solução salomônica, pela qual os dois anos do mandato vago seriam divididos entre Mejía, no primeiro ano, e Rodríguez, no segundo.

Imagine-se que apenas seis meses antes, os dois países estavam à beira da guerra e que María Emma era a chanceler de Uribe, por vezes servindo de porta-voz presidencial no tiroteio verbal com Hugo Chávez. Mas a discrição e o alto dinamismo desta mulher com porte de misse, nos seus quase 60 anos, imprimiram um senso de estabilidade e segurança ao organismo. Ela assumiu em maio de 2011, em meio à confiança e ao empenho de todos os 12 presidentes, pois havia urgência em continuar o trabalho de Kirchner e concluir a estruturação burocrática: o Conselho de Defesa Sul-Americano, integrado dos ministros da defesa, que começou a atuar um pouco antes da oficialização da UNASUL, o Conselho de Economia e Finanças, e os Conselhos Energético, Tecnológico, de Educação, Saúde e Meio Ambiente.

De tanto viajar e difundir os propósitos integracionistas de sua entidade, a secretária-geral logo se confundiu com a imagem de identidade que a UNASUL propagava para a região e o resto do mundo. O que mais a desafiava, como dizia, era o que chamava de unidade dentro da diversidade e dos dissensos dos 12 governos-membros: "O interessante do processo é essa flexibilidade de afastar e guardar em compartimentos aquilo que os diferencia e buscar aquilo que os enriquece", explicava.

Mejía insistia que a UNASUL é o órgão de integração mais jovem e o único do século XXI que, no mais curto espaço de tempo, conseguiu desativar crises políticas das mais profundas, em defesa da democracia, e pensar a longo prazo: "Aqui", dizia ela, "há uma maturidade surpreendente porque os presidentes da América do Sul aderem a uma doutrina comum de pensar no que vai acontecer em 30 anos. Por isso, dedicam-se à defesa dos recursos naturais, para incrementar os potenciais energéticos, fazer as vias e infraestruturas, não só para exportar como também para democratizar o acesso ao conhecimento e aos meios eletrônicos de comunicação".

Quanto ao Conselho de Defesa Sul-Americano, CDS, esta ex-embaixadora na Espanha não o vê como uma OTAN da América Latina, a exemplo do que se sugeriu, inicialmente. Alega que o órgão não tem uma preocupação bélica ou em engajar-se na luta contra o narcotráfico, mas sim em defender nossos recursos naturais, os mais cobiçados do mundo, como parte de uma nova noção de soberania.

Segundo os estatutos da UNASUL, o CDS é um mecanismo que busca fomentar o intercâmbio no campo da segurança entre os países que compõem a União de Nações Sul-Americanas. Para tanto, dedica-se à elaboração de políticas de defesa conjunta, intercâmbio de pessoal entre as Forças Armadas de cada país, realização de exercícios militares conjuntos, participação em operações de paz das Nações Unidas, troca de análises sobre os cenários mundiais de defesa e integração de bases industriais de material bélico, medidas de fomento de confiança recíproca, ajuda coordenada em zonas de desastres naturais.

O ex-deputado José Genoíno, assessor especial do Ministério da Defesa, que trabalhou na organização do Conselho de Defesa Sul-Americano, viajando a diversos países com os ministros Nelson Jobim e Celso Amorim, observou que nunca havia encontrado tamanha identidade de pontos de vista na criação da magnitude deste mecanismo.

Ex-guerrilheiro, ex-presidente nacional do PT, o partido governista, mas injustamente envolvido na guerra midiática contra seu partido, a partir do chamado escândalo mensalão, Genoíno lembra que até os países mais aliados dos Estados Unidos, como a Colômbia e o Chile, empenhavam-se em ter o organismo próprio, defesa que, mesmo de caráter dissuasório, capacitasse a América do Sul a defender suas riquezas e a se contrapor a ofensivas externas como na questão da droga, por exemplo.

O mandato de um ano de María Emma esgotou-se em 11 de junho de 2011 e a UNASUL registrou naquele dia uma passagem de bastão das mais tranquilas, ao confiar o cargo ao ex-guerrilheiro e especialista em explosivos Alí Rodriguez Araque, um companheiro de Hugo Chávez no golpe de fevereiro de 1992 contra o então presidente Carlos Andrés Pérez.

Este venezuelano de gestos calmos, exibe, aos 75 anos, além do vasto currículo, que ainda inclui os cargos de embaixador em Cuba e secretário-geral da OPEP, um talento para o diálogo e uma experiência internacional que o tornou um dos operadores mais eficazes do governo bolivariano. Seu vasto conhecimento de energia e de geoestratégia poderá ser útil para esta fase de consolidação da nova unidade latino-americana.

Alí Rodríguez adverte, no entanto, quanto ao que está acontecendo hoje no plano internacional: "Não é somente uma disputa por posições de poder, mas sim pela posse dos recursos naturais. Não é por acaso que os principais conflitos, tanto em desenvolvimento como potenciais, estão vinculados a este campo". Por isso, pergunta: "Onde está a maior força de gravitação de nossa região dos 12 países que representa a UNASUL? Somos uma potência militar? Não. Uma potência industrial? Não. Uma potência tecnológica? Não. Ou uma potência nuclear? Muito menos. A grande força de gravitação, a grande força centrípeta que caracteriza esta região é o fato de representar o principal reservatório de recursos naturais do mundo".

E faz questão de enumerá-los: "Aqui está a maior reserva de água doce do mundo. Aqui está a maior reserva florestal do mundo. Aqui está a maior reserva de biodiversidade. Aqui estão praticamente todos os minerais. E dentre estes minerais, estão os minerais estratégicos, cada vez mais escassos na indústria das grandes potências, tanto as já instaladas como as ascendentes, sobre as quais há evidentemente uma grande avidez".

Rodríguez lembra, a propósito, a especialista americana Mônica Bruckmann, que cita documentos de fonte norte-americana, onde se assinala que os recursos naturais tornaram-se para os Estados Unidos um problema de segurança nacional e que estes estão dispostos a intervir, onde for necessário, para assegurar o acesso a esses recursos.

Mas ele ressalva que há um paradoxo entre nós que precisa ser enfrentado: "nós habitamos um território de cerca de 18 milhões de quilômetros quadrados, com 394 milhões de habitantes, dos quais 134 milhões vivem na pobreza". Para resgatar este contingente, Alí propõe o desenho de uma estratégia que se sustente exatamente no melhor aproveitamento dessa gigantesca riqueza com uma política comum, onde se somem os esforços das doze nações, não importando as diversidades políticas ou ideológicas de cada uma delas.

Dessa maneira, os processos de integração podem experimentar um forte impulso, no momento em que se trace uma estratégia que articule todas as demais estratégias. Porque não se trata apenas de resolver o problema da extração ou da exportação primária desses recursos naturais, mas de desenvolver processos de industrialização, de forma a agregar valor, qualquer que seja. Mas isto exige, por sua vez, um amplo desenvolvimento tecnológico, que compreenda, não apenas os equipamentos, como principalmente a formação de centenas de milhares de jovens altamente preparados para obter o melhor resultado, com o menor impacto possível, tanto na fase extrativa como na fase de transformação. E essa premissa nos conduz a uma forma de financiamento, de maneira que instrumentos, como aquele que se criou no Banco do Sul, disponibilize recursos para o financiamento dos projetos. Quando for necessário o financiamento externo, os 12 países da UNASUL terão de negociar conjuntamente e não de forma individual. Por que? Porque os grandes consórcios internacionais têm uma política única, em nível planetário e têm também um mando único.

Daí, a imensa possibilidade de que, com um plano conjunto, que articule todos os demais, teremos resultados concretos, dentro de muito pouco tempo. Quanto ao aporte tecnológico, o secretário-geral da UNASUL considera que o sucesso dependerá da reunião de todo o conhecimento acumulado de nossos países, em matéria tecnológica, a criação de institutos de tecnologia, de um centro de tecnologia e de uma central de informação. Estar informado é outro aspecto fundamental que nos garante posições muito melhores diante de qualquer consórcio que queira vir. Não se trata de fechar as portas aos consórcios, mas sim de que, nas negociações, esteja em primeiro lugar o exercício da soberania sobre os recursos naturais. Neste ponto, o Estado nunca pode estar ausente e nunca pode deixar de exercer seu caráter de proprietário dos recursos naturais, aos quais deverão estar subordinados, inclusive as empresas nacionais, como no caso da PDVSA.

"Assim", conclui Alí Rodrigues, "numa América unida, através de um novo sistema de relações, se poderá tirar melhor proveito de nossas riquezas, não só para vencer a pobreza, como também para avançar em níveis de desenvolvimento muito maiores do que hoje temos. E isto não só para benefício de nossa população, mas igualmente para nos solidarizar com outros povos que também tem muitos potenciais, como é o caso da África, por exemplo".

XIII — Integração se afirma com a crise de 2008

A crise mundial de 2008 caiu como um raio sobre a Venezuela. Pouco antes de o vendaval abater-se sobre o mundo, em fins de 2008, o barril do petróleo teve um pique, em julho, batendo quase 150 dólares, com a média se mantendo em 130, nos últimos meses. Menos de seis meses depois, em dezembro, despencou para pouco mais de 30 dólares. O crescimento do PIB venezuelano caiu de 10,4%, nos últimos cinco anos, para 0,3%, no primeiro trimestre de 2009, enquanto a inflação disparava para 31%. O que faria um governo convencional? Adotaria a cartilha do FMI, retirando subsídios, cortando gastos, majorando tarifas, aquelas mesmas que resultaram no Caracazo de 1989. Em troca, receberia um empréstimo-ponte que só poderia ser utilizado para pagar a dívida.

Num dos ataques especulativos contra o Brasil, em 1998, o governo neoliberal de Fernando Henrique Cardoso impôs, a mando do FMI, um drástico pacote com desvalorização cambial, aumento da arrecadação e diminuição de gastos públicos, provocando séria recessão econômica. Isto tudo para fazer jus a um empréstimo de 40 bilhões de dólares, que exigia como garantia as nossas reservas de petróleo.

A visão nacionalista e de unidade levou Chávez a reagir à crise utilizando-se dos próprios meios do país ou da cooperação com os vizinhos. Ele já tinha advertido na I Cúpula da América Latina e do Caribe sobre a Integração e o Desenvolvimento, em dezembro de 2008, na Costa de Sauípe, na Bahia, a primeira sem a presença dos Estados Unidos, que a crise tinha vindo para ficar: "A crise vai continuar se aprofundando. Há perspectivas de mais um ano, são perspectivas otimistas. Quem sabe o que nos espera é uma década de recessão, de crise, e não só econômica. Logo vem a crise social e a crise política, as desestabilizações".

Por isso, defendeu a proposta feita no dia anterior, na Cúpula do Mercosul, pelo presidente do Equador, Rafael Correa, de construção de um sistema monetário, comercial e financeiro regional e sua própria sugestão de um fundo financeiro para o desenvolvimento, composto por 1% das reservas internacionais dos países da região – que, segundo ele, totalizam US$ 500 bilhões: "Somente com um sistema nosso, poderemos influir no sistema mundial. Vamos tomar decisões e aplicá-las, como fazem no norte. Lá se reúnem, tomam decisões e as aplicam em todos nós".

A proposta de Chávez/Correa acabou sendo incorporada na declaração final da Cúpula e no tratamento da crise, ele já adotava algumas dessas ideias na Venezuela. À recessão, ele preferiu desenvolver o mercado interno do país, através da ampliação dos investimentos na área social, intensificando seus projetos, as chamadas missões (*misiones*) na assistência médica, na educação, na alimentação e em subsídios às populações carentes e no aumento do consumo interno.

Como tinha força política e militar para enfrentar os banqueiros e especuladores, impediu que as reservas monetárias, calculadas em 30 bilhões de dólares, fossem sequestradas no turbilhão dos ataques especulativos, como tantas vezes tinha ocorrido com a Venezuela e os países sob o cutelo de Washington. Naquele contágio da crise de 1998, que atingiu em cheio a Argentina pré--Kirchner, o México e outros emergentes exaltados como fiéis seguidores do neoliberalismo, as reservas brasileiras diminuíram de 74 bilhões para 42 bilhões de dólares.

Essas reservas, na verdade, eram, até a gestão chavista, uma fortaleza inexpugnável. Só tinham acesso a elas os conglomerados transnacionais e os governos das grandes potências ocidentais. Estes se apropriavam, com a conivência de governos submissos e corruptos, de todas aquelas economias, reunidas a duras penas por povos pobres, com o fim de compensar perdas financeiras nas matrizes ou sabotar governos independentes que ousassem desafiar aquele *status quo*. Quando houve a revolução iraniana do Aiatolá Ruhollah Khomeini, em 1979, os Estados Unidos se apoderaram de cerca de 100 bilhões de dólares das reservas do país e nunca mais as devolveram. Mais recentemente, os Estados Unidos, a França e a Inglaterra sequestraram as reservas da Líbia, orçadas em cerca de 200 bilhões. Neste caso, a nação de Kadafi não pôde resistir e foi invadida pelas forças militares daqueles países, reunidas na OTAN (Organização do Tratado do Atlântico Norte), instituindo um governo títere para repartir com eles as reservas de petróleo, consideradas a sexta maior do mundo.

Chávez resolveu desafiar aquelas potências e fazer uso das reservas cambiais, mesmo antes da crise de 2008, para financiar projetos essenciais ao desenvolvimento do país. Ele tentou convencer os vizinhos a fazer o mesmo, criando o Banco do Sul, uma agência para financiar programas sociais e de infraestrutura, cujo capital seria integralizado por um percentual (10%) das reservas de cada país. Os governos convidados, relutaram, mas terminaram assinando a ata constitutiva do banco, em 9 de dezembro de 2007, em Buenos Aires (os presidentes da Argentina, Bolívia, Brasil, Equador, Paraguai, Uruguai e Venezuela).

Em 2009, a presidenta Argentina, Cristina Kirchner, também quebrava o tabu da intocabilidade das reservas, num ato que gerou uma crise institucional, devido à recusa do presidente do Banco Central, Martin Redrado, de acatar o respectivo decreto presidencial. O fato trouxe à tona o discricionarismo exercido pelas chamadas forças do mercado e sua associação com os oligopólios de comunicação e setores do judiciário e do legislativo.

Muito se fala em tentação autoritária de Chávez, dos Kirchner, de Evo Morales, mas ninguém aborda a arbitrariedade das altas finanças internacionais sobre os bancos centrais, particularmente dos países periféricos às grandes potências.

Martin Redrado foi demitido pela presidenta Cristina Kirchner porque resolveu descumprir a lei do Fundo Bicentenário, que previa a utilização de 6,5 bilhões de dólares, de um total de 47 bilhões, para pagar parte da dívida externa argentina, e financiar obras de investimento no país. Veio uma juíza de primeira instância, Maria José Sarmiento e botou abaixo o poder presidencial (o Congresso estava em recesso), reintegrando Martin Redrado no cargo. Redrado ainda desafiava as instituições, anunciando que ia continuar descumprindo a lei e não liberar o uso das reservas, como estabelecia o decreto.

Este montante destinava-se a pagar parte da dívida externa e financiar o plano de obras do Programa Bicentenário da Independência, que ocorria naquele ano. Escorado pelo aparato midiático-financeiro e a oposição conservadora, reforçada na eleição legislativa de junho de 2008 e em guerra aberta contra a presidenta, Martin Redrado argumentava que a liberação daqueles recursos comprometeria a missão do BC de proteção à moeda. O governo pressionou a Justiça, que, no final cedeu, Redrado foi para o olho da rua e o governo pôde usar o dinheiro das reservas, como pretendia.

Antes, a utilização das reservas, pela Venezuela, tinha funcionado como colchão para amortecer a crise de 2008, ao financiar projetos de desenvolvimento econômico e social. Hugo Chávez ainda viajou pelo mundo na busca de dinheiro, firmando contratos futuros de fornecimento de petróleo com a China e o Japão, pois sabia, como seus interlocutores chineses e japoneses, que a queda do preço do petróleo não se manteria para sempre. Seis meses depois, o barril era cotado a 55 dólares e daí para frente experimentaria uma ascensão constante até atingir 100 dólares em 2010. O presidente teve, com efeito, de fazer cortes, reduzindo os gastos públicos em 6,7%, e aumentar impostos, reajustando o IVA (Imposto sobre Valor Agregado) de 9% para 12%. Mas evitou as demissões massivas e o arrocho salarial, que caracterizavam os pacotes do FMI e não permitiu que os programas de cooperação com os outros países sofressem solução de continuidade.

Os outros presidentes progressistas adotaram mais ou menos a mesma linha. Na verdade, o momento era outro no subcontinente sul-americano. Os países vizinhos vinham multiplicando seu comércio e intercâmbio científico e tecnológico. As grandes pontes sobre o rio Orinoco, uma delas com 11 quilômetros, o metrô e outras obras de vulto da Venezuela, como as hidroelétricas e os estaleiros navais, já não eram construídos pelas sofisticadas e careiras firmas americanas. A tarefa tinha sido entregue a empresas brasileiras e argentinas, a um preço e condições mais camaradas e com qualidade idêntica ou melhor do que a americana. Por sua vez, os Estados Unidos não eram mais o principal parceiro comercial do Brasil. Em maio de 2009, eles eram ultrapassados pela China, em quatrocentos milhões de dólares (de 3,2 para 2,8 bi), enquanto a Argentina passava a ocupar o terceiro lugar no nosso comércio exterior. Nosso comércio com a Venezuela, que era de cerca de 300 milhões de dólares, em 1998, saltava para 4,7 bilhões em 2011.

Por sua vez, a UNASUL intensificava sua ação, implementando seus conselhos técnicos e de ministros, através de reuniões periódicas nas várias capitais, entre as quais se destacam as dos ministros da economia para viabilizar o Banco do Sul e medidas para conter as consequências da crise de 2008 que tendia a se arrastar ao longo da década. Por sua vez, o Conselho de Defesa se estruturava, com um escritório em Buenos Aires, para implantar o plano de defesa, depois de aprovado pelos ministros de Estado das respectivas áreas.

Em outras reuniões, as autoridades examinaram a questão da democratização dos meios de comunicação, o fortalecimento da mídia pública (impressos, rádio, TV e internet) e reforçaram o papel da TV pública na divulgação de nossa identidade cultural. Por sua vez, os ministros de comunicações e transportes, reunidos em outra ocasião, acertaram a extensão e incremento de rodovias, hidrovias e estradas de ferro assim como de suas redes de fibra óptica para ampliar e tornar mais acessíveis os serviços de internet.

A entrada em cena do presidente da Colômbia, Juan Manuel Santos, que sucedeu ao sectário Álvaro Uribe, em 2010, deu nova vida à integração. Santos pôs de lado as reservas de Uribe e engajou seu país na luta pela unidade, começando por reconciliar-se com o presidente da Venezuela, Hugo Chávez. Estes países que quase foram à guerra, insuflados pelas políticas divisionistas sopradas por Washington, firmaram vários pactos de cooperação, o que foi importante para o desenvolvimento e equilíbrio de ambas as nações.

Juan Manuel Santos ainda indicou, com o pleno consentimento e apoio de Chávez e aprovação de todos os países, a ex-chanceler María Ema Mejía como secretária-geral da UNASUL, em substituição ao ex-presidente argentino Néstor Kirchner, falecido subitamente no início de sua gestão à frente do organismo. Mejía, que tinha sido embaixadora da Colômbia na Venezuela, viajou intensamente pela maioria dos países, coordenando reuniões de presidentes, ministros e técnicos. No início de 2012, fazia um balanço das atividades da UNASUL, numa entrevista à ULAM (União Latino-Americana de Agências de Notícias), outro filhote da entidade, quando sentenciou:

"A gente se dá conta da importância da integração quando vê o último informe da CEPAL (Comissão Econômica para a América Latina e o Caribe) com uma histórica taxa de desemprego na América Latina – menos de 7% –, os 7 bilhões de reservas cambiais, uma projeção de crescimento para este ano acima de 4,5%, que daria inveja à Europa e Estados Unidos."

Na verdade, as grandes potências ocidentais, que historicamente bitolavam e submetiam o nosso desenvolvimento, haviam mergulhado numa depressão profunda. Nos Estados Unidos, a crise de 2008 desalojou cinco milhões de famílias de suas casas, levou à falência instituições financeiras seculares e provocou a quebra de vários países da União Europeia. Na Espanha, o desemprego subiu a 21,5% da força de trabalho. Já entre nós, latino-americanos periféricos, experimentavam uma situação bem diferente de progresso econômico e social. Mas este é apenas um dado da evolução experimentada pela região nestes dez anos de aproximação e unidade. Passemos ao próximo capítulo para examinar a nova política de comunicação, outra questão estratégica crucial e que vai ser encaminhada pela Telesur, a nova televisão do Sul.

XIV — Telesur, a nova televisão do Sul

A dominação sobre os povos periféricos não é apenas política e econômica mas principalmente cultural. A nossa mente é trabalhada por sinuosos mecanismos para nos manter dependentes e inertes. Desde crianças, somos bombardeados com mensagens sub--reptícias que nos envolvem sensorialmente para nos convencer de que somos inferiores e incapazes de tomar em mãos os nossos próprios destinos. A alegação é de que somos imaturos, inexperientes ou incultos. Pelos jornais, pelos livros, pela música, pelo cinema, pelas novelas, pelo rádio e pela televisão, e agora pelos sites da internet, mesmo as de produção local, somos persuadidos de que só as grandes potências ocidentais, ou seja, os Estados Unidos e a Europa, são capazes de fazer a democracia perfeita para nossos governantes, os melhores teatros, impressos, filmes, danças, músicas, artes plásticas e, ultimamente, os programas de computador. Só eles é que dominam o conhecimento, a cultura e a tecnologia.

Esta noção é transmitida constantemente, sem cessar, pelos meios de comunicação de massa, ou *mass media*, no jargão norte--americano, ou mais simplesmente mídia (*medios* para os hispano--americanos). A mídia engloba os veículos impressos, o rádio, a televisão, e a internet. Estes consistem em corporações transnacionais ou nacionais associadas, à testa de grandes negócios inclusive nas áreas estratégicas. Ao lado da mídia e funcionando como suporte e a título de confirmação das informações midiáticas, atuam os institutos de pesquisa de opinião pública e eleitoral, também grandes empresas oligopolizadas, os quais, com suas manipulações estatísticas avalizadas e amplamente divulgadas pelos diversos veículos da mídia. Com tal poder, estes institutos podem incensar candidatos presidenciais confiáveis ou descartar os para eles considerados indesejáveis e enfraquecer ou fortalecer governos, por meio de sondagens sobre aprovação popular. Mídia e agências de pesquisas agem, conjuntamente, se retroalimentam e se complementam, constituindo uma grande força política.

Até o surgimento da internet, no início de 1990, a televisão era, e deverá ainda continuar por algum tempo, o grande veículo de massa de entretenimento e de informação. Seus programas esportivos, noticiosos, culturais, artísticos, ainda que de qualidade duvidosa, são os que têm mais evidência e exposição nos grandes contingentes populacionais, englobando todos os níveis culturais. O rádio é também importante por ter mais facilidade de penetração, pois não exige concentração visual, como a TV, e pode ser ouvido no carro, no trabalho, no bar, no café, ou na caminhada, enquanto a pessoa estiver ocupada com outra atividade.

Os jornais, revistas e livros, a que tem acesso o público mais alfabetizado, dão o substrato teórico, através de artigos, comentários e notícias mais detalhadas, escritas por pensadores, ideólogos e jornalistas altamente bem pagos, de preferência com formação em universidades tradicionais americanas, inglesas, francesas ou alemãs.

Com este poder de imantação, a mídia passou a ser uma arma certeira para a conquista e a dominação dos povos. Os exércitos, a aviação e as armadas, por mais que venham se desenvolvendo tecnologicamente ao longo do tempo, tornaram-se quase instrumentos imprestáveis diante da contundência persuasória dos chamados *mass media*.

Como têm mais alcance e facilidade em atrair e empolgar multidões e, por demandarem menos custos que seus congêneres impressos, a TV e o rádio, agora com disponibilidade na internet, passaram a concentrar as atenções dos senhores da doutrinação ideológica. Calcula-se que 95% das notícias internacionais e da própria América Latina sejam geradas para a região pelas redes televisivas das potências ocidentais. Grandes cadeias, como as americanas CNN (Cable News Network), Fox News (de Rupert Murdoch) e Univision, Voz da América, o Rádio Martí, a inglesa BBC (British Broadcast Corporation), a alemã Deutsch Welle, a espanhola TVE

(Televisão Espanhola) e as francesas *TV 5* e *France 24*, apresentam programação em espanhol e em português, com correspondentes altamente escolados, e algumas contando com estúdios próprios nos principais países da região, como Brasil, Argentina, Colômbia e México.

O jornalista argentino Edgardo Esteban, correspondente da Telesur, em Buenos Aires, observa, que a CNN, Fox, BBC e outras cadeias constituem projetos políticos e não comerciais. Não visam lucros monetários, quando apontam suas ondas para fazer proselitismo na América Latina, mas sim um objetivo de dominação política sobre todo o continente. Ele recorda que trabalhou numa das primeiras experiências de redes televisoras, que ele chama de pan-regionalismo. Ele se refere à Telenotícias, de propriedade da norte-americana Telemundo, da Reuters inglesa, da espanhola Antena 3 e da argentina Artear, sediada em Buenos Aires. "Este foi um projeto que nasceu com a ALCA, pouco antes da Cúpula das Américas, em Miami, em 1994, e também morreu com a ALCA, pouco depois da Cúpula de Mar del Plata (onde também se reuniu a anti-Cúpula dos Povos), em 2005.

Todo noticiário dessas redes intercontinentais é voltado para exaltar as benesses do mercado e os dogmas do neoliberalismo e dinamitar qualquer tentativa de projeto nacional e de soberania que venha a questionar ou conter a influência hegemônica ocidental. Esta postura é seguida rigorosamente por todos os grandes sistemas de mídia locais, estes distribuídos a famílias oligárquicas e financiados por propaganda estatal e de firmas estrangeiras.

A jornalista e escritora Stela Calloni, também argentina, compara que os meios de comunicação são o primeiro disparo do míssil (contra a democracia), principalmente em seu país, onde conquistam uma classe média, que está muito afetada moralmente, tanto pelos efeitos da ditadura e pela crise econômica, como pela cooptação do neoliberalismo. Ela lembra que a mídia também tentou um golpe, no conflito do campo, em 2007, que não prosperou, mas que espalhou o pânico, quando levou os patrões a parar a produção, proibindo os camponeses de trabalhar, quase provocando o desabastecimento das cidades, principalmente da capital, Buenos Aires.

Já o historiador ítalo-venezuelano Giulio Santosuosso, traz um exemplo do governo bolivariano para enfrentar, na raíz, o problema da violência urbana, que ainda era recorrente na Venezuela até 2012, que foi a criação de duas universidades: a dos Esportes e a da Segurança. A Universidade dos Esportes, que prepara os atletas na fase final de seus estudos ao longo da vida, com ensino gratuito e bolsas de treinamentos esportivos específicos. Ela colocou a Venezuela entre os países mais avançados nas olimpíadas e outros campeonatos internacionais. Por seu turno, a Universidade da Segurança, foi criada para oferecer um ensino superior ao policial, que antes era presa fácil da corrupção, de modo que este pudesse prestar um serviço mais profissional à sociedade. Segundo Santosuosso, esta universidade está formando oito policiais por ano. Ainda que a violência persista nas cidades, ele acha que esses programas governamentais vão mostrar resultados mais concretos, com o passar do tempo, pois atuam com vistas justamente às populações mais carentes e suscetíveis à criminalidade.

Stela, igualente, chama a atenção para a exploração pela mídia de temas que atingem mais diretamente a população, como a violência urbana, um fenômeno que cresce em todo o continente, independentemente da ideologia dos governos às vezes. Ressalta que os crimes são muitas vezes, estimulados pela ação midiática, como ocorreu com os governos de Leonel Brizola, no estado brasileiro do Rio de Janeiro, nos anos 1980 e 1990. A escritora ainda conta com um tipo de manipulação midiática ocorrido na Bolívia, país em que residiu por algum tempo, quando empresas de segurança privada pagavam e ameaçavam jovens pobres para fazer arruaças em La Paz e outras cidades do interior. Essas arruaças eram depois apresentadas, no noticiário do horário nobre da televisão, como distúrbios coletivos contra as políticas do governo popular.

A potência da mídia afigurava-se assim como um fato irreversível, tendo fracassado todas as tentativas de enfrentá-la ou ao menos minimizá-la, ainda que os governos detivessem o controle da imprensa local, como ocorria em alguns países, antes da febre das privatizações, na década de 1990. Foi assim ao longo de virtualmente todo o século XX. Neste contexto, nenhum governo com aspirações nacionais conseguia sobreviver, pois era abatido por um surto de ataques os mais sórdidos e virulentos, na maioria das vezes sustentados por intrigas, fabricações e sabotagens engendradas a partir das grandes metrópoles e com o auxílio dos oponentes locais.

Coube a Hugo Chávez encarar o problema com a implantação da Telesur (Televisión del Sul), uma rede de TV de caráter supranacional, envolvendo os países latino-americanos, para enfrentar as megaestações estrangeiras e oferecer um olhar próprio, dando uma versão coerente dos acontecimentos, sem os condicionamentos impostos pela dominação ou pelo lucro comercial.

Outra meta da rede do sul é defender e divulgar a cultura de seus povos, dando destaque para a sua música, sua história, sua literatura e seus esportes: "Era preciso abordar os heróis latino-americanos. Não podíamos viver só de Mickey Mouse nem de Superman. O que é feito de Zapata, Tupac Amaru, as lendas do Sacy Pererê? E saber como nossos povos dançam e não só o rock. Temos também de conhecer a nossa diversidade multicolorida. É que eles nos chegam em preto-e-branco", comenta o jornalista brasileiro Beto Almeida, integrante da junta dirigente da Telesur e do grupo inicial que projetou a rede televisiva venezuelana.

A efetivação da Telesur contudo não se deu sem problemas, particularmente entre os países governados por presidentes progressistas. Houve resistências provocadas por receios mútuos quanto ao conteúdo das mensagens a serem difundidas, em face principalmente das posturas do presidente Chávez, consideradas agressivas em relação aos Estados Unidos, por alguns líderes mais moderados. Ela também gerou alguns melindres: o Brasil se sentiu incomodado por sua posição estratégica de líder do continente, tendo como tal seu próprio projeto de rede latino-americana, que, por sua vez, não pôde sair do papel, pois o governo estava engessado pela burocracia e a forte influência norte-americana.

Era tão forte o cerco ao presidente Lula da Silva, que ele mal conseguiu emplacar a emissora estatal TV Brasil, a qual, embora restringisse sua programação ao território nacional, foi obstaculizada até o último momento e continuou debaixo de forte boicote midiático, econômico e mesmo governamental. O Uruguai, por sua vez, tateou, alegando discordância com a linha editorial e só foi aprovar sua adesão à emissora em 2009, quatro anos depois de esta entrar no ar. A Argentina, que também reforçava sua TV pública, conduzindo para ela a transmissão exclusiva do futebol, teve suas divergências mas engajou-se no projeto continental. Bolívia, Cuba, Equador e Nicarágua consentiram em emprestar seu nome ao empreendimento.

Tais empecilhos não demoveram Chávez em concretizar de imediato a TV do Sul, pois intuía que jamais haveria consenso entre os países e que poderia ser atropelado pelas pressões do norte. Com efeito, três dias antes de a TV ser inaugurada, a Câmara dos Deputados estadunidense aprovou o projeto do deputado republicano da Flórida, Connie Mack, obrigando o governo a interferir no sinal de transmissão por satélite da Telesur, com o fim de se contrapor a uma eventual propagação do anti-americanismo que seria promovido pelo novo canal.

Ele resolveu então bancar com praticamente todos os encargos, inclusive financeiros, que importavam o projeto de uma rede de TV de alcance continental, sediando-a em Caracas. Um conselho editorial de intelectuais representando a América Latina, tendo à frente o prêmio Nobel da Paz argentino Adolfo Pérez Esquivel, o escritor uruguaio Eduardo Galeano, o poeta nicaraguense Ernesto Cardenal, os ativistas americanos Saul Landau (cineasta) e Danny Grover (ator), o jornalista paquistanês baseado em Londres Tariq Ali, o teatrólogo argentino Tristán Bauer, o jornalista-

-francês-espanhol Ignacio Ramonet e o pioneiro do *software*-livre, o americano Richard Stallman[2]. No dia 24 de julho de 2005, data do 222º aniversário de nascimento do herói libertador Simón Bolívar, a Telesur entrava no ar com o lema "nosso norte é o sul". A emissora transmitia em canal aberto, por satélite, por cabo e com um portal na internet com transmissão ao vivo, com vídeos dos principais eventos e noticiários. Esta foi a forma de o canal driblar o boicote das empresas transnacionais de cabo, que se recusavam a transmitir seu sinal, por pressões de Washington. A via da internet, que acabou se transformando na tela grande da rede, como diz sua presidenta, Patrícia Villegas, assegurava o acesso de um milhão de internautas por ano, em julho de 2012, o que a colocava no nono lugar mundial entre os sites de notícias mais visitados. Na Argentina, uma lei assinada pela presidenta Cristina Kirchner, obrigou as operadoras a incluir a Telesur no topo de sua grade de programação internacional.

    O cubano Ovideo Cabrera, que foi vice-presidente da Telesur, disse que o site da emissora na internet (telesurtv.net) foi determinante em furar o bloqueio imposto ao canal, sobretudo por parte das multinacionais das telecomunicações e TVs a cabo. Embora tivesse um contrato com a Direct TV, a Telesur não era retransmitida para a Argentina, por exemplo, onde governa a presidenta Cristina Kirchner, uma aliada do governo bolivariano. A razão, segundo Cabrera, era o bloqueio de outras empresas de cabo, que também impediam a transmissão do canal no Brasil. No Brasil, como em outros países, o problema foi em parte contornado pelas TVs Comunitárias, como a TV Cidade Livre de Brasília, Canal 8 da NET (só no DF). Por esta razão, Cabrera reforçou o site na internet, que é operado por grande equipe de profissionais, a ponto de projetá-

---

[2]. Richard Stallman renunciou ao Conselho em protesto, segundo disse, contra os despachos do correspondente da Telesur, o único canal a condenar o massacre realizado pelas forças da OTAN contra o povo líbio.

-lo, em 2012, como um dos 10 sites noticiosos mais acessados no mundo inteiro.

Seguindo os passos de Chávez, que fez incontáveis viagens e mantinha contato permanente pelo telefone com os principais líderes emergentes, sobretudo os detentores de petróleo, a Telesur disseminou sua cobertura para também atingir e refletir aqueles países. Este trabalho resultou muito produtivo e consequente, quando o Ocidente reverteu a seu favor os levantes dos países árabes, apelidados Primavera Árabe, invadiu a Líbia, apossando-se de seu petróleo e iniciou um ataque midiático-militar à Síria, provocando milhares de mortos e a destruição de quase toda a infraestrutura líbia e abalando seriamente o governo popular sírio.

O novo intervencionismo militar comandado pelos Estados Unidos e Europa também calou as vozes das redes árabes de Televisão, como a Al-Jazeera, do Catar, foi cooptada pelas TVs do sistema Ocidental (CNN, BBC, no afã de massacrar aqueles dois regimes autonômicos, de cunho popular e nacionalista, que se utilizavam de seus recursos naturais, como o petróleo, para investir em programas sociais e econômicos endógenos e não para beneficiar empresas transnacionais e países dominadores.

Com muitos custos e sacrifícios, a Telesur acabou sendo o único canal a reportar de forma independente os acontecimentos na Líbia e na Síria, longe da manipulação e da ditadura midiática, agora uníssona e indivisível depois da capitulação da Al-Jazeera. O correspondente Rolando Segura Jimenez passou seis meses em Trípoli e cobriu até o final a reação popular em apoio ao governo de Muamar Kadafi, o líder líbio assassinado e esquartejado por uma turba violenta inspirada e dirigida pelo sistema de dominação euro-americano. Rolando Segura recebeu o Prêmio Nacional Juan Gualberto Gómez, de Cuba, em reconhecimento pelo seu trabalho heroico e patriótico. A Telesur ainda reservou espaço proeminente para a cobertura dos movimentos dos Indignados, da Espanha, França e Grécia e o Occupy Wall Street, dos Estados Unidos. Tais movimentos expressavam a revolta daquelas sociedades contra as medidas de austeridade de seus governantes neoliberais, que elevaram a miséria, a fome e o desemprego a índices temerosos naquelas sociedades antes ciosas de pertencerem ao chamado primeiro mundo.

Não obstante, àquela altura, a TV tinha deixado de ser o veículo hegemônico de comunicação de massa, cedendo lugar à internet, a rede planetária de computadores pessoais interligados, cujo acesso se multiplicava com seus novos e vorazes sites, blogs e redes sociais, sobretudo o Tweeter, o Youtube e o Facebook. Lá, a revolução bolivariana estava infinitamente inferiorizada em relação à visão colonialista pespegada pelos mercados e o sistema de dominação americano e europeu. Mas isto até o episódio do *?Por que no te callas?* É o que vamos abordar no próximo capítulo.

XV — ALÔ PRESIDENTE, @CHAVEZCANDANGA E A DEMOCRACIA DIRETA

Hugo Chávez teve sempre a atenção voltada para a comunicação de massa, pois percebia, que, assim como a integração dos países latino-americanos e dos emergentes, ela era crucial para fazer chegar sua mensagem de unidade e de desenvolvimento integral. Quando chegou ao governo, lançou seu programa Alô, Presidente, que começou no rádio, pela emissora oficial, a Rádio Nacional da Venezuela, em 23 de maio de 1999, e depois se desdobrou para a TV e a internet.

Era transmitido aos domingos, de 11 às 17 horas, e não se resumia a discursos ou conversas do governante com o povo. Ia muito além. Consistia num verdadeiro *show* de variedades e de comunicação direta com os governados, através de telefonemas, cartas e e-mails, aulas e explicações sobre os atos e obras do governo. Chamava os ministros e dirigentes de órgãos governamentais para prestar contas e esclarecer dúvidas sobre a administração. Cantava ele próprio e chamava cantores e outros artistas para entoar canções históricas e do gosto popular. Ainda resgatou o canto revolucionário de Ali Primera, morto num acidente suspeito, em 1985. Por fim, entrevistava estadistas, intelectuais e ativistas do mundo inteiro, além, é claro, de fazer seus discursos e proclamações.

No programa, o presidente lançou seis Misiones Sociales (programas de grande alcance social), como os de alfabetização, médico família, educação especial, habitação e outros. Nas suas prédicas no programa, Chávez recomendou a leitura de 539 livros, entre eles "As Veias Abertas da América Latina", de Eduardo Galeano; "Economia e Sobrevivência", de Noam Chomsky; "Socialismo, Muito Além do Capital", de István Mészáros; "Socialismo do Terceiro Milênio", de Luís Britto Garcia; "O Estado e a Revolução", de Lênin; "A Revolução Traída", de Trotsky; e "O Papel do Indivíduo na História", de Pejanov.

O programa tampouco se limitava ao estúdio e era feito a partir de várias cidades da Venezuela (259, em 23 dos 24 Estados) e sete no exterior. Uma dessas cidades foi Santa Clara, Cuba, numa homenagem ao aniversário de morte de Che Guevara, em 15 de outubro de 2007. Neste programa, ele fez uma entrevista, pelo telefone, com Fidel Castro, de 1 hora e 20 minutos. Logo depois passou um vídeo compacto de 20 minutos da conversação que os dois tiveram durante quatro horas, poucos dias antes. Fidel ainda se recuperava da grave moléstia que o acometera, em 26 de julho de 2006, fato que o obrigou a passar o governo ao irmão Raul Castro.

Segundo o site *alopresidente.gob.ve*, o programa, em 13 anos de existência, teve 378 apresentações, abrangendo um total de 1.656 horas, o equivalente a 69 dias ininterruptos de conexão direta entre o presidente e o povo, quando 8.020 pessoas falaram no ar com o presidente, em 996 ligações. O programa ainda recebeu e atendeu 25 mil cartas.

Sua duração era igualmente avantajada, porque, às vezes passava de sete horas contínuas, o que deu motivo para muitas críticas, principalmente da mídia privada, que condenava a emissão, não apenas pelo seu conteúdo ideológico, como também o fato de ser um concorrente poderoso. Algumas edições do programa, como aquela em que ele entrevistou Fidel Castro, chegaram a atingir 40% de audiência nacional. Por causa do câncer que o acometeu, em junho de 2011, Hugo Chávez suspendeu temporariamente o Alô, Presidente, apresentando-o algumas vezes, como aquele que marcou seu 13º aniversário, em 23 de maio de 2012, o de número 378.

Se o "Alô, Presidente" era um êxito fenomenal, o governo e a revolução bolivariana se viram a descoberto nas redes sociais, que começavam a espocar na internet. Hugo Chávez sentiu o golpe da força da rede de computadores depois do entrevero que teve com o rei da Espanha, Juan Carlos de Borbón y Borbón, e o primeiro ministro deste país, o socialista José Luiz Zapatero. O episódio ocorreu durante a reunião final de chefes de Estado da Cúpula Íbero-Americana, que reúne 22 países de fala hispânica nas Américas, juntamente com a Espanha, Portugal e Andorra, em Santiago do Chile, no dia 10 de novembro de 2007.

Numa intervenção, Chávez denunciou as maquinações internacionais do ex-primeiro ministro José Maria Aznard, antecessor e integrante do conservador PP (Partido Popular), adversário dos socialistas do PSOE (Partido Socialista Obrero Espanhol) contra o governo venezuelano. Chamou-o de fascista e o acusou de ter participado diretamente no Golpe de Abril, que depôs o governo constitucional e sequestrou seu presidente, no caso, o próprio Hugo Chávez, por 48 horas, em 2002. Zapatero exigiu "respeito" porque Aznar "tinha sido eleito pelos espanhóis". Chávez, que também tinha sido eleito democraticamente pelos venezuelanos, em seguidas eleições, pediu que Zapatero dissesse a Aznard, "com as mesmas palavras" para "respeitar a dignidade do nosso povo". De inopino e dedo em riste, intervém o rei Juan Carlos, que estava sentado no mesmo lado da mesa onde se encontrava o líder venezuelano, tendo a separá-los somente o chanceler espanhol, Miguel Ángel Moratinos e o presidente da Nicarágua, Daniel Ortega, dirige-se rispidamente a Chávez: "*?Por que no te callas?*" Chávez continuou falando, aparentemente sem ter prestado atenção ao rei, afirmando: "O premier Aznard pode ser um espanhol, mas é um fascista. E e isto é uma falta de respeito". Em seguida, o presidente da Nicarágua, Daniel Ortega acusou o embaixador da Espanha em Manágua de conspirar contra seu governo. O rei então se retirou em protesto, o que deu margem à interpretação de que Chávez tinha ganho a discussão, como se pode verificar nos vídeos reproduzidos pelo Youtube no endereço: http://www.youtube.com/watch?v=X3Kzbo7tNLg e http://www.youtube.com/watch?NR=1&feature=endscreen&v=yFG0zsvsvHc

Foi o que aconteceu, mas a mídia, e as redes sociais, então quase totalmente dominadas pela mentalidade colonialista, reverteram os fatos para dar a impressão de que o rei tinha humilhado

Chávez, dando-lhe um pito. Como se verifica nos vídeos, trata-se de uma versão claramente adulterada, porque, se observarmos bem a sequência dos quadros, verificaremos que, na realidade, tanto o rei como Zapatero e o chanceler Moratinos, se mostram atarantados, sem saber contra-argumentar.

Ortega partiu duro sobre o rei, acusando a Espanha de estar aliada política, econômica e militarmente ao que chamou de ditadura global, quando disparou: "Não se esqueça que o território espanhol foi utilizado para bombardear a residência do presidente da Líbia, Muamar Kadafi, em que assassinaram a filha de Kadafi[3], entre outros... E isto é recente, é história recente, é história da época democrática da Espanha. O Franco já tinha passado... e depois disso, os senhores, prestando-se solicitamente à política terrorista dos *yankis* para bombardear a casa de Kadafi e assassinar crianças".

Ante os rizinhos nervosos que Jose Luiz Zapatero dava como resposta, e a visível contratura do rei, Daniel Ortega foi fundo: "Os senhores estão na OTAN (Organização do Tratado Norte, a aliança militar da Europa e Estados Unidos). Ou não estão na OTAN? A OTAN está aí para distribuir balinhas, para construir escolas, para dar saúde...?, ironizou.

O rei Juan Carlos de Borbón y Borbón não se contém e abandona o recinto depois que ouve de Ortega que o embaixador espanhol em Manágua utilizava a sede da embaixada para, juntamente com os americanos, conspirar contra a volta dos sandinistas ao poder.

Mas o que prevaleceu na internet e na mídia em geral, foi o destempero real, tomado como uma descompostura e uma reprimenda às posturas de Chávez. Não importava, para a mídia e a

---

[3.] Ortega aqui se refere ao primeiro ataque dos Estados Unidos à residência de Kadafi, em 5 de abril de 1986, 25 anos antes de seu assasinato ma guerra da OTAN. O ataque foi ordenado pelo então presidente Ronald Reagan, no qual morreram a esposa e uma filha bebê do líder líbio.

oposição, que o monarca estivesse reagindo como um colonizador, mesmo depois de 200 anos da independência formal do jugo espanhol. Foram mais de três meses de tonitruante bombardeio nas redes sociais, na TV, no rádio e nos jornais, levando os oposicionistas ao paroxismo.

O rei que até aquele momento desfrutava da imagem de estadista moderno, apesar de não ter sido eleito e ainda por cima indicado pelo ditador fascista Francisco Franco, foi transformado em herói. Sua efígie, encimada pelo "*?Por qué no te callas?*" foi motivo de vídeo-*clippings*, *ring tones* (toques de chamada) de celulares, e ilustração para camisetas, numa farsesca imitação dos costumes dos jovens com a imagem de Che Guevara, enquanto Chávez era vilmente ridicularizado. Menos de três anos depois, sua majestade espanhola cairia em descrédito depois da revelação, primeiro, do indiciamento judicial de seu genro Iñaki Urdangarin, por prática de negócios escusos; depois, o próprio rei flagrado na matança de elefante e escapadelas matrimoniais na África, junto com notícias nada abonadoras da imagem real no mundo das finanças.

De qualquer maneira, episódio do *?Por qué no te callas?*, serviu, à parte o escarcéu midiático, para expor as reais intenções daquelas cúpulas de chefes de Estado, convocadas e patrocinadas pelas velhas e antigas metrópoles colonizadoras: enquadrar e intimidar as ex-colônias. Existe por sinal uma coincidência instigante: tanto a Cúpula Ibero-Americana, patrocinada pela Espanha, a partir de 1991, como a Cúpula das Américas, reunindo todos os 34 países das Américas, inclusive os de língua inglesa, como Estados Unidos e Canadá, organizada, em 1992, pelos norte-americanos, surgiram pouco depois da reunião de banqueiros e tecnocratas euro-americanos que produziram o infausto Consenso de Washington, em 1989. Aquela entidade supostamente etérea, mas super efetiva, em seus desígnios em obrigar os países emergentes a se desfazer dos bens públicos e recursos naturais e passá-los às empresas transnacionais, submetendo-os a enormes sacrifícios e humilhações, como demonstrou a derrocada da Argentina, em 2001.

Atentos a tais manobras, os novos chefes de Estado progressistas também puseram em marcha suas táticas de ação. Já na IV Cúpula das Américas, em Mar Del Plata, na Argentina, em 2005, quando detonaram a ALCA, a chamada zona de livre comércio destinada a desovar sem peias os excedentes industriais americanos e europeus na América Latina. Aos poucos, a cúpula espanhola começou a esvaziar-se justamente logo depois do *?Por qué no te callas?*, em 2007. No ano de 2011, o rei e o primeiro-ministro da Espanha enfrentaram o vexame da ausência de 22 dos 33 países-membros, incluindo os mais poderosos – Brasil, Argentina e Venezuela –, formalmente alegando os motivos mais fortuitos, na XX Cúpula Ibero-Americana, convocada para Assunção, no Paraguai. Esta mesma cúpula, ainda ficou marcada pelo protesto do presidente do Equador, Rafael Correa, que abandonou o plenário por causa da palestra da vice-presidenta do FMI, Pamela Cox. Correa explicou sua atitude aos jornalistas: "Isto é pessoal e não me contaram. Quando fui ministro da Economia, em 2005, depois da queda do governo entreguista de Lúcio Gutierrez, esperávamos liberar um crédito de 100 milhões de dólares, cujas condições se haviam cumprido... Tive de viajar pessoalmente a Washington, onde fui recebido por esta senhora (Pamela Cox), que me disse diretamente: 'Não vamos lhe dar o crédito porque o senhor mudou a política econômica'. É desta burocracia internacional, chantagista com os créditos e os dólares, que temos de receber lições de política econômica e moral em um fórum ibero-americano? Até quando? Comecemos por mudar alguma coisa, em primeiro lugar com o neocolonialismo. Liberemo-nos desta burocracia internacional".

Por sua vez, a Cúpula das Américas de 2010, em Cartagena, na Colômbia, Barak Obama presente, foi boicotada até a inviabilização pela grande maioria dos países, que exigiram a presença de Cuba, com acesso vetado às reuniões, pelos americanos e canadenses, desde o primeiro encontro, em Miami, em 1992. Brasil, Argentina, Venezuela e a maioria dos países ainda avisaram que não aceitariam outra cúpula sem a presença de Cuba. A América Latina aos poucos e seguramente, demonstrava com atos concretos, que não mais estava disposta a receber *diktats* nem dos Estados Unidos nem da Europa.

Ao mesmo tempo, os governantes populares sul-americanos empenharam-se em forjar uma estratégia, sobretudo comunicacional, para a batalha das ideias que se travava na opinião pública, que vivia debaixo do mais indecoroso e onipresente assédio dos *mass media*. A Telesur, a rede multiestatal, já tinha dado o ponto de partida, em 2007, mas seu alcance era limitado, ainda mais porque o teatro das operações deslocava-se para a internet.

Coube novamente a Hugo Chávez, com a sua dimensão integracionista, tomar a iniciativa, a partir de seu país, a Venezuela. Lá, ele já havia montado uma estrutura física e estratégica, que facilitou sobremodo a tarefa. Em 2007, Chávez reestatiza o petróleo, as comunicações, parte dos bancos e outros setores essenciais da economia, desencadeando um programa de modernização, barateamento e democratização dos serviços. A nacionalização da Companhia Anônima de Telefones da Venezuela (CANTV) permitiu maiores investimentos em fibra ótica, produção de telefones, inclusive celulares, numa colaboração com os chineses, instalação de modernos e confortáveis infocentros (*lan-houses*), todos gratuitos e com grande velocidade.

Carlos Parra, da Editorial Galac, lembra que hoje a Venezuela desfruta das tarifas e serviços telefônicos dos mais modernos e baratos do mundo: "Antes, quando a CANTV era privada, o telefone não chegava a muitos Estados pobres, porque não dava retorno comercial. Hoje chega aos rincões mais distantes e desassistidos, junto com a internet." A CANTV ainda dá suporte fianceiro para o programa de *laptops* Canaima, distribuídos nas escolas públicas.

A extensão da fibra ótica levou a internet às comunidades mais pobres e distantes, como as indígenas, e chegou a ultrapassar o território venezuelano para oferecer o serviço aos Estados brasileiros de Roraima e do Amazonas. Estes Estados dispunham de péssimos serviços digitais, por causa da política de maximização dos lucros das transnacionais telefônicas que dominam o setor no Brasil. Chávez ainda estendeu um cabo submarino a Cuba, isolada do sistema central de comunicações, por determinação de Washington, fornecendo-lhe internet rápida, o que também beneficiou outros países do Caribe.

As tarifas telefônicas venezuelanas tornaram-se também as mais baixas e acessíveis do continente por um serviço rápido e eficiente. Com tais facilidades, os venezuelanos passaram a ser os maiores consumidores de *smartphones* (celulares com internet) da América Latina). Paralelamente, o governo distribuiu até 2012, 1,5 milhão de *notebooks* para os alunos e professores das escolas públicas primárias, todos plugados na internet.

Não obstante, as redes sociais que começaram a pontificar com todo o vigor, à frente o Twitter, eram maciçamente utilizadas por grupos elitistas e oportunistas, que, aproveitando seu predomínio na rede, obviamente calculando tratar-se de uma situação eterna, destilavam toda sorte de preconceitos e aleivosias contra o regime bolivariano, com repercussões bombásticas, no país e no exterior. O *?Por qué no te callas?* acabou dando o alarme. Era preciso romper o imobilismo da imensa massa chavista, a mais diretamente servida com os benefícios sociais, inclusive aqueles de comunicação, proporcionados pelo governo.

Chávez resolve então mobilizar a população para uma ofensiva na internet, primeiro, estimulando e instruindo os partidários da revolução a não só revidar os ataques ao projeto nacional e continental, como também fazer da internet uma plataforma eficaz para explicar e defender as conquistas da revolução.

Depois criou sua própria conta no Twitter, a célebre rede social, que havia conquistado o planeta pela transmissão de mensagens certeiras e limitadas a 140 caracteres. Foi quando surgiu a twitter@chavezcandanga, lançada em 28 de abril de 2010, que ele fez questão de operar pessoalmente. Quando, um mês depois, em 25 de maio de 2010, Chávez lançava seu blog, o *www.chavez.org.ve*, a @chavezcandanga já contava com 430 mil seguidores, número que chegaria, em 30 de abril de 2012, a 2.855.536, às 08:05 horas da manhã, em Brasília, e não parava de crescer.

A descoberta da internet logo se transformaria num achado de Chávez. Ali se encontrava uma poderosa e instantânea ferramenta de comunicação. Era uma forma de democracia direta e imediata, bem acima e apesar da viciada mídia privada e oficial. Foi quando ele começou a "governar pelo Twitter", como se queixava a estarrecida oposição e seus patrocinadores em Washington, Londres, Madri e São Paulo.

Pela @chavezcandanga, o presidente anunciava, pessoalmente, seus atos de governo, suas ideias, seus sentimentos e dava informação em primeira mão dos atos governamentais e do que pretendia fazer como presidente. Para tanto, solicitava a opinião e a participação dos governados, que acorreram em massa, fazendo reivindicações, denúncias de irregularidades, e, aproveitando a deixa, para pedir emprego. Até abril de 2012, estas manifestações chegavam a 11 mil por dia, que eram respondidas pontualmente por uma equipe específica de 250 profissionais chamada Missão Chávez Candanga. A Missão Candanga transformou-se no principal elo de comunicação com o país, já que as mensagens dos tuiteiros eram repassadas aos ministros, diretores de órgãos e empresas públicas e ao próprio presidente, para a tomada de providências. Com isso, o governo contornava a pesada burocracia, tradicionalmente lenta e ineficiente, na resposta aos reclamos dos cidadãos. Havia, evidentemente, as mensagens insultuosas da oposição e de grupos radicais, que o governo dizia montar em torno de 20% do total recebido. Por fim, a @chavezcandanga transformou-se em preciosa fonte de notícia para os meios de comunicação do mundo, chegando as mensagens presidenciais a ser retuitadas, numa média de 1.200 vezes cada.

Na doença de Chávez, que o obrigou a afastar-se do país para tratar-se em Cuba, em mais de dez viagens, em menos de um ano, a @chavezcandanga foi determinante para conter a avalanche de rumores que pipocavam a todo momento na mídia privada, num processo depois detectado como uma ação orquestrada visando à desestabilização do presidente e sua eventual substituição por um títere de Washington.

Quando os jornais, colunistas, blogueiros e cientistas políticos do país, Estados Unidos, Espanha e Brasil, anunciavam o agravamento de seu estado de saúde e o seu "inevitável impedimento, Chávez aparecia no Twitter, demonstrando, não só que estava vivo como também comandava as atividades de governo, mesmo do hospital em que estava internado, em Havana.

A batalha contra o cerco midiático ainda envolvia as emissoras de TV e rádio do governo, que formam o Servicio Nacional de Medios, e as TVs e rádios comunitários, que, juntos, constituíam, até 2012, cerca de 30% da audiência do país, contra 70% da mídia privada. A jornalista do Correo del Orinoco, Yamila Blanco, considera este percentual muito significativo para um meio antes dominado quase totalmente pelos veículos comerciais, sobretudo quando se compara com a situação de seu país, a Argentina, onde a presidenta Cristina Kirchner, empenha-se na mesma trincheira nacionalista. Lá, a participação da mídia oficial na audiência é de apenas 10%, contra 90% do setor privado.

O Correo del Orinoco, o título do jornal fundado por Simón Bolívar, em 1818, foi uma experiência do governo na mídia impressa que não decolou, devido a problemas de distribuição e a prioridade do governo em focar na TV, no rádio e, principalmente, na internet. Embora tenha um bom conteúdo e uma página web, onde pode ser descarregado em PDF, o jornal, em tamanho tabloide, só produz 25 mil exemplares diários. Yamila diz que existe um plano do governo para expandi-lo, inclusive dinamizando sua edição internacional, em inglês, que sai às sextas-feiras, com uma edição espanhola, para ser distribuída nos países vizinhos, inclusive o Brasil.

Por sua vez, o jornalista Ernesto Villegas, designado ministro da Comunicação, depois da reeleição do presidente Chávez, em 2012, editava o jornal Ciudad Caracas, jornal com circulação maior, de 120 mil exemplares, distribuídos gratuitamente no metrô e outros 1.400 pontos estratégicos, incluindo escolas, universidades e restaurantes. Villegas, que é também apresentador de um dos principais programas de entrevistas do canal estatal VTV, procurava, no Ciudad, fazer uma interação dos leitores, alguns dos quais escrevem suas próprias matérias, com as autoridades do município de Caracas, que financia o jornal, para que elas respondam a esses leitores e dêem seguimentos aos seus reclamos e aspirações.

Autor do livro "Abril, Golpe Adentro", um dos relatos mais abrangentes do Golpe de 2002, foi sempre um defensor da dinamização da mídia comunitária, a qual, se recebe respaldo do governo nacional, através da doação de equipamentos e formação de pessoal, ainda se encontra dispersa. Villegas, no discurso de posse como ministro, alertou, por outro lado, que "talvez estejamos falando muito para os convencidos, em vez de falar para toda a Venezuela", acentuando: "Os filhos e netos desta Pátria, inclusive daqueles que estão contra (o presidente), também merecem Pátria e a eles temos de levar a nossa comunicação".

Talvez esta e outras apreciações tenham levado o presidente Hugo Chávez a convocar, naquela mesma solenidade de posse de 14 de outubro de 2012, quando também tomou o juramento do novo vice-presidente da República, Nicolás Maduro, e de outros cinco novos ministros, a um esforço pela gestão comunicacional, tornando-a mais eficiente.

Pediu igualmente que se fizesse um melhor uso dos veículos comunitários, além dos oficiais de maior alcance, para chegar às comunidades organizadas, às *carteleras e esquinas calientes*". Ele disse que a burguesia se encarrega de negar radicalmente todas as obras do governo revolucionário, ao passo que "nós (do governo) não estamos no mesmo nível de intensidade estratégica, produzindo o efeito contrário".

A questão midiática era outro tema recorrente da campanha pela integração, porque os governos da América Latina sofriam uma bateria cerrada dos oligopólios transnacionais de comunicação e poderiam ir a pique se não houvesse uma reação firme do Estado. Hugo Chávez, que obteve do Parlamento a aprovação da Lei de Responsabilidade Social no Rádio, Televisão e Meios, a Resorte, e desativou uma grande rede privada de TV na Venezuela, a RCTV (Radio Caracas Televisión), a primeira TV do país, funcionando desde 1953, por conspirar abertamente contra o governo. A lei serviu depois como base para o enfrentamento da mídia dos governos populares da Argentina, Bolívia e Equador. Este é um tema que merece outro capítulo, que se abre em seguida.

XVI — RESORTE, A PRIMEIRA LEI DE REGULAÇÃO DA MÍDIA

O novo milênio com o novo século de 2000 começava igualzinho aos anteriores. Nenhum governo conseguia governar se não se curvasse às pressões da mídia, que, em última análise representa o poder econômico. Era o mesmo poder, uma espécie de agente das potências do norte, que instalava ditaduras militares ou regimes neoliberais. Também velava o cumprimento dos pacotes de arrocho do FMI (Fundo Monetário Internacional), além de obrigar o governo a entregar-lhe parte das empresas estatais desnacionalizadas durante a febre das privatizações, e conceder-lhes altos empréstimos nos bancos oficiais, aos quais nunca pagava ou o fazia "na forma de publicidade".

Como tinha o controle da informação e cacife político, porque financiava as campanhas eleitorais do presidente da República, dos governadores e membros do Parlamento, fossem eles governistas ou oposicionistas, seu poder se tornava incontrastável. Urgia então impor um sistema legal capaz de resistir a essas ingerências, sob pena de ver fracassar qualquer projeto visando ao interesse nacional. O poder da ditadura ou terrorismo midiático, que havia coadjuvado os golpes insurrecionais contra governos democráticos e, ao longo virtualmente de todo o século XX, chegou ao desplante de protagonizar, em 2002, uma quartelada contra o presidente Hugo Chávez, na Venezuela, afastando-o do poder por 48 horas.

O golpe fracassou, devido ao apoio popular e militar de que desfrutava Chávez e à sua precária mas eficiente rede de comunicação, constituída de TVs e rádios comunitárias, que agiam em consonância com os círculos bolivarianos, comitês de bairros e cidades em defesa do movimento bolivariano. Mesmo já reinstalado no poder e o presidente golpista Pedro Carmona recolhido à prisão, as quatro grandes redes de TV patrocinadoras do golpe recusaram-

-se a noticiar a volta do presidente constitucional, estabelecendo elas próprias uma rematada autocensura nos informativos.

O governo parte daí para regular a comunicação, com a sanção, em 7 de dezembro de 2004, da Lei de Responsabilidade Social no Rádio, Televisão e Meios Eletrônicos (Resorte), aprovada no Parlamento, a Assembleia Nacional, com base em projeto do Executivo. Era a primeira lei de que se tem notícia do hemisfério sul a pôr um limite nos desmandos dos oligopólios de comunicação.

Ela estabelece a responsabilidade social das emissoras de rádio e televisão, produtores nacionais e independentes, telespectadores e ouvintes na difusão e recepção da informação transmitida. O objetivo é alcançar um equilíbrio democrático entre deveres, direitos e interesses. "O povo venezuelano começou a libertar-se da hegemonia dos donos dos meios de comunicação privados e da ditadura da mídia à qual tem sido submetido há muito tempo", comemorou Hugo Chávez, ao sancionar o projeto.

Pela lei, também conhecida como Resorte, todos os serviços de telecomunicações passaram a constituir serviço e interesse público em vez de prestação de serviços, como vigorava no documento anterior. Ela ainda contemplou uma demanda antiga das famílias e da sociedade, preocupadas com as cenas de sexo e violência, que, como ocorre em qualquer país carente de regulação da mídia, são transmitidas a qualquer hora, sem o mínimo de critério ou respeito aos telespectadores. Por isso, previu sanções para a programação e publicidade que promovam "linguagem inadequada, consumo de bebidas alcoólicas, fumo ou drogas, a violência desmedida e o sexo explícito". Outros itens, asseguram que os cidadãos, organizados num comitê de usuários, podem exercer o controle social sobre os serviços de rádio e televisão.

Em 2010, a lei foi modificada, também pelo Parlamento a requerimento do Executivo, para incluir mais claramente os serviços de internet e dirimir pontos confusos no antigo documento, como aqueles prevendo sanções contra os que promovam ofensas às autoridades, que atentem contra ordens do Estado, "façam apologia ao delito", "fomentem a inquietação entre os cidadãos" ou que "desconheçam as autoridades legitimamente constituídas".

Finalmente, a lei aumenta as multas, que chegam a 10% da receita bruta do ano anterior", além da "suspensão dos serviços por 72 horas contínuas", e, em caso de reincidência em alguma falta, a revogação definitiva do sinal dos meios radioelétricos.

As redes privadas utilizaram seu imenso aparato internacional para denunciar a Resorte como cerceadora da liberdade de imprensa, esquecendo-se, talvez deliberadamente, como ocorrem neste mercado informativo, os itens da lei que contemplava a comunicação livre e plural e proibiam a censura prévia.

Ricardo Trotti, diretor da SIP (Sociedade Interamericana de Imprensa), que congrega os donos de mais de 3.200 jornais das três Américas, na maioria de propriedade de abastadas empresas familiares, e com largo histórico de apoio e sustentação das ditaduras, foi um dos primeiros a se pronunciar. Ele disse que a organização denunciaria ante a Organização dos Estados Americanos (OEA) o que chama de "lei da mordaça".

Chávez ignorou as críticas e ameaças da SIP. "A Associação Interamericana de Imprensa sempre vem com o mesmo discurso: que este é um governo autoritário, que ameaça a liberdade de expressão. Com que moral estes lacaios do imperialismo criticam, se eles mesmos apoiaram ditaduras militares!", declarou Chávez.

Com efeito, a SIP tem um sólido passivo de apoio, sustentação e intromissão nos governos das três Américas, sempre se colocando ao lado das oligarquias e contra qualquer veleidade de soberania e independência diante das potências. A SIP tem ainda a reforçar-lhe o Grupo Diários das Américas, constituído dos principais jornais do hemisfério[4]. Funcionando como uma verdadeira

---

4. Segundo o site do jornal brasileiro *O Globo*, o Grupo de Diários das Américas (GDA), fundado em 1991, é formado por um consórcio de 11 jornais independentes com mais influência na América Latina: *La Nación* (Argentina), *O Globo* (Brasil), *El Mercurio* (Chile), *El Tiempo* (Colômbia), *La Nación* (Costa Rica), *El*

matriz, esses jornais costumam difundir notícias, muitas vezes por eles mesmos fabricadas ou amplificadas, destinadas a sabotar e destabilizar governos que não lhes são simpáticos. Estas notícias são depois repetidas *ad infinitum* pelas grandes cadeias de jornais, de TV e de Rádio das três Américas, dos Estados Unidos e da Europa, para conferir-lhes ares de credibilidade. Atuando em conjunto com rádios, TVs e agora a internet, eles não se limitam a dar a notícia mas a acompanhar e aguçar seus desdobramentos, disseminando protestos, greves e distúrbios, como ocorreu com Getúlio Vargas, em 1954, e João Goulart, em 1964, no Brasil, Salvador Allende, em 1973, no Chile, e muitos outros golpes de Estado da América Latina, de fins do século XIX, todo o século XX, até os nossos dias. Neste século, a mídia patrocinou os golpes de Estado de 2002, contra Hugo Chávez, na Venezuela, e de 2009, contra Manuel Zelaya, em Honduras. Mas é na Venezuela de 2002, que os barões da mídia conduzem eles próprios a prisão e remoção de Chávez do poder, ainda que por um breve período de 48 horas. Aprofundemos esta análise no próximo capítulo.

Comercio (Equador), *El Universal* (México), *El Comercio* (Peru), *El Nuevo Día* (Porto Rico), *El País* (Uruguai) e *El Nacional* (Venezuela). Os jornais do GDA têm mais de 2.500 jornalistas experientes na região, assim como correspondentes em mais de 25 países. A audiência supera os seis milhões de leitores diários e dez milhões aos domingos. http://oglobo.globo.com/rio/a-atuacao-do-grupo-de-diarios-america-3036603

XVII — 11 DE ABRIL, O GOLPE MIDIÁTICO

O novo século junto com o novo milênio produziriam na Venezuela, alguns fatos insólitos e jamais imaginados no panorama latino-americano. Este país só conhecido pela pujança do petróleo e a maldição que este tinha se tornado para o seu povo, atavicamente subdesenvolvido, além da formosura de suas rainhas da beleza, foi de repente catapultado ao topo do noticiário pelas mudanças de rumo na sua política. Primeiro, um presidente eleito pelas forças populares conseguiu aprovar, por 70% dos venezuelanos, uma nova Constituição que os fez donos de suas próprias riquezas, antes repartidas entre as transnacionais, e de um projeto nacional autônomo, livre da influência forânea. O segundo lance consistiu numa reação popular – e armada –, que esmagou um golpe de Estado contra o presidente da República, em abril de 2002, resgatando-o de La Orchila, uma ilha Marinha, distante 150 quilômetros de Caracas, e reinstalando-o no poder, em 48 horas. Oito meses depois deste golpe relâmpago, o país enfrentava – e – também derrotava –, ao fim de dois penosos meses e um dia – o maior *lock-out* patronal já tentado no continente. Finalmente, a nova ordem venceu 13 eleições democráticas, incluindo aquela da nova Constituição, contra um aparato de tenebrosas forças nacionais e internacionais, que tinham até ali se mostrado indefectíveis.

Desses fatos, o mais singular e emblemático foi o chamado golpe de 11 de abril, porque desvendou às escâncaras o comprometimento de um setor com poder fulminante, que antes agia sorrateira e disfarçadamente para subjugar as instituições. Desta vez, os partidos oligárquicos desgastados pela atuação nos anteriores governos corruptos e autoritários, não mais puderam servir de fachada, de tão desmoralizados, para a ação predatória dos sistemas de dominação. Estes acionaram seu braço mais forte, os meios de comunicação (jornalões, rádios, TVs, institutos de pesquisas).

No 11 de abril, como ficou conhecida a inédita assuada, os dirigentes acionaram suas equipes de TV, rádio, jornais e sites privados direto nas ruas da capital Caracas e outras cidades, incentivando e magnificando distúrbios de toda ordem, com incitações à desobediência civil e à violência. Manifestações dos moradores dos bairros mais ricos da capital, situados no leste, explodiram no noticiário com a força de um furacão político. Era a sequência de uma greve patronal, adrede preparada e convocada em 9 de abril pela FEDECÂMARAS (Federação de Câmaras e Associações de Comércio e Produção da Venezuela) e a Confederação dos Trabalhadores da Venezuela (CVT), controlada pelos patrões. O propósito era dar a impressão de que o presidente mergulhara o país num caos incontrolável, devendo, consequentemente, ser deposto.

Penetrando em praticamente todos os lares e sendo reproduzidas para o exterior pelas maiores redes mundiais, CNN, Televisa, Fox, BBC, as fortes imagens televisivas logo revoltaram as chamadas classes dirigentes. Os truques de edição das imagens, apresentados como verdades absolutas, como aquelas dos assassinatos vinculadas à Ponte Llaguno, próxima ao palácio presidencial de Miraflores, atribuindo a chavistas a autoria do crime, completou o coquetel para o processo de convencimento das elites, principalmente os militares. Daí para o golpe foi um passo. Não fora a mobilização popular, que reinstalou o presidente em 48 horas depois de sua deposição e prisão, a Venezuela viveria hoje uma das ditaduras mais draconianas e sangrentas, em pleno século XXI, como se pode depreender dos primeiros atos do breve governo usurpador: assassinatos de opositores, invasão de domicílio, prisões arbitrárias e censura absoluta à imprensa. Era a "imprensa livre" que os golpistas costumam invocar para derrubar governos populares, e cujo enredo é bem conhecido.

Os fatos se precipitam em questão de horas, coroando o ambiente de polarização, trabalhado intensamente pelas mistificações midiáticas, havia alguns meses. Na manhã de 11 de abril de 2002, depois de perceber a excitação dos marchadores, a direção do movimento oposicionista resolve desviar a marcha para percorrer outro trajeto. O plano original e aprovado pelo poder público, previa que o cortejo começaria no Parque Del Este e terminaria na sede da PDVSA, também situada no bairro oriental de Chuao. Na última hora e numa ação claramente insurrecional, os manifestantes são orientados a caminhar em direção do Miraflores, distante 11 quilômetros, na expectativa de que a multidão enfurecida invadisse o palácio.

Àquela altura, os golpistas já contavam com adesões de militares importantes. Um dia antes da marcha, alguns altos oficiais, alvos constantes dos apelos à sublevação pelos comentaristas e pessoas que as TVs ouviam nas ruas, já anunciavam seu propósito de desconhecer a autoridade de Chávez, que, como presidente da República, era o chefe supremo das Forças Armadas.

Um general de brigada, Néstor González González, foi escalado para fazer um ataque pessoal ao presidente, para isso recebendo preciosos espaços na TV, que repetia a cena a todo momento. Alegando falar em nome da maioria dos altos oficiais das três armas, González acusou Chávez de compactuar com as guerrilhas colombianas FARC e de ser o único culpado por toda a inquietação reinante no país. No final, pede sua renúncia.

No início da tarde do 11 de abril, quando os manifestantes estão em marcha batida para o Miraflores, desenrola-se um novo lance do *script* golpista. Altos oficiais das três armas, sob o comando do vice-almirante Héctor Ramírez Pérez, comandante do Estado Maior Geral da Armada, e considerado pela justiça o "chefe real da rebelião", gravam um pronunciamento para a TV, que só será transmitido horas depois. Um detalhe sinistro: no pronunciamento, Ramirez Pérez fala das mortes e dos feridos que só ocorreriam dali a pouco, e atribui a culpa ao presidente Chávez. A gravação, testemunhada por jornalistas, inclusive o correspondente da CNN, Otto Neustald, que não encontrou mais clima para continuar na rede americana, veio a demonstrar que o atentado da Ponte de Llaguno foi não apenas perpetrado como também arquitetado pelos golpistas.

E a gravação só vai ao ar depois que as redes de TV fizeram desfilar em suas telas os 19 mortos e dezenas de feridos carregados nos ombros pelos manifestantes. O atentado, que atingiu indistintamente, oposicionistas e chavistas, foi considerado obra de franco-atiradores e da polícia do prefeito de Caracas, Alfredo Peña, a qual, com caminhões de choques, conhecidos como Ballena, davam segurança aos manifestantes e assustavam o pessoal de Chávez.

As cenas dos mortos logo provocam enorme estupor e se transformam no estopim do golpe. Hugo Chávez convoca cadeia de rádio e TV, às 03:45 horas da tarde e conclama a população à prudência e a não se deixar envenenar pelas imagens televisivas, que considera manipuladas. Também pede que seus partidários acorram ao palácio para defendê-lo.

A partir daí, os enfrentamentos tornaram-se inevitáveis. Dentro de sua política de evitar a repressão, o presidente não usou as forças de segurança para conter a multidão antichavista, a qual chegou a concentrar mais de 100 mil pessoas. Mas a cautela de Chávez, que, no dia do golpe, havia suspendido suas intervenções constantes na TV (só na véspera, tinha falado em cadeia nacional 16 vezes), acabou sendo interpretada como debilidade, o que levou os manifestantes a endurecer ainda mais as pressões. No entender do presidente, uma confrontação das forças de segurança com a multidão e a polícia do prefeito de Caracas, resultaria na carnificina pretendida pelos opositores, e, consequentemente, justificaria uma intervenção estrangeira.

A despeito das advertências presidenciais, a marcha caminhava afoita rumo ao Miraflores, já ali sem a presença dos dirigentes maiores, como Pedro Carmona, da FEDECÂMARAS, e Carlos Ortega, da CTV, que se recolheram à luxuosa residência do dono da Televén, para juntamente, Gustavo Cisneros, buscar segurança pessoal e preparar o bote final no governo.

De súbito, ouvem-se tiros e pessoas estatelando-se no chão. A situação atingia o ponto de não retorno. Embora as vítimas integrassem tanto as hostes governistas como as oposicionistas, estas, com o auxílio de suas arrasadoras máquinas midiáticas, capitalizaram para si o natural sentimento de revolta contra os assassinatos. Cenas dos heróis antichavistas carregando nos ombros corpos ensanguentados pelas ruas adjacentes ao palácio inundavam os lares dos venezuelanos, compreensivelmente possuídos da mais ardorosa indignação. O governo era assassino, ali estava a prova, pois as fortalezas televisivas não mencionavam o fato de que os reais assassinos estivessem entre eles, como alegavam, e depois comprovaram, os governistas, estes já ali, irremediavelmente, desacreditados perante a opinião pública, por força da esperta manipulação.

Na verdade, as cenas das mortes exibidas pelas TVs foram montadas, mostrando grupos chavistas atirando a partir da Ponte Llaguno, possivelmente respondendo a ataques adversários, para dar a impressão de que eles estivessem alvejando a multidão, a qual estava em outra direção. O cotejo do lugar onde estavam esses chavistas e a rua que passava por baixo da ponte estava vazia no momento em que tombaram os mortos e feridos. Mas isto só foi comprovado depois e o efeito pretendido pela montagem já tinha sido materializado: os culpados eram os chavistas e o mentor maior era o presidente, que deveria ser deposto sem apelação.

Em vão, o presidente convocou uma rede de televisão para chamar à razão e ao entendimento. A resposta das principais redes – Globovisión, RCTV, Televén e Venevén – e os jornalões El Nacional e El Universal –, foi sublevar-se e dividir a tela do televisor, mostrando, de um lado, a fala do presidente, e do outro, os manifestantes carregando os mortos, num paralelo para sugerir que Chávez tivesse ordenado o massacre.

As cenas eram muito fortes e serviram de incontrastável pretexto para que os chefes militares, respaldados ou tutelados pelas elites dirigentes, exigissem a renúncia do presidente. Este foi feito prisioneiro e enviado para o quartel-general do Exército, o Forte Tiuna. O golpe estava praticamente consumado.

Os militares, horrorizados com as imagens distorcidas das TVs, engajaram-se por completo no complô: mandaram retirar os tanques que guarneciam o palácio e ameaçaram, caso Chávez não renunciasse, bombardear o Miraflores, rodeado de simpatizantes chavistas dispostos a morrer. Mais tarde, o sinal estatal Venezolana Televisión, a VTV, foi tirado do ar. Chávez ainda tentou parlamentar com os comandantes das várias guarnições, mas estes, na sua imensa maioria, se declararam impedidos ou impossibilitados de dar-lhe sustentação.

A essa altura, já à meia noite e 35 minutos do dia 12 de abril, Hugo Chávez recebe uma ligação do presidente e líder da revolução cubana, Fidel Castro, que antes tinha tentado durante todo o dia falar-lhe mas sem sucesso. O relato abaixo é de Germán Sánchez Otero, na época embaixador de Cuba na Venezuela e interlocutor frequente de Chávez e Fidel, no seu livro *Abril sem Censura*, lançado em maio de 2012:

Chávez: – Estamos aqui entrincheirados no palácio. Perdemos a força militar que podia decidir. Tiraram do ar o nosso canal de televisão. Estou sem forças para atuar e, analisando a situação...

Fidel: – Que forças tens aí?

Chávez: – De 200 a 300 homens muito esgotados.

Fidel: – Tens tanques?

Chávez: – Não. Tínhamos tanques, mas os levaram para os quartéis.

Fidel: – Contas com que outras forças?

Chávez: – Há outras que estão longe mas não tenho comunicação com elas (alusão ao general Baduel, comandante dos paraquedistas, em Maracaibo).

Fidel: – Posso expressar uma opinião?

Chávez: – Sim...

Fidel: – Impõe as condições de forma honrosa e digna e preserva a vida dos homens que tens, pois (estes) são os homens mais leais. Não os sacrifiques em vão.

Chávez: – Eles estão todos dispostos a morrer aqui...

Fidel: – Sei, mas acho que posso pensar com mais serenidade que tu, neste momento. Não renuncies! Exige condições honrosas e garantidas. Não sejas vítima de uma felonia, porque penso que deves te preservar. Além disso, tens um dever com teus companheiros. Não te imoles! Não peças demissão! Não renuncies!

Chávez aceita o conselho de Fidel, que ainda o aconselha a só deixar o poder diante do Parlamento, a Assembleia Nacional, e na companhia de embaixadores dos países amigos. Estes mesmos embaixadores deveriam acompanhá-lo até o aeroporto internacional de Maiquetía, de onde seguiria para o exílio, em Cuba. Ele começa as gestões falando com os militares. Um deles era precisamente o general Manuel Antonio Rosendo, comandante do CUFAN (Comando Unificado da Força Armada Nacional) e responsável pelo Plano Ávila, a alternativa concebida pelo governo para contra-atacar tentativas de golpe, Manuel Rosendo, que já tinha sido cooptado pelos golpistas. Rosendo não responde. Por fim, o alto comando militar, depois de consultar o verdadeiro comando do golpe, os donos das TVs e jornalões, recusam as condições de Chávez e exigem que ele renuncie, sob pena de ter o Palácio Miraflores bombardeado.

Os barões midiáticos, naquele momento, já tinham se deslocado da casa de Cisneros para o QG Forte Tiuna, juntamente com o presidente da Conferência Episcopal, o arcebispo Baltasar Porras. Lá, obtêm o respaldo armado dos generais para a formação do novo governo. Este seria chefiado por Pedro Carmona Estanga, o presidente do órgão supremo do patronato, a FEDECÂMARAS. Carmona também se encontrava no QG e tomaria posse, em questão de horas, no já desocupado Palácio de Miraflores.

Impotente, Hugo Chávez concorda em ser levado ao Forte Tiuna, por dois dos generais que o tinham traído – Manuel Rosendo e Eliécer Hurtado Sucre. Lá, é solicitado a assinar a carta de renúncia. Recebe voz de prisão e é obrigado a trocar o uniforme militar, que vestia naquele momento, por trajes civis. Antes, ainda teve oportunidade de encarar seus algozes, cerca de 50 generais e almirantes e os representantes da Igreja Católica – monsenhores Balatasar Porras, presidente, e José Luiz Azuaje, secretário da Conferência Episcopal da Venezuela. Os dois prelados eram inimigos figadais de Chávez, mas estavam ali para resguardá-lo, a pedido do próprio presidente, que temia ser morto pelos golpistas. Travaram-se diálogos duros, tanto com os bispos, em conversa em separado com Chávez, como com os militares, como os reproduziu em seu livro, *Abril sem Censura*, o embaixador Germán Sánchez Otero, que tem acesso direto a Chávez e a Fidel, dos quais é velho amigo.

Germán era embaixador em Caracas, quando o golpe irrompeu e se viu um dos alvos do plano golpista cujo propósito era não só depor Chávez, como também detonar sua aproximação com Cuba e os países latino-americanos e caribenhos. Por isso, a embaixada foi assediada por uma ação orquestrada de agentes da CIA, a máfia cubana no exílio de Miami e membros da Polícia Metropolitana de Caracas, cujo prefeito, Alfredo Peña, era homem de ligações com Washington. Durante três dias, uma malta de desordeiros, que, em determinado momento reuniu cerca de mil pessoas, assediou a embaixada, gritando palavras de ordem contra o país vizinho, cortaram a água e a eletricidade, causando pavor particularmente entre as mulheres e crianças, parentes dos diplomatas, que lá se encontravam. Ainda danificaram os carros diplomáticos e jogaram coquetéis molotov. Germán Otero, que reagiu com bravura ao cerco hediondo, e é um escritor de mão-cheia, faz, em seu livro, um relato tocante do golpe contra Chávez e suas implicações, em termos continentais. O diálogo a seguir é altamente ilustrativo de um dos momentos culminantes da quartelada de Pedro Carmona:

Hugo Chávez: – Os senhores devem pensar na responsabilidade que estão assumindo perante a Venezuela e o mundo. Ratifico que não vou renunciar; sequer vou ler este papel, que já conheço. Já coloquei as quatro condições e não as aceitaram. Os senhores só têm uma alternativa: me matarem na prisão ou me fuzilarem!

General González González: – Não viemos aqui para discutir nada. Sabemos o que queremos fazer.

(Alguém clama) – Tem que matá-lo!

Hugo Chávez: – Bom, façam o que quiserem.

(Minutos depois, e a sós com os bispos Porras e Azuaje)

Hugo Chávez: – A Bíblia diz que não se pode estar bem com Deus e o diabo. Se tivesse de trair milhões de venezuelanos, preferiria a morte. Aconteça o que acontecer, carrego por dentro o clamor de um povo.

Baltasar Porras: – Que pena terminar com uma página como a de hoje, com essas mortes!

Hugo Chávez: – Estas mortes foram obra da oposição: Bandeira Vermelha, Ação Democrática e Polícia Metropolitana do prefeito Peña. Logo se conhecerá a verdade!

Os militares não aceitam as condições que o presidente impôs para renunciar: instalar uma sessão do Parlamento, garantias de que não haveria repressão, avião para sair do país com rumo a Cuba e espaço para falar na televisão. O sol já começava a raiar nessa manhã de 12 de abril de 2002. Pedro Carmona e o comando midiático, que estavam numa sala ao lado daquela onde se encontrava o prisioneiro Hugo Chávez e os generais. O comando golpista bate então o martelo e ordena a prisão indefinida de Chávez. Este fica algum tempo preso no Forte Tiuna, mas o início de protestos populares em frente à fortificação, leva os militares a transferi-lo para uma base distante da Marinha, em Triamo, de onde ele depois seria mandado para a ilha La Orchila.

É em Triamo que Chávez é abordado por um cabo da Guarda Nacional, responsável pela manutenção da casa prisão e cuja ação, dali para frente, vai mudar o rumo de sua vida. Mas, naquele momento, as nuvens se adensam e o presidente pensa que vai ser eliminado, fisicamente, inclusive para facilitar a vida do novo governo de Pedro Carmona Estanga, que vai começar dali a poucos instantes.

XVIII — A BREVE VITÓRIA DO EMBUSTE DEMOCRÁTICO

Com Hugo Chávez preso, incomunicável e, aparentemente, desativado, procedeu-se ao ato de instalação do novo governo. Não tardaria mais que alguns minutos para a nova ordem, constituída em nome da liberdade e da democracia, pretensamente subjugadas pelo ditador Hugo Chávez, mostrasse sua carranca mais despótica e voraz. No mesmo ato de investidura, o empresário Pedro Carmona Estanga, ungido presidente da República, derrogava, com uma só canetada, a Constituição federal, os poderes Legislativo e Judiciário, este tendo à frente o Supremo Tribunal, e os mandatos dos governadores de todos os 24 estados, dos deputados estaduais, dos prefeitos municipais e vereadores.

Sua investidura constituiu-se, na verdade, numa autojuramentação, procedida diante dos conspiradores concentrados no Miraflores, e não do Parlamento, como prescreve o rito constitucional, inclusive porque esse poder seria extinto. O ato igualmente determinava a remoção do nome de Bolivariana da denominação oficial, conferida pela Constituição de 1999, de República Bolivariana da Venezuela, para ficar somente República da Venezuela. Por sua vez, o quadro ostentando a figura de Simón Bolívar, o libertador, misteriosamente desaparecia do salão de honra, o Ayacucho.

Com aquelas medidas, os golpistas estavam determinados a dar vazão ao ódio acumulado e, sobretudo, garantir suas próprias imunidades legais, limpando o terreno para desencadear a repressão contra qualquer veleidade legalista, e que provocaria cerca de 70 mortos e centenas de feridos, nas 48 horas de sua efêmera duração. Para tanto, instauraram a mais implacável e desmedida repressão, como demonstrou a prisão e perseguição dos ministros, deputados e simpatizantes chavistas. Tudo era silenciado pela mais abrangente censura à imprensa, que vedava qualquer notícia ou menção a manifestações, atos públicos ou mera crítica construtiva ao golpe de Estado, fosse de forma individual, institucional ou popular.

Em outro ato insólito e controvertido na crônica dos golpes de Estado, o presidente, ato contínuo à autojuramentação, pediu aos presentes, no caso o *high society* venezuelano, autodenominado sociedade civil, ali presente, que assinasse a ata constitutiva, denominada oficialmente *Acta de Constitución del Gobierno de Transición Democrática y Unidad Nacional,* onde estavam os termos da dissolução dos outros poderes.

A assinatura no documento oficial era uma forma de assegurar o comprometimento de seus colegas de conspiração, pois Pedro Carmona não queria arcar sozinho com a responsabilidade daqueles atos despóticos, pretendendo, aparentemente, forçar, pela chantagem, a sua adesão automática ao novo regime. A ordem foi anunciada pelo Procurador Geral designado, Daniel Romero, outro chefe golpista e representante do ex-presidente Carlos Andrés Pérez, de quem foi secretário particular. Diante de Carmona, Romero foi taxativo: "Senhoras e senhores, com o fim de seguir adiante com este movimento de toda a sociedade democrática nacional, os convocamos a assinar, à saída deste recinto, o decreto que se acaba de ler, como adesão a este processo".

Mulheres perfumadas, portando joias exclusivas, e graves senhores, envergando seus ternos mais estilosos, viram-se constrangidos a pôr o próprio jamegão num documento altamente comprometedor. Político tem horror a assinar papel, e assinar justo a confissão de ter praticado um golpe de Estado, soava no mínimo uma insensatez. Alguns conseguiram desvencilhar-se da incômoda situação, saindo antes ou simplesmente fugindo do Salão Ayacucho, mas a maioria, cerca de 400, teve de deixar não só sua assinatura, como número de identidade, posição e endereço, como lhe exigia o protocolo.

O mestre de cerimônias chamou um por um e Pedro Carmona, como novo presidente, foi o primeiro a assinar. Depois, Carmona, sentado junto à mesa onde estava o documento, vigiou, cada aposição das assinaturas na ata oficial. Por ele, desfilou todo o comando visível do golpe, menos os seus verdadeiros autores, os chefões midiáticos, que deram um jeito de escafeder-se.

Outros não tiveram a mesma sorte, como o cardeal-arcebispo de Caracas, Dom Ignacio Velasco, o segundo convocado a assinar, logo depois de Carmona. Na qualidade de maior representante da Igreja Católica na Venezuela, Dom Ignacio emprestava naquele ato todo o peso da Santa Sé e sua história de dois mil anos. O cardeal, falecido, aos 74 anos, um ano depois do 11 de abril, quis depois negar sua assinatura, dizendo "não saber o que estava assinando" e que "o papel estava em branco". A solenidade era pública e foi irradiada, televisada e filmada, como mostra o vídeo reproduzido pelo Youtube, no endereço:

http://www.youtube.com/watch?v=Dn7ijF8vKPU

Em terceiro lugar, assinou Luis Henrique Ball Zuloaga, presidente de Conselho Empresarial Venezuela-Estados Unidos; em quarto, José Curiel, ex-governador do estado de Falcão e secretário do COPEI (Partido Democrata Cristão), em nome dos partidos políticos opositores; em quinto, Rocio Guijaro, representante das Organizações Não Governamentais (ONGs); em sexto, Miguel Angel Martinez Capriles, pelos meios de comunicação; em sétimo, Manuel Rosales, governador de Zulia, representante dos governadores opositores; em oitavo, Carlos Fernandez, vice-presidente da FEDECÂMARAS; em nono, Julio Brazón, pelo Consecomercio; em décimo, Ignacio Salvaterra, banqueiro, representando a associação dos bancos.

Com Chávez preso e incomunicável, aparentemente, se cumpria, o figurino clássico dos golpes militares latino-americanos, concebido nos sofisticados laboratórios dos serviços de segurança dos Estados Unidos, em colaboração com seus agentes nacionais: Primeiro, denunciar supostos abusos de direitos humanos, falta de liberdade de expressão, ainda que com toda a mídia à disposição para dizer o que quiser; depois, atacar violentamente os governantes e os atos por estes praticados; desestabilizar o regime, com greves, *lock-outs* e manifestações ensandecidas nas ruas; designar um homem de confiança para chefiar o governo; fechar ou amordaçar a justiça e o Parlamento; e, finalmente, desencadear a repressão, com assassinatos, torturas e a perseguição dos correligionários do governo deposto; imposição de censura absoluta à imprensa, que, em casos como no Brasil, pode durar até 20 anos.

Na Venezuela, porém, o velho *script* da CIA foi sobrepujado pelo povo organizado e soldados e oficiais leais à Constituição, que confrontaram e venceram pela primeira vez no mundo a tal força midiática. Reunidos em comitês bolivarianos de defesa da revolução, organizados pessoalmente por Hugo Chávez, meses depois de assumir o poder, em 2 de fevereiro 1999, os comandos populares chavistas tomaram as ruas, abandonadas pela ressaca golpista, exigindo a volta de Hugo Chávez. Nada daquilo, porém, era noticiado pelas grandes redes de TV e os jornalões. A televisão estatal tinha sido apreendida pelos novos governantes. Mas os chavistas tinham um trunfo, que funcionou à perfeição: os rádios e TVs comunitários e de bairro, que Chávez, no governo, cuidou de incentivar e desenvolver.

Já nas primeiras horas do *nouveau régime*, o ambiente de festa cedeu terreno ao clima tenso que passou a dominar entre os próprios apoiadores do golpe, como os governadores, deputados, juízes e altos funcionários dos três poderes. Depois da orgia cívica, eles se deram conta da monstruosidade do ato de Carmona. Com seus mandatos cassados, a Assembleia Nacional, representando o Parlamento, e o Judiciário fechados, eles se viram desmoralizados, pois não sabiam mais o que representavam, e, o que era mais concreto, estavam desempregados.

Mais ameaçador, porém, era o bramido popular que começou a emergir de pontos determinantes da capital e do interior, exigindo a volta de Chávez. Progressivamente, manifestações populares se formavam com a consigna de "Queremos Chávez, queremos Chávez", diante da PDVSA, do Forte Tiuna, dos canais de TV e do Palácio Miraflores. Por seu lado, comandantes de guarnições militares, que se consideraram ludibriados pelas cenas das mortes dos manifestantes na TV, e golpistas contrariados por não terem sido contemplados nas promoções do novo regime, começaram a se mover para manifestar sua inconformidade.

O surpreendente era que os grandes canais de rádio e TV assim como os jornalões, exercendo a autocensura[5] mais rigorosa, silenciassem completamente sobre aqueles eventos, que, não obstante, iam se avolumando até transformar as ruas adjacentes ao Miraflores numa maré humana.

Como isso pôde acontecer, era a grande pergunta que se faziam os observadores da Venezuela e do mundo inteiro. As reações populares partiram principalmente dos Círculos Bolivarianos de Defesa da Revolução, constituídos à semelhança dos Comitês Revolucionários Cubanos, que rechaçaram a invasão americana da Baía dos Porcos, em 1961. Formados e incentivados pelo próprio Chávez, os Comitês Bolivarianos, que se reuniam rotineiramente quase toda semana em cada bairro, para, em princípio, tratar dos problemas locais e encaminhar suas reivindicações ao governo nacional, também se dotaram de rádios e TVs comunitários. Esses instrumentos de comunicação aos poucos se transformaram em alternativas de entretenimento, informação e comunicação à grande mídia, que não reservava espaço para os problemas comunitários. Dotados de equipes de voluntários bem treinados em jornalismo, vídeos, músicas, esses veículos comunitários serviram como canais providenciais naquela situação de absoluto apagão informativo. A Cátia TV, localizada numa das favelas mais populosas do mundo e que leva o mesmo nome, o Rádio Perolo, e outros veículos alternativos souberam informar e preparar seus ouvintes e telespectadores para as manifestações que redundaram no resgate de Chávez e da revolução bolivariana.

Os comitês, por seu turno, que também funcionaram como

---

5. Censura interna promovida pela direção de um órgão informativo quando a notícia não é do interesse da empresa.

refúgio para os ministros e militares chavistas que conseguiram escapar da caça às bruxas desatada pelo regime, transformaram-se depois em comandos de ação contra os golpistas.

Paralelamente, alguns fatos que vieram à tona, primeiro pelas redes internacionais, e depois por um ou outro veículo que desafiava a censura, auxiliaram na preparação para o engajamento da população na luta legalista pelo resgate da normalidade democrática. No que faz lembrar a Campanha da Legalidade de Leonel Brizola no Brasil de 1961, quando os militares e a cúpula política quiseram impedir a ascensão do vice-presidente João Goulart, depois da renúncia de Jânio Quadros, foi reforçada pelo desmentido de que Chávez tivesse renunciado.

A versão midiática dizia que Chávez não só tinha renunciado como também demitido o vice-presidente Diosdado Cabello, seu substituto legal. Tratava-se de outra patranha dos que se julgavam donos da informação, semelhante àquela da autoria dos assassinatos da Ponte de Llaguno, que os chavistas viriam a desmascarar com o passar das horas.

Na verdade, o cabo da Guarda Nacional, Juan Bautista Rodríguez, que abordou Chávez na prisão, na base da Marinha de Triamo, de onde ele seguiria para La Orchila, pedira que o presidente deposto escrevesse um bilhete, de próprio punho, afirmando que não tinha renunciado e sim sido deposto. Como conta a jornalista opositora Berenice Gómez, em entrevista ao site infociudadano.com[6], de 11 de abril de 2011, o soldado saiu correndo de Triamo e foi entregar o bilhete ao general Isaías Díaz Baduel, Comandante da Brigada Paraquedista, em Maracay, que o distribuiu à imprensa internacional: "O bilhete me chegou por fax", disse Beariz, "quando estava (de cobertura) no Miraflores, e foi publicado pelo (jornal) Últimas Notícias, em primeira página".

---

6. Endereço da entrevista no infociudadano: http://www.infociudadano.com/2011/04/11/que-paso-el-11-13a-segun-berenice-gomez/

Ainda em Triamo, Chávez sente, como militar, que o ambiente está sendo preparado para executá-lo, não sabe ainda a forma, se por fuzilamento ou por obra de um frio assassino profissional, e pede a um dos soldados um celular para se comunicar com a família. Fala primeiro com a filha Maria Gabriela Chávez e depois com a esposa Maria Isabel Rodríguez: "Liga para o Fidel e diz que eu não renunciei e que querem me matar". Maria Gabriela consegue falar com Fidel, que a convida a dar uma entrevista a Randy Allonso, do programa Mesa Redonda, transmitido pela TV Cubana e a Telesur. A entrevista é pouco depois retransmitida pelas redes internacionais, inclusive a CNN, rompendo assim, o cerco da censura da mídia venezuelana.

A notícia, ainda censurada na mídia nacional, começa a circular pelos rádios e TVs comunitários e o rádio *bemba*, como os venezuelanos chamam o nosso "boca a boca". E se transforma na faísca que faltava para incendiar o país como um pavio. Paralelamente, na volúpia de poder, os golpistas se desentendem entre si, abrindo a guarda e favorecendo a reação chavista que, com o apoio de enormes contingentes populares, se dirigem ao Forte Tiuna e ao Palácio Miraflores. Em Maracay, sede da brigada paraquedista, o povo acode à divisão militar para apoiar o general Baduel, que se declarou em rebelião ao golpe.

Na proporção que a tensão aumenta, o presidente Pedro Carmona, já na manhã do segundo dia de governo, sábado, 13 de abril, convoca ao palácio o comando midiático para dar o alarme: a situação está ficando perigosa, adverte, depois de pedir a seu ministro da Defesa, vice-almirante Héctor Ramírez Pérez, para fazer uma exposição do quadro político aos donos de TVs e grandes jornais: Alberto Federico Ravel e Guillermo Zuloaga, da Rede Globovisión; Gustavo, Ricardo e Guillermo Cisneros, da Venevisón; Omar Camero, Televen; Marcel Granier, RCTV; Andrés Mata Osorio, do El Universal; Miguel Henrique Otero, El Nacional; Andrés de Armas, Bloque de Armas; e Patrícia Poleo, do Nuevo País.

Aturdidos pelas dimensões que assumem as movimentações antigolpe, os barões midiáticos sugerem abrandamento nas medidas discricionárias, como a abertura da Assembleia Nacional e a reinvestidura de alguns governadores. Tarde demais, eles não têm sequer tempo de formular suas ideias, pois precisam sair às pressas do gabinete presidencial: já tinha começado a retomada do palácio pelo comandante da Guarda de Honra. Deslocam-se então, também na companhia de Carmona, para o QG de Forte Tiuna, junto com um grupo de generais. Da rua, eles já ouvem o alarido clamando pela volta de Hugo Chávez e tratam de encontrar esconderijo seguro.

Enquanto isso, a cúpula militar tenta negociar. Já divididos, os generais aceitam, em princípio, a ideia de reabertura do Parlamento e designa uma comissão de três representantes, liderada pelo cardeal Ignacio Velasco, para tentar convencer Chávez a assinar a renúncia e facilitar seu retorno para Cuba. Ao mesmo tempo, os paraquedistas levantados, com o apoio do povo nas ruas, em Maracay, decide enviar uma esquadrilha de três helicópteros, sob o comando do general Alí Uzcátegui, para resgatar o presidente aprisionado na Orchilla.

A comissão dos golpistas chega um pouco antes da esquadrilha. Sem comunicação, Chávez, recebe a comissão liderada pelo cardeal Ignacio Velasco, o general Godoy Peña e o coronel e advogado Julio Rodríguez Salas. Embora, incomunicável, Chávez pressente a maré crescente em favor de seu retorno ao poder, tenta ganhar tempo, e chega a escrever de próprio punho um esboço, depois espalhado pelo mundo pelo Wikileaks, em que concorda em abandonar o cargo. Antes, pede para falar a sós com o cardeal:

– Como é possível, monsenhor, que a Igreja Católica tenha aceitado este golpe, que vai contra os preceitos de Cristo? Os senhores pisotearam a Constituição, dissolveram a Assembleia Nacional, o Tribunal de Justiça...

Sem jeito, o cardeal tenta conciliar.

– Bem, Chávez, você tem que pensar no país...

– Sim, só estou pensando no país, precisamente, nunca deixei de fazê-lo.

A manobra de Chávez para despistar a comissão golpista dura pouco, porque dali a alguns minutos chegam os helicópteros para resgatá-lo. Assustados, os conjuras, naturalmente receando serem vingados, recebem de Chávez o conforto da segurança:

– Não se preocupem. Venham comigo, estão resgatados.

No Miraflores, já retomado pelos militares e ministros constitucionais, o vice-presidente Diosdado Cabello, que estava foragido, é investido temporariamente como presidente até o retorno de Chávez. A cerimônia é breve e feita diante do presidente da Assembleia Nacional, William Lara, que já estava em palácio. Terminava assim a aventura do primeiro golpe tipicamente midiático na história da humanidade, determinada pela ação cívico-militar decisiva do povo, que desceu dos bairros para resgatar o presidente, apesar da sabotagem da mídia hegemônica, que tudo ocultava e difundia imagens de Pedro Carmona como presidente, quando na verdade este havia sido destituído fazia algumas horas.

XIX — A animosidade dos Estados Unidos

A animosidade nos Estados Unidos contra Hugo Chávez parece ser algo muito mais profundo e enraizado, do que refletem eventuais manifestações da direita raivosa ou de destemperos, como aquele do pastor pentecostal Pat Robertson. Como se sabe, Robertson defendeu o assassinato do líder bolivariano, em seu programa de televisão, 700 Club, (Clube 700, retransmitido no Brasil pela Rede 21), em 22 de agosto de 2005, "por ser (o serviço) mais barato do que fazer uma guerra" (à Venezuela).

Aí se misturam preconceitos de toda natureza, sobretudo racial, por ser Chávez um mestiço de índio, branco e negro, como grande parte da população de seu país e da América Latina e Caribenha. Um exemplo dessa prevenção é o sentimento manifestado pelo ex-presidente George W. Bush, que se referia a Chávez como um "assaltante de rua" (*street thug*, em inglês), como conta a ex-secretária de Estado, Condolezza Rice, em seu livro de memórias *No Higher Honor – A Memoir of My Years in Washington*, ainda não traduzido no Brasil. Só que Condolezza, uma prestigiosa scholar afrodescendente com certo perfil moderado, vai mais longe, ao expressar neste mesmo livro: "Eu acho que ele (Chávez) ainda pode ser pior do que isso, pois tem a impulsioná-lo um rude carisma".

Igualmente, o ex-presidente Bush, que conviveu com Chávez nos oito anos que passou na Casa Branca, mesmo em tom mais contido, refere-se ao bolivariano como "ditador anti-americano", no seu livro *Decision Points*. No livro, Bush não esquece a descompostura que Chávez lhe fez numa sessão da Assembleia Geral da ONU, em Nova York, ao assinalar: "Já fui chamado de nazista, criminoso de guerra e do próprio Diabo. Este último (epíteto) veio de um líder estrangeiro, o presidente da Venezuela, Hugo Chávez".

Pat Robertson depois pediu desculpas a Chávez que as aceitou. O presidente hoje diz compreender as ofensas dos líderes norte-americanos, que atribui a uma campanha sistemática para demonizá-lo, tanto nos Estados Unidos, como na Europa e no resto do mundo. Ele se considera vítima da "máquina bestial", como descreve o complexo militar-industrial, que tem na mídia seu cavalo de batalha.

Agora, pior do que esses juízos de valor, como assevera, é o que considera a interferência escancarada dos Estados Unidos na máquina estatal venezuelana. Conta, a propósito, que a primeira briga que teve com Bill Clinton, o presidente que antecedeu George Bush, e conviveu alguns meses com Chávez no Miraflores, foi por causa de uns navios carregados de munições e soldados americanos que pretendiam desembarcar nas costas venezuelanas.

O fato aconteceu, segundo Hugo Chávez, na tragédia de Vargas, estado mais afetado pela tempestade de 1999, que fez muitos mortos e danificou sobremaneira a produção agrícola e industrial: "Eu leio num jornal que dois navios zarparam dos Estados Unidos para ajudar os desabrigados, com 600 ou 800 soldados a bordo. Eu disse: 'Veja, estão loucos! Eu não pedi que os marines viessem para cá'. E me pus a averiguar (e descubro) que (o autor do pedido) foi o nosso ministro da Defesa, que depois se revelou um agente da CIA. Imaginem, que estou vivo por um milagre".

Chávez explicou que ele foi seu primeiro ministro da Defesa, que depois enviou como embaixador para Espanha: "Veja como isto pode acontecer", ele relatou numa solenidade militar, em 2010, "Ali estava eu, rodeado de agentes da CIA, (a começar) pelo ministro da Defesa, que nomeava todos os comandantes de tropa".

Detalhando o ocorrido, Chávez disse que foi o ministro que havia enviado uma carta, por escrito, sem o conhecimento do presidente da República, comandante supremo das forças armadas e superior hierárquico dele, pedindo apoio "ao embaixador *yankee*": "Então, eles decidiram, com base nisso, enviar dois navios. Recordo que disse ao Sr. Ministro: 'Não o destituo, porque estamos no meio de uma tragédia'. E exigi que os barcos fossem devolvidos".

Golpe Midiático

Mídia mundial pediu a cabeça do presidente. (*Correo del Orinico*)

A mídia venezuelana não deixou por menos. (*Correo del Orinico*)

A brasileira *Veja* se precipitou. (Foto: Reprodução)

A correção da Veja na edição posterior. (Foto: Reprodução)

A Integração

Chávez, Lula e Néstor Kirchner, na Granja do Torto, em Brasília, em 19/01/2006. (Foto: Ricardo Stuckert/PR)

Daniel Ortega entre o rei Juan Carlos e Chávez, no episódio do *Por que no te callas?*, em 2007. (Reprodução do Youtube)

A Integração

Rafael Correa, Lula e Michelle Bachelet, em 2009.
(Foto: Ricardo Stuckert/PR)

Lula, Evo Morales e Sebastião Piñera, em 2010.
(Foto: Ricardo Stuckert/PR)

Os laptops nas escolas públicas da Venezuela. (*AVN*)

Painel dos 20 aviões da Embraer vendidos à venezuelana Conviasa. (*AVN*)

A Integração

O nó com Cuba, vem desde 1994 e teve momentos difíceis, como Chávez visitando Fidel no leito hospital, e Fidel cuidando de Chávez, ou inspeções militares, demonstrando poder. (Fotos: cubadebate.com)

Os três operadores brasileiros da Integração: Celso Amorim, Marco Aurélio Garcia e Samuel Pinheiro Guimarães. (*Agência Brasil*)

FESTA NO MERCOSUL

Chávez, Dilma, Cristina e Mujica se dão as mãos em regozijo pelo Mercosul, no Palácio do Planalto, em 31/01/2012 (Foto: Roberto Stuckert/PR)

Do que eles estão rindo: do drible no golpe paraguaio ou da vinda de Chávez? (Foto: Roberto Stuckert/PR)

Festa no Mercosul

Presidenta Dilma recebe Chávez na rampa do Planalto para o protocolo do Mercosul (Foto: Roberto Stuckert/PR)

Primeira reunião do novo Mercosul, já com Hugo Chávez (Foto Roberto stuckert/PR)

A Quarta Vitória

Chávez encerra a campanha em plena chuva e o povo se espraiando por sete avenidas de Caracas. (Foto: *AVN – Agencia Venezolana de Noticias*, 04/10/12)

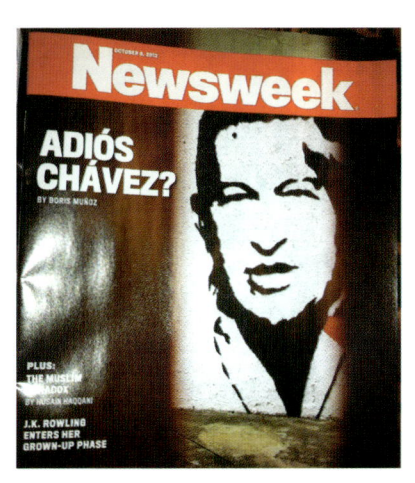

A *Newsweek* só ficou na vontade. (Foto: Reprodução)

A Quarta Vitória

A manipulação da TV *France 24* ficou mais de 10 horas no site. (Foto: Reprodução)

Hugo Chávez hasteia a bandeira antes do discurso da vitória. (Foto: *AVN – Agencia Venezolana de Noticias*, 07/10/12)

Ocorre que o presidente Clinton lhe telefonou:

– Olhe, já mandamos os navios, em que mais posso servi-lo?

– Veja, presidente, lamento muito, mas não pedi apoio, nem navios nem marines.

– É, mas isso chegou aqui.

– Ah, sinto muito...

– E o que faço com os navios?

– Bom, eles terão de voltar.

Hugo Chávez, que contou o episódio aos militares, na época de outra tragédia que afetou o Haiti, com mais de 200 mil mortos, em 2010, sugeriu que os navios americanos vinham na verdade como força de ocupação: "Agora, no Haiti, desembarcam milhares de homens armados, como se fossem para uma guerra, com fuzis, capacetes de aço, do mesmo jeito que desembarcam no Iraque, no Afeganistão".

Coincidência ou não com o caso venezuelano, o fato é que, quando o brasileiro Leonel Brizola, assumiu o governo no Rio Grande do Sul, em 1959, aos 37 anos, encontrou em sua mesa um protocolo para assinar, pelo qual, prorrogava um acordo do governo gaúcho com os Estados Unidos. Tal expediente destinava-se a prover equipamentos à Secretaria de Polícia para proteger a ordem pública, em troca dos fichários de prisioneiros e suspeitos. Brizola percebeu a manobra e ficou quieto, mas chegou a ser cobrado, inclusive de público, uma vez que o Rio Grande "necessitava" dos equipamentos. Como se recusou a fazê-lo, atraiu contra si todo o poderio da "máquina bestial", a que se referiu Hugo Chávez. Mas hoje isto parece ter cheiro de passado e os antes submissos dirigentes latino-americanos parecem hoje mais voltados para a busca da unidade e da integração.

XX — Surge uma nova Argentina

A aliança com a Argentina constitui uma das grandes prioridades da política de integração latino-americana visualizada por Hugo Chávez. Segundo maior em população e importância econômica e tecnológica, esse país ocupa posição estratégica no continente. Mas, mais que a economia e a geografia, o que fascina Chávez é a longa tradição de política popular e nacionalista, inaugurada por Hipólito Hirigoyen na década de 1920 e enfatizada por Juan Domingo Perón, no período do pós-guerra. Chávez admirava particularmente o general Perón e fazia questão de repetir: "Eu sou peronista. Identifico-me com este homem e este pensamento de que nossos países deixem de ser feitorias do imperialismo". A frase, reiterada numa recepção à presidenta Cristina Kirchner, no Palácio Miraflores, em 5 de março de 2008, veio em resposta à saudação de Cristina, quando esta enfatizou: "A Argentina e a Venezuela são dois países de absoluta e necessária complementaridade".

Foram muitos os encontros de Chávez com Cristina e Néstor Kirchner, juntamente com seus ministros, que redundaram em centenas de acordos, visando à cooperação, ou, como quer a presidenta, à complementaridade em muitos setores, inclusive na área alimentar e energética: A Venezuela, nadando em petróleo e a Argentina se municiando para alimentar 500 milhões de pessoas.

Com efeito, aquele encontro de Caracas era apenas a continuidade de uma sólida relação, iniciada com Néstor Carlos, marido e antecessor de Cristina. Logo que é empossado na Casa Rosada, em maio de 2003, o primeiro Kirchner está convencido de que não poderá seguir a política de linha conservadora de seus antecessores, os quais se fingiam de peronistas. Eles tinham afundado o garboso país platino com o neoliberalismo de Carlos Menem, o presidente que propunha "relações carnais" com os Estados Unidos, e a postura incerta de Eduardo Dualde. O país tinha sido isolado do mundo com a moratória, em 2001, depois que o povo se levantou contra as políticas recessivas e botou abaixo cinco presidentes em questão de dias.

Ousado e determinado, Néstor Carlos Kirchner anunciou ao mundo que ia pagar a dívida, mas dentro das possibilidades do país, que, no seu entendimento, era de 25% do que era cobrado. Entre perder tudo e receber os 25% de um débito inflacionado por eles mesmos, os credores, em sua grande maioria, aceitam a proposta. O negócio é fechado e a Argentina pôde respirar.

Infelizmente, a Grécia e outros países periféricos da Europa, grandes vítimas do neoliberalismo ainda arraigado na Europa de 2012, por não disporem de lideranças consequentes e corajosas, não puderam fazer o mesmo, quando os senhores da Comunidade Europeia submeteram aquelas populações às condições mais ultrajantes: diminuição dos salários, suspensão de benefícios e pensões, aperto financeiro e uma taxa de desemprego que, só na Espanha, chegou a 24,3%, sendo que mais de 50% entre a população de 20 a 25 anos.

Kirchner era na verdade um matuto da Patagônia, de onde tinha sido governador da distante e gelada província de Santa Cruz, acreditando as cúpulas políticas de Buenos Aires, que seria mais um joguete em suas mãos. Mas Néstor tinha conhecido Cristina Wilhelm Fernández, a moça mais bonita da turma, e ele, o marmanjo mais desengonçado, com aquele olho aguçadamente estrábico, na juventude peronista. Ambos estudavam direito na Universidade de La Plata, a 100 quilômetros de Buenos Aires e a milhares de Santa Cruz e lá se tinham casado não ao som da marcha nupcial de Mendelssohn e sim da marcha peronista:

Los muchachos peronistas
todos unidos triunfaremos,
y como siempre daremos
un grito de corazón:
¡Viva Perón! ¡Viva Perón!

*Por ese gran argentino
que se supo conquistar
a la gran masa del pueblo
combatiendo al capital.*

Os anos de chumbo da bestial ditadura que se abateu sobre o país, a partir de 1976, adiaram os sonhos políticos dos dois pombinhos. Tiveram de refugiar-se na inóspita Santa Cruz, terra dos Kirchner: o pai, também Néstor, descendente de suíços, e a mãe, Maria Ostoic, chilena, com ascendência croata. Lá advogaram, ganharam dinheiro e entraram na política. Não a revolucionária que planejaram na universidade, mas a rasteira e provinciana, como qualquer santacruceño. Atuando sempre em dupla, Néstor elegeu-se prefeito de Rio Gallegos, a capital, em 1987; dois anos mais tarde, Cristina, deputada provincial; em 1991, ele se sagra governador, e, em 1995, ela vira senadora. Em 2002, Néstor Kirchner elege-se presidente da República, com apenas 22% dos votos, obtidos no primeiro turno. Seu competidor, o ex-presidente Carlos Menem, percebendo que ia perder no segundo turno, desiste da competição, e Kirchner é declarado vencedor.

Começa a era dos Kirchner ou do kirchnerismo, uma versão de peronismo dos novos tempos, mas sem trair os pressupostos básicos do nacionalismo e da justiça social. A coerência, o pragmatismo e o integracionismo logo o aproximariam de Hugo Chávez. Este acabava de ser testado e quase novamente defenestrado pelo funesto *paro petrolero*, um *lock-out* generalizado que havia sobressaltado a Venezuela durante 62 dias.

A Argentina estava arruinada, deprimida e quebrada. Os governos que sucederam o desastrado Fernando De La Rúa, o presidente eleito por uma coalizão liderada pela União Cívica Radical, tradicional adversária dos peronistas e deposto pelo povo nas ruas, se perderam nos compromissos políticos e pessoais, afundando ainda mais o país. Kirchner tinha outra cabeça e de imediato passou a enfrentar não apenas a questão da dívida externa, como a corrupção, os atentados aos direitos humanos e a recessão econômica, visando à soberania e ao crescimento com inclusão. Na negociação com os credores, foi crucial a ajuda de Hugo Chávez, que, ao ver a Argentina chantageada pelos banqueiros, que impunham exigências absurdas de mais privatização e aperto fiscal, comprou uma parte dos bônus da dívida, num total que pode ter chegado a 10 bilhões de dólares. Na verdade, o aporte da dívida era apenas o mais vistoso de uma infinidade de intercâmbios que os dois países começaram a concretizar para, sem as imposições do FMI e outros organismos internacionais, viabilizar seus projetos nacionais de desenvolvimento.

A troca de petróleo por alimentos, a realização de obras públicas, fabricação de navios, usinas de beneficiamento de leite, milho e outros produtos cumpriam uma meta: favorecer e impulsionar a integração produtiva, a transferência de tecnologia e o fomento dos intercâmbios econômicos e comerciais. Com Cristina Kirchner, que assumiu o poder das mãos do marido, em 2007, as negociações se intensificaram. Em Buenos Aires, em 2011, eram construídos para a Venezuela 50 navios-tanques, 10 rebocadores e 6 navios-tanques carregadores, em virtude de um dos 14 acordos assinados entre os dois presidentes, em dezembro de 2009, por ocasião de outra visita do presidente bolivariano.

O jornalista Edgardo Esteban, um combatente embarcado para lutar na guerra das Malvinas como soldado, observa que a ascensão dos presidentes progressistas coincidiu com o fortalecimento dos movimentos sociais, os quais, com as facilidades da internet, puderam facilitar e assegurar muito das políticas de integração.

Esteban, um dos principais correspondentes da rede Telesur, com base em Buenos Aires, lembra que a mídia hegemônica de seu país se recusava a divulgar os resultados do novo intercâmbio com a Venezuela, sobretudo no crescimento do emprego e no crescimento econômico. O vazio foi ocupado, segundo ele, pela mídia governamental e pelos movimentos estudantis, de juventude, do campo, associações de bairro que se encarregaram de difundir e aprofundar todos aqueles avanços, juntamente com o debate sobre a nova Lei dos Medios (mídia), que seria aprovada pelo Congresso, em 2009: "A grande mídia percebeu que não mais ditava a agenda política, que agora se pluraliza e se democratiza, inclusive para defender os dirigentes nacionais de tentativas de desestabilização ou de qualquer outro movimento fora dos limites constitucionais".

Dessa maneira, Néstor, havia sedimentado uma base social, quando entregou o poder a Cristina Kirchner, em 2007. Ali, seguiu para uma nova e mais abrangente missão: segundo um entendimento de todos os 12 países-membros, foi designado secretário-geral da União das Nações Sul-Americanas, a UNASUL, o organismo multilateral máximo da integração do subcontinente. Também projetado por Chávez, com a participação ativa do presidente Luis Inácio Lula da Silva, do Brasil, e do próprio Néstor, a UNASUL, logo assumiu as tarefas de defesa dos interesses daqueles países, sobrepujando a carcomida OEA, que vivia mais para servir aos Estados Unidos e por isso foi apelidada de "o ministério das colônias".

Néstor arregaçou as mangas para institucionalizar a UNASUL, começando por obter dos países-membros a oficialização da nova entidade pelos respectivos parlamentos e por atuar diretamente nas emergências regionais, como os atentados contra a democracia, primeiro na Bolívia, depois em Honduras e Equador. Sua experiência internacional e a amizade pessoal com todos os chefes de Estado da região, permitiram que as reuniões dos presidentes fossem convocadas em questões de horas, em qualquer das capitais, para intervir nos problemas, sem pedir permissão a Washington, como ocorria na época do reinado da OEA. Mas a saúde do ex-presidente, que já era frágil, não suportou seu intenso ritmo de trabalho, duplicado com a UNASUL, e ele veio a falecer repentinamente, ao lado de Cristina, em 27 de outubro de 2010, em seu recanto El Calafate, na província natal de Santa Cruz. Seu projeto com Cristina e Chávez para a Argentina e a América Latina não sofreram abalos, inclusive porque fazia parte de um plano de nação e de unidade latino-americana, que vinham desde a estudantada, em Mar del Plata, como verificaremos adiante.

XXI — Ley dos Medios, Papel Prensa e Reforma Política

Os primeiros meses de governo já tinham revelado a Néstor, instalado no poder, em 25 de maio de 2003, que nenhum projeto nacional soberano se viabilizaria com a manutenção do monopólio privado dos meios de comunicação. Ainda que tivesse uma aproximação com o grupo mais poderoso, o Clarín, que apoiara sua candidatura, o presidente sentiu-se refém das exigências daquela e de outras empresas comunicacionais privadas.

Habituadas a lidarem e tutelarem presidentes servis, inclusive porque tinham sido por elas respaldados, estas empresas, transformadas em verdadeiras corporações transnacionais, exigiam que os programas de governo fossem condicionados a seus interesses específicos de mais e mais lucros, tanto comerciais como políticos, e aos mandamentos da cartilha do FMI: política fiscal rigorosa, priorização para o pagamento da dívida e mais privatizações, o que resultava em corte dos gastos, arrocho salarial, aumento do desemprego, crescimento da pobreza e diminuição dos investimentos públicos.

Nos dois primeiros anos, ele ainda conseguiu conviver com esta situação e até avançar em sua política de crescimento com inclusão, o que foi possibilitado, em boa medida, pela reestruturação da dívida externa e a política de aproximação com os países vizinhos, sobretudo o Brasil e a Venezuela. Mas já a partir do terceiro ano, ele sentiu que os setores midiáticos, por não terem sido atendidos em seus desígnios, desencadearam uma campanha de desestabilização, que, não fora a firme determinação, sua liderança e o apoio popular de que desfrutava, teria sucumbido antes de terminado o mandato, em 10 de dezembro de 2007.

Tal campanha era sustentada por uma grande operação de descrédito e achincalhe de sua administração e de linchamento moral do presidente, de sua família, de seus ministros. Com todos os meios de comunicação privados mobilizados para desacreditar o governo, a mobilização ainda compreendia o estímulo a greves e tumultos no serviço público, sobretudo o metrô, cujas assembleias de funcionários eram transmitidos ao vivo pela TV e objeto de manchetes nos grandes jornais.

A primeira alternativa tentada por Kirchner foi reforçar a TV Pública, o tradicional Canal 7, a primeira emissora de TV, fundada por Eva Perón, em 1950. Mas esta se revelou impotente, mesmo tendo assumido a transmissão dos jogos de futebol, acabando o monopólio privado no setor, e tornando as partidas livres e gratuitas, tanto na TV a cabo quanto na TV aberta. A audiência da mídia privada continuava superior a 90% e com uma octanagem destrutiva capaz de varrer qualquer programa de governo progressista.

Aos trancos e barrancos e priorizando a inserção popular, através dos vários movimentos sociais e uma presença constante nas ruas, Néstor Kirchner também partiu para o confronto com a mídia, algo até ali impensável na moderna política argentina. Utilizou com maestria e coragem todos os parcos espaços que lhe restavam, pichações de muros, *outdoors*, cartazes, volantes, exatamente como antes da massificação dos meios de comunicação. Através desses instrumentos artesanais e de uma retórica contundente, Kirchner pôde informar à população a diferença que fazia seu governo e os seus êxitos administrativos, como o crescimento econômico de quase 10%, contra uma contração anterior que chegou a 22%, a redução do desemprego de 23% para 10%, os avanços que produzia em outros setores chaves e a retomada da confiança no país. Kirchner ainda denunciou os dirigentes midiáticos como coniventes e sócios da ditadura, do poder econômico e do neoliberalismo, em suma como a raiz dos males que vinham há tempos afundando o país.

Em consequência, Néstor, não só terminou seu mandato com alta popularidade, como fez sua sucessora a própria esposa Cristina, uma senadora conhecida por uma convincente oratória e que depois se revelaria como exímia executiva, com uma votação suficiente para torná-la vencedora já no primeiro turno da eleição, em 28 de outubro de 2007.

Os primeiros meses de Cristina na Casa Rosada foram difíceis, inclusive porque a mídia não lhe dava tréguas. Pude constatar isso, pessoalmente, quando estive em Buenos Aires, em novembro de 2008. No trajeto do aeroporto para o hotel, no centro da cidade, os rádios do táxi, despejavam uma torrente de ataques e ofensas à presidenta e a seu marido, os acusando particularmente de enriquecimento ilícito. O motorista se sensibilizava com as críticas e tomava-se de indignação:

Son unos ladrones, deberían estar presos!, dizia ele, sem, logicamente, atentar – e nem poderia ser de outra maneira – para o interesse oculto daquelas notícias, que era fazer voltar o neoliberalismo e toda a sua carga de problemas sociais, mas que era uma garantia de lucros financeiros e políticos para a mídia. Tentei chamar-lhe à razão, perguntando se a vida ali não estava melhor do que antes, mas ele estava possuído de uma ira santa, ainda que admitisse a melhoria em muitas coisas do país depois dos Kirchner: ele estava tendo mais corridas de táxi para fazer, os filhos tinham escola garantida e o desemprego estava baixando. Foi aí que percebi quão a população pode ser manipulada e levada até o ódio contra uma situação que até lhe beneficiava do ponto de vista individual. Disse para mim: os Kirchner estão perdidos e podem ser defenestrados a qualquer momento. Os ataques seguiram num crescendo ameaçador, atingindo uma escalada propícia a gerar uma comoção popular, capaz de levar de roldão governo e instituições, como tantas vezes já tinha acontecido na história daquele país de sangue quente, como dizemos por aqui.

É quando o governo decide agir, centrando sua estratégia no enfrentamento ao monopólio da mídia, que, na Argentina, através do Grupo Clarín, era ainda mais gritante do que o da *Globo*, no

Brasil. O Clarín tinha o monopólio total da internet, da TV a cabo e grande parte da TV aberta, dos rádios e da imprensa escrita.

A estratégia governista compreendia três alvos:

1) a instituição de uma nova lei de democratização dos meios de comunicação, em substituição à lei de Radiodifusão, de número 22.285, de 1980, promulgada pelo chefe da Junta Militar, general Jorge Rafael Videla. Nesta tarefa, o ditador foi pessoalmente assessorado pelos donos dos conglomerados midiáticos, à frente o Clarín, o jornal La Nación, de velha tradição golpista, e La Razón, outro jornal conservador que depois faliu e foi engolido pelo Clarín.

2) Uma reforma política para coibir o caos derivado da existência de cerca de 700 legendas partidárias, na maioria sujeitas ao controle e à manipulação dos meios de comunicação e das oligarquias rurais e urbanas.

3) A regulamentação da fabricação, comercialização, distribuição e importação do papel de impressão, com especial ênfase na fábrica Papel Prensa, também instalada na ditadura, e controlada pelo Clarín, apesar da participação minoritária líder do governo.

Néstor Kirchner ainda estava vivo e atuava duplamente como secretário-geral da UNASUL, no exterior, e, internamente, como principal articulador político. Ele acabara de conquistar uma cadeira de deputado na eleição de meio mandato, em que é renovada a metade da Câmara e um terço do Senado, e realizada em 28 de junho de 2009. Nesta eleição, o governo perdeu por pouco a maioria nas duas casas, embora conseguisse se manter num frágil equilíbrio com as forças da oposição, que pareciam em ascensão irreversível.

Antes que a nova maioria oposicionista assumisse, em 10 de dezembro de 2009, a presidenta Cristina envia ao Congresso, primeiramente, o projeto da nova lei da mídia e, em seguida, a da reforma política. Ela deixaria para 2011 a denúncia contra os controladores da Papel Prensa – Clarín e La Nación –, por crimes de lesa-humanidade praticados juntamente com a ditadura, em 1978, na transação de compra da fábrica.

Inicialmente desacreditado e até motivo de pilhéria, em face da posição de fragilidade do governo, o projeto da lei de mídia, na verdade avaliado e discutido em reuniões abertas aos vários setores da sociedade, e promovidas no país inteiro, foi ganhando corpo até ser aprovado, e sancionado, no prazo recorde de dois meses, em outubro de 2009.

Sob o número 26.522 e o nome oficial de Lei de Serviços de Comunicação Audiovisual, de 10 de outubro de 2009, a *Ley dos Medios*, (Lei da Mídia, em português), como ficou conhecida, reparte, igualmente, o espaço radioelétrico, em três setores da sociedade: um terço para a iniciativa privada, de caráter comercial e lucrativo; um terço para a comunidade (movimentos sociais, sindicatos, igrejas, universidades e fundações, sem fins lucrativos); e um terço para o governo, nos seus âmbitos federal, provincial e municipal.

A partir dali, "a comunicação audiovisual, em qualquer de suas modalidades", passou a ser uma atividade social de interesse público, de caráter essencial para o desenvolvimento sociocultural da população", como dita a lei. E por esta atividade deverá "se exteriorizar o direito humano inalienável de expressar, receber, difundir e investigar informações, ideias e opiniões sem qualquer tipo de censura".

Para impedir a formação de monopólios e oligopólios, a lei fixa tetos para a quantidade de licença e por tipo de veículo. Assim, um mesmo concessionário só poderá ter uma licença de serviço de comunicação audiovisual por satélite; até 10 canais sonoros, de televisão aberta ou a cabo (a lei antiga previa até 24) e até 24 licenças de radiodifusão por assinatura.

A lei ainda cuidou de limitar o espaço geográfico, ao especificar que nenhum operador poderá controlar mais de 35% do total da população do país ou dos assinantes. Por sua vez, quem administrar um canal de televisão aberta não poderá ser dono de empresas de distribuição de TV a cabo na mesma localidade, e vice-versa. Finalmente, as companhias telefônicas ficaram impedidas de fornecerem serviços de televisão a cabo.

Outra preocupação da lei foi avaliar periodicamente as licenças concedidas aos rádios e TVs, cuja duração foi reduzida de 15 para dez anos, prorrogáveis por mais dez anos, mediante prévia realização de audiências públicas. Aquele que haja obtido uma renovação ou prorrogação, não poderá solicitar uma nova extensão do prazo a qualquer pretexto. Ao mesmo tempo, essas licenças serão controladas a cada dois anos, para evitar que, com a incorporação de novas tecnologias, como a digitalização, um concessionário multiplique seus canais, o que geraria uma nova forma de concentração.

Para garantir a sua aplicação, a Lei da Mídia criou a Autoridade Federal de Serviços de Comunicação, AFSCA, órgão autárquico e descentralizado, com a função de aplicar, interpretar e observar o seu cumprimento. Sua direção é composta de um presidente e um diretor designados pelo poder executivo, três diretores propostos pela Comissão Bicameral de Promoção e Seguimento da Comunicação Audiovisual, correspondendo um à primeira minoria, um à segunda minoria e um à terceira minoria parlamentar; e dois diretores indicados pelo Conselho Federal de Comunicação Audiovisual. Existe ainda um Conselho Federal cujos membros vão representar os concessionários privados, as emissoras universitárias, os veículos públicos e os trabalhadores.

Finalmente, a lei criou a Defensoria do Público de Comunicação Audiovisual, organismo, cujos membros são designados por resolução conjunta dos presidentes da Câmara e do Senado, encarregado de receber e canalizar consultas, reclamações e denúncias do público de rádio e TV. Uma série de embargos judiciais, inspirados pelos grandes conglomerados, conseguiu impedir, por mais de dois anos, a aplicação de alguns itens da lei, inclusive o artigo 161, que obriga os donos de empresas a desfazer-se de seus bens para adequar-se às novas regras, mas o governo conseguiu junto ao Supremo sua plena vigência, em maio de 2012.

A Lei da Mídia, no entanto, ficaria capenga se não houvesse uma reforma que atacasse as velhas e corruptas práticas eleitorais, com as quais o poder econômico controlava cada centímetro de poder na Argentina. Incansável, Cristina foi novamente à luta e se transformou num dos primeiros chefes de Estado a impor regras em consonância com os interesses coletivos e não das oligarquias.

Em 2 de dezembro de 2009, o Congresso aprovou a Lei de Democratização da Representação, Transparência e Equidade Eleitoral, com base em projeto do Executivo, elaborado de acordo com Diálogo Político, do qual participaram os partidos políticos, acadêmicos, ONGs especializadas e a Justiça Nacional Eleitoral. A lei estabelece eleições primárias abertas, obrigatórias e simultâneas para a eleição dos candidatos a presidente da República, vice-presidente, deputados e senadores, realizada dois meses antes de cada eleição geral. Ela determina a participação de todos os cidadãos em votações internas dos partidos, sem a necessidade de filiação.

A nova legislação ainda proíbe doações de empresas para a campanha eleitoral e exige que qualquer candidato à presidência receba ao menos 1,5% do total dos votos dados nas primárias, que deverão ocorrer simultaneamente em todos os partidos.

A partir da nova legislação, ficou proibida a compra de espaço para propaganda eleitoral pelos partidos. Os tempos e horários de propaganda gratuita no rádio e na TV passaram a ser distribuídos pela autoridade eleitoral a cada sigla, levando em conta seu desempenho nas primárias. O projeto torna mais exigentes os critérios para criação de novos partidos e a manutenção do registro dos já existentes.

Finalmente, a lei estabelece que a publicidade nos meios de comunicação seja inteiramente gratuita e distribuída pela Direção Nacional Eleitoral, da seguinte maneira: 50% de forma equitativa para todos os partidos políticos e 50% de acordo com a quantidade dos votos obtidos na última eleição para deputados.

Já a questão do monopólio do papel-jornal, encarnada pela Papel Prensa, teve de esperar a reeleição de Cristina, alcançada com 54,1% no primeiro turno, juntamente com a retomada de sólida maioria governista no Congresso, conquistada nas mesmas eleições gerais de novembro de 2011. Foi quando o governo sentiu-se forte para atacar este outro bastião até então inexpugnável do poder econômico, cevado pela ditadura e os barões midiáticos.

O governo aproveitou a oportunidade para levantar o manto que acobertava um dos fatos mais escabrosos produzidos pelo conluio dos donos das empresas de comunicação com a ditadura: as pressões sobre a família Graiver, detentora da maioria das ações da Papel Prensa, com o fim de entregá-la a um consórcio formado pelos maiores jornais da época: Clarín, La Nación e La Razón. Tais pressões envolveram, extorsão, chantagens, prisões, torturas, sequestro e a morte, num estranho acidente de avião no México, do patriarca do clã, David Graiver.

Num documento de 218 páginas que apresentou, em ato público, na Casa Rosada, a presidenta Cristina Kirchner mostrou como a ditadura "adotou a determinação de obrigar os herdeiros de David Graiver a dissolver o grupo econômico que este encabeçava, transferindo as empresas que o compreendiam". O documento se baseou no testemunho de Lídia Papaleo, viúva de David Graiver, Rafael Ianover, sócio deste, José Pirillo e Victor Javkin.

Por sua vez, a enciclopédia Wikipédia informa que, em abril de 2011, a Unidade Fiscal de La Plata, responsável pelos casos de terrorismo de Estado, qualificou como "crime de lesa humanidade os fatos que envolveram a transferência de ações da Papel Prensa, entre 1976 e 1977" e que esses fatos "poderiam ser parte de ações persecutórias promovidas pelas máximas autoridades do Estado com o suposto conluio com os representantes e/ou proprietários do Clarín, La Nación e La Razón".

A empresa Papel Prensa ainda havia se transformado em outro mau exemplo de monopólio, *dumping*, asfixia econômica e outras perseguições a empresas jornalísticas regionais, algumas delas obrigadas a desfazer-se de seu patrimônio para inchar o império dos grupos maiores.

Fornecendo 75% do papel-jornal, sendo os restantes 25% importados, sem qualquer tipo de imposto, a Papel Prensa era um negócio que tinha como sócio minoritário o governo federal. Mas este não influía nem ganhava nada. Esta participação compreendia 27,5% das ações, enquanto o Grupo Clarín, 49% (depois da quebra de La Razón, e o Grupo La Nación, com 24%. Sempre atuando juntos, esses dois grupos tomavam todas as decisões, inclusive aquelas para usufruir de melhores preços do papel, insumo essencial para a produção de jornais, em prejuízo dos veículos menores.

Segundo o jornalista Eric Nepomuceno, do blog operamundi. uol.com.br, em 2011, "o Clarín e o La Nación consomem 71% da produção da Papel Prensa. Os outros 29% vão para 168 publicações, que pagam pelo menos 15% a mais do que é pago pelos dois maiores jornais do país. E mais: ao controlar o capital da fábrica, Clarín e La Nación sabem, com certa antecedência, quando o preço do papel vai subir, e antecipam compras grandes, forçando um aumento nas importações. Todas as outras publicações argentinas pagam a diferença".

Depois da nova lei, o preço do papel ficou igual para todas as empresas jornalísticas, independentemente do tamanho ou do local em que atuem, e nenhum grupo privado poderá ter mais que 10% das ações, ficando obrigados aqueles possuidores de ações acima desse teto se desfazerem do excedente. A empresa Papel Prensa, que vinha produzindo apenas 60% do capital, por interesse comercial do Clarín e La Nación, foi obrigada a operar em plena capacidade para atender a toda a demanda (cerca de 260 mil toneladas/ano), cabendo ao governo a responsabilidade de investimentos, no caso de necessidade para esse fim.

XXII — O PLANO COLÔMBIA E AS SETE BASES AMERICANAS

Até o último dia do oitavo ano de seus dois mandatos (2002-2006 e 2006-2010) como presidente da Colômbia, Álvaro Uribe Vélez, tensionou as relações com a Venezuela numa guerra de desgaste. O objetivo final seria provocar um contexto que levasse a um conflito armado entre os dois países vizinhos ou uma intervenção nos moldes das guerras de terceira geração ou guerras indiretas, via Colômbia, evidentemente, com vistas a liquidar o regime bolivariano.

Uribe fiava-se em inequívoco apoio norte-americano, materializado no chamado Plano Colômbia, um megaprojeto iniciado em 1999, que tinha como propósito declarado combater o narcotráfico e as guerrilhas e enfrentar a criminalidade. Envolto em massivo respaldo midiático, no auge do neoliberalismo, o Plano Colômbia, previa o reequipamento das forças de segurança, o treinamento de militares e policiais nos Estados Unidos e a erradicação de plantações de coca e de papoula, através de fumigação à base de herbicida, como o nocivo glifosato. Por causa da propaganda, que se espalhava por todo o continente, o plano conquistou o apoio entusiasmado das correntes conservadoras e obteve altos índices de aprovação popular. Isso apesar do dano ambiental, dos graves prejuízos aos direitos humanos e da impotência que o plano revelou, desde os primeiros anos de sua implantação, em conter a produção e comercialização das drogas. Os Estados Unidos acusavam as FARC, segundo informe do Departamento de Estado, de controlar a maior parte do refino e distribuição de cocaína e seu suprimento para o resto do mundo, inclusive o próprio território estadunidense, considerado o maior consumidor mundial. As ações de Washington, com a reativação da IV Frota Marítima de seu Comando do Sul e a instalação de sete bases militares na Colômbia, denunciariam uma estratégia mais ampla de minar a influência dos presidentes progressistas da América Latina, a partir da eleição de

Chávez, em 1999. O objetivo seria dominar a Amazônia Colombiana e sua vasta diversidade, os mananciais de água potável, além do petróleo e dos minerais.

O problema é que o Plano Colômbia, elaborado dentro das doutrinas mais violentas e sectárias que orientaram, no período da guerra fria, as ações de contra insurgência em El Salvador, Honduras, Guatemala e Nicarágua, deixou-se contaminar pela corrupção dos políticos e seus principais operadores, os grupos paramilitares. Esses grupos, criados nos anos 1980, com o estímulo e financiamento de proprietários de terras, dos barões da droga e do próprio governo, como uma maneira informal de combater a guerrilha, há muito tinham se tornado sócios nos negócios do tráfico e no comércio de sequestros, não admitindo abrir mão de seus rendosos negócios.

Representados em altos postos na Casa Nariño, o palácio do governo, em Bogotá, os paramilitares aproveitaram-se do apoio internacional para, não só garantir sua fatia nos lucros das drogas, nutrindo e ampliando seus territórios de cultivo ilícito, como adotando expedientes escusos para auferir mais vantagens do plano. Um desses expedientes eram os casos de homicídios extrajudiciais, conhecidos como "falsos positivos", focando em jovens camponeses pobres (segundo, relatório da ONU chegou a 1.622 assassinatos no final do governo Uribe), que eram depois apresentados como sendo militantes da guerrilha. Era uma maneira de prestar contas ao comando do plano e receber sua contrapartida em dinheiro[7].

Eles ainda forneciam seus homens para receber treinamento por consultores e militares norte-americanos instalados na Colômbia ou eram enviados aos Estados Unidos, onde aprendiam técnicas de tortura, assassinatos e outras práticas da guerra suja.

---

[7]. Do relatório elaborado pelo Escritório do Alto Representante das Nações Unidas para os Direitos Humanos, apresentado em Bogotá, em 27 de fevereiro de 2012 pelo norte-americano Todd Howland. (http://www.vanguardia.com/actualidad/colombia/145437-onu-siguen-los-falsos-positivos-y-crece-la-violencia-paramilitar-en-colom).

O efeito da atuação dos paramilitares foi a devastação de amplas áreas de terra e a expulsão de milhares de pequenos agricultores, os chamados desplazados, na maioria indígenas. Estes viviam desse plantio tradicional na região e foram tangidos para as grandes cidades, exacerbando os problemas sociais, ou levados a procurar outras áreas agricultáveis. Suas terras foram depois ocupadas por empresas transnacionais do agronegócio.

Como se comprovou depois, os paramilitares, solidamente plantados na cúpula do governo e do Plano Colômbia[8], constituíram outro fator que levou ao fracasso do combate às drogas. É que eles operam exatamente na parte do território que produz metade da cocaína colombiana. Segundo denúncias de ONGs dos direitos humanos, a XVIII Brigada do Exército, era em Arauca, onde se encontrariam centenas de marines americanos e agentes do Mossad, serviço secreto de Israel, cujo papel seria formar os militares regulares e os paramilitares em técnicas de tortura, neutralização e deslocamento forçados de populações.

Concebido, oficialmente, no final de 1999 (Governo Andrés Pastrana), e repleto de cláusulas não reveladas, o Plano Colômbia, denominado oficialmente Plano Para a Paz, a Prosperidade e o Reforço do Exército, implicava uma ajuda financeira, tecnológica, logística e militar, cujo montante (cerca de 7,5 bilhões de dólares nos primeiros anos) era considerado o terceiro maior aporte militar fornecido por Washington, depois de Israel e do Afeganistão.

Não obstante, a maior parte do financiamento do Plano vinha do governo nacional que contribui com 4,5 bilhões, com efeito a maior fatia, obtida pelo aumento de impostos e outras taxas

---

[8]. Em 20 de agosto de 2012, o Tribunal Federal da Virgínia, nos Estados Unidos informou que o general Maurício Santoyo, chefe de segurança do presidente Álvaro Uribe, declarou-se culpado por apoiar o grupo paramilitar Autodefesas Unidas da Colômbia (AUC). (http://es-us.noticias.yahoo.com/jefe-seguridad--uribe-confiesa-apoyo-paramilitares-auc-190200715.html)

custeadas pela população colombiana, de um total de 7,5 bilhões de dólares. Os outros financiadores são, além dos Estados Unidos, com 3,5 bilhões, a União Europeia, com um bilhão, e outros organismos financeiros, com 900 milhões.

Sem passar pelo Parlamento da Colômbia, mas examinado e detalhado longamente pelo Congresso dos Estados Unidos, o plano previa o treinamento de militares dentro do país e em guarnições americanas no Panamá e Estados Unidos, permissão para a entrada de pessoas e consultores estadunidenses sem passar por controle migratório, e o equipamento das forças armadas colombianas. Estas chegaram a reunir 500 mil homens, o maior arsenal da América Latina, suplantando de longe Brasil, Argentina, México e Venezuela.

Informações indicam igualmente a colaboração dos paramilitares com o DAS, Departamento Administrativo de Segurança, órgão de inteligência diretamente ligado ao presidente da Colômbia e responsável por operações de controle migratório e proteção de autoridades, para realizar ações contra políticos, jornalistas e infiltrações na Venezuela.

O DAS, que acabou sendo extinto num dos primeiros atos do novo presidente Juan Manuel Santos, foi acusado pelo presidente Hugo Chávez de, em colaboração com os paramilitares e empresários, militares e políticos venezuelanos, preparar várias missões dentro da Venezuela, destinadas a dar um golpe de Estado em seu país. Numa dessas operações, em 9 de maio de 2004, o governo venezuelano anunciou haver estourado um aparelho paramilitar na fazenda Daktari, próximo a Caracas, com a prisão de 160 colombianos trajando uniforme militar, numa preparação destinada a matar o presidente. Vídeo de Chávez no Youtube:

http://www.youtube.com/watch?v=BBRw-D6svOU

Algumas tentativas neste sentido por parte dos paramilitares tinham sido ensaiadas, mas foram repelidas pelo esquema militar e popular do presidente Hugo Chávez. O próprio presidente, que é tenente-coronel do Exército, disse ter pessoalmente questionado alguns dos paramilitares presos, quando foi informado de que os planos para derrubá-lo eram coordenados por dirigentes regionais da DAS. Igualmente, a invasão do território equatoriano, pelo governo Uribe em combinação com os Estados Unidos, em 2008, que resultou na morte do vice-líder das FARC (Forças Armadas Revolucionárias da Colômbia), Raúl Reyes, e outros guerrilheiros, pode ter sido outro teste para uma operação de maior abrangência visando Chávez e Rafael Correa.

A estratégia de Uribe se centrava em denúncias espetaculosas, irradiadas e multiplicadas em nível planetário pela mídia e tendo como mote o apoio, nunca provado, que Chávez daria às atividades guerrilheiras em território de seu país. Em 22 de julho de 2010, a 15 dias de entregar o poder ao sucessor que elegeu, Juan Manuel Santos, Uribe apresentou à Organização dos Estados Americanos (OEA), em Washington, fotos e mapas que disse indicarem a presença de 1.500 rebeldes colombianos em 87 acampamentos nas selvas e savanas venezuelanas. Hugo Chávez respondeu com o rompimento das relações com a Colômbia e o envio de tropas para a fronteira: "Não temos outra escolha senão, por dignidade, romper totalmente as nossas relações com a nação irmã da Colômbia", disse Chávez ao vivo pela televisão, ao receber uma visita do ídolo futebolístico argentino Diego Maradona. Chávez considera o país vizinho sua segunda pátria, devido ao fato de a Colômbia (então Nova Granada) e a Venezuela terem constituído território comum, juntamente com o Equador, Peru e Panamá, a Grã-Colômbia, sob o governo de Simón Bolívar, logo após a independência (1819-1831).

Chávez se disse vítima de uma "agressão" inspirada pelos Estados Unidos, e anunciou "alerta máximo" na fronteira. Ele entendia que a ação de Uribe era uma tramoia: "Demonizar a Venezuela", disse ele, "faz parte do plano das elites mundiais. Querem converter a Colômbia num Israel da América Latina".

O próprio Uribe confirmaria mais tarde, numa conferência na Universidade de Medelin, em agosto de 2012, ao dizer que "faltou tempo" em seu mandato, entre 2002 e 2010, para realizar uma operação militar na Venezuela contra guerrilheiros das FARC: "Tínhamos provas dos acampamentos guerrilheiros, filmagens de pessoas nossas que entraram lá. Então, havia três opções: ficar quieto; realizar uma operação militar na Venezuela, mas me faltou tempo; ou denunciar na OEA, o que fizemos", disse o colombiano.

Com efeito, as tensões vinham se acumulando com a forte influência dos Estados Unidos e das empresas transnacionais na política colombiana. Os americanos já tinham também reativado a chamada IV Frota, um comboio de submarinos e outros barcos e aviões sofisticados, num total de 12 mil homens para operar no Atlântico Sul, com foco na América Central, Caribe e América do Sul, num raio que compreenderia até os campos do petróleo do Pré-Sal, nas costas dos estados do Rio de Janeiro e São Paulo. Por fim, o acordo assinado por Uribe para a instalação de sete bases militares em território colombiano, completava o quadro de ameaças que pesavam sobre aquele território rico em petróleo, gás, ferro e material altamente estratégico.

Amparado em refinada propaganda e apoio midiático que o situava como "o presidente mais popular da América Latina", chegando sua popularidade a atingir 95%, Álvaro Uribe tinha impressionado alguns países vizinhos, inclusive parcelas consideráveis das elites brasileiras, argentinas, peruanas e mexicanas, com seu plano de segurança contra a violência, particularmente nas grandes cidades.

Não obstante, o histórico de Uribe e sua família indicavam sérios envolvimentos com o narcotráfico, conforme atestam alguns documentos, um deles do Departamento de Defesa dos Estados Unidos, que o aponta como integrante do Cartel de Medelin e próximo de Pablo Escobar, ex-chefão dos negócios da droga colombiana. A propaganda e o apoio midiático encobriram este pormenor até o fim de seu governo, em 2010.

A relação dos presidentes Uribe e Chávez, entretanto, chegou a ser cordial em alguns momentos daquele tenso octonato, a ponto de os dois acertarem uma convivência relativa, tendo inclusive empreendido obras comuns de grande envergadura, como o Gasoduto Transcaribenho, iniciado em 8 de julho de 2006, unindo Colômbia-Venezuela, para depois estender-se ao Panamá e ao México. Houve também o incremento das exportações, que atingiram oito bilhões de dólares, com grande superávit para o lado colombiano.

Mas Uribe tinha uma relação muito estreita com os falcões da política norte-americana, sobretudo na administração George W. Bush (2001-2009), que vetavam qualquer tipo de aproximação com Chávez. Por causa dessa aproximação ou dependência, Uribe teve de romper, unilateral e intempestivamente, conversações com a Venezuela, como ocorreu no processo de negociação com a guerrilha.

Algumas vezes, quando tais *démarches* estavam em pleno curso, ocupando destaque na mídia, o recuo de Uribe jogava por terra um trabalho, muitas vezes complexo e penoso, além de expor e constranger publicamente Hugo Chávez, alvo via de regra preferido dos ataques da mídia internacional.

No afã de desmoralizar e sabotar o regime bolivariano, o poder econômico e os meios de comunicação de todo o mundo respaldaram as atitudes de Uribe, que foram num crescendo em matéria de agressão à Venezuela, a ponto de obrigar Chávez a romper as relações comerciais e diplomáticas com a Colômbia.

O episódio provocou sérios prejuízos, principalmente comerciais, para a Colômbia, que viu seu intercâmbio com a Venezuela, cair de oito bilhões de dólares para um bilhão, causando sérios contratempos para os colombianos, que viram sua taxa de desemprego subir para 15% e o índice de falência de suas principais empresas tornar-se preocupante. A Venezuela, que vivia um *boom* com o aumento do preço internacional do petróleo, por sua vez, também teve suas dificuldades, pois foi obrigada a diversificar entre países mais distantes, como o Brasil e a Argentina, sua extensa pauta de importações, dados os problemas de sua emperrada produção, particularmente no setor de alimentação.

A agressividade de Uribe ainda provocou a concentração de armas nos dois lados da extensa fronteira de mais de dois mil quilômetros entre os dois países. Chávez disse, num certo momento, que "já podia ouvir os tambores da guerra", enquanto Uribe aumentava suas denúncias sobre supostas ajudas logística, militar e financeira do governo venezuelano aos guerrilheiros das FARC.

Havia uma explicação para tamanha ansiedade: Uribe teria daí a pouco de deixar o governo, porque fracassou sua manobra em obter um terceiro mandato, quando o poder judiciário brecou suas pretensões de novamente buscar uma nova reeleição. Embora seu candidato, o ministro da Defesa, Juan Manuel Santos, fosse favorito desde o início da campanha presidencial, Uribe necessitava criar um ambiente para que sua política repressora não sofresse descontinuidade nas mãos do sucessor.

Mas foi justamente no dia da posse de Juan Manuel Santos, em 7 de agosto de 2010, que as nuvens negras começaram a dissipar-se sob o céu dos países irmãos. Num aceno de paz, o novo presidente convidou o chanceler venezuelano Nicolás Maduro para representar oficialmente seu país na solenidade de posse na Casa de Nariño, o palácio do governo, em Bogotá.

Com efeito, o gesto Santos era fruto de um intenso esforço dos presidentes progressistas da América Latina, à frente Lula da Silva, do Brasil, e Cristina Kirchner, da Argentina, e do secretário-geral da UNASUL, Néstor Kirchner, que se deslocaram para Caracas e Bogotá, poucos dias antes da posse. Seu propósito era justamente aproveitar a saída de Uribe com sua política de terra arrasada, para amainar as tensões e encontrar uma saída para a crise entre os dois países.

Santos surpreendeu na presidência. Prócer da oligarquia colombiana, com mestrado em economia na London School of Economics e na Universidade de Harvard, é membro da família proprietária da maior cadeia de comunicação da Colômbia, liderada pelo jornal El Tiempo. Ele tinha cultivado uma imagem de falcão, ao afiançar e operar a política repressora de Uribe, como ministro da Defesa. Seu histórico, no entanto, diferenciava-se do de Uribe, porque não registrava nexos com a contravenção nem com os paramilitares.

Ao mesmo tempo, a população colombiana já dava mostras de cansaço com a postura radical de Uribe, tanto em relação à Venezuela, quanto à questão guerrilheira. Eu mesmo estive em Bogotá e Cali, nas eleições presidenciais de 2010 e constatei um clamor generalizado, inclusive das classes produtoras, pedindo um entendimento com o governo do país vizinho.

Juan Manuel Santos, sentiu-se, igualmente, pressionado pela crise social e econômica, que foi seriamente agravada devido às tensões com o vizinho. Aparentemente mais seguro e menos suscetível que o antecessor a fatores externos, o novo presidente tratou de avançar na retomada do diálogo com a Venezuela, já providenciando um encontro pessoal com Hugo Chávez.

Este encontro se deu dali a 72 horas, na emblemática Santa Marta, cidade colombiana do Caribe e próxima da fronteira, em que morreu Simón Bolívar. Não por acaso, tal encontro foi acertado no mesmo dia da posse, em reunião dos chanceleres María Ángela Holguín, ex-embaixadora na Venezuela e interlocutora de Chávez, e Nicolás Maduro. Noutro simbolismo histórico, a conversa ocorreu na Quinta San Pedro Alejandrino, onde o Libertador passou seus últimos dias de vida. Lá os dois presidentes encetaram o que poucos analistas poderiam prever: a retomada imediata e, aparentemente, definitiva de todas as relações e a inauguração de um diálogo permanente entre dois chefes de Estado. Isto levou a um entendimento sustentável entre os dois países irmãos, que logo se refletiu na melhoria da situação econômica, tanto de colombianos como de venezuelanos. Mal tinha completado um ano de mandato e Santos sentia-se seguro, agora com apoio e participação de Hugo Chávez, para retomar as negociações de paz com as FARC e o ELN.

XXIII — A NOVA RODADA DE 2012 PELA PAZ NA COLÔMBIA

Para entender mais esta rodada de conversações pela paz, anunciada em setembro de 2012, depois de tantas outras tentadas pelos presidentes anteriores, é preciso penetrar no complexo universo da guerra civil colombiana, voltando mais de 60 anos no tempo. As guerrilhas surgiram naquele país vizinho como resultado de sangrentos conflitos entre trabalhadores e pequenos proprietários contra setores da oligarquia, que se desenvolviam desde 1946, e já haviam eliminado, até ali, cerca de 200 mil pessoas.

As FARC, Forças Armadas Revolucionárias da Colômbia, emergem em 1964, ano em que se implantou a ditadura militar brasileira, e dois anos depois da criação dos grupos paramilitares, patrocinados pelos governos da Colômbia e dos Estados Unidos. Nesse ano de 1964, o Partido Liberal, que apoiava os movimentos armados de camponeses e trabalhadores urbanos, respaldados pelo Partido Comunista, decide retirar-lhes o apoio e aliar-se ao seu maior inimigo na oligarquia, o Partido Conservador. Ambos formam um governo de coalizão, denominado Frente Nacional, numa operação também arquitetada pelos norte-americanos. O Exército de Libertação Nacional, ELN, também de esquerda, é formado no ano seguinte de 1965.

Mas, antes disso, uma inflexão vai exacerbar tremendamente a animosidade desses grupos. Trata-se do Bogotazo, a comoção social que desencadeou La Violencia, como ficou conhecido o período de matança generalizada, numa escalada de violência, que durou, de 1948 a 1958. No dia 9 de abril de 1948, a capital do país é sacudida por uma multidão que destruiu grande parte do centro da capital colombiana e afetou outras grandes cidades: 140 prédios públicos e comerciais foram destruídos e três mil pessoas perderam a vida, deflagrando uma interminável sucessão de distúrbios, saques, assaltos, incêndios e assassinatos, que só foi arrefecer dez anos depois.

O estopim daquela explosão foi o assassinato, na mesma data, do candidato a presidente pelo Partido Liberal, Eliecer Jorge Gaitán, o advogado que encantou as massas populares, com sua oratória incandescente, defendendo os trabalhadores e combatendo a oligarquia.

Gaitán, era tido então como candidato imbatível à eleição de 1949, apesar de ter chegado em terceiro lugar, atrás de Mariano Ospina Pérez, o presidente que cumpria mandato até 1950, e Gabriel Turbay, que sucederia a Ospina no cargo, no pleito de 1945. Entretanto, ele sofria o veto inapelável da oligarquia, da Igreja Católica e dos Estados Unidos. Estes, empenhados na defesa dos lucros de suas empresas multinacionais, arremetiam fortemente contra o comunismo ou qualquer forma que cheirasse a sindicalismo ou emancipação dos trabalhadores. A autoria do assassinato é atribuída a um jovem com problemas mentais, Juan Roa Sierra, de 26 anos, que foi linchado, ato contínuo, pela turba, que atirou seu cadáver mutilado na calçada do palácio presidencial, que o considerava suspeito de envolvimento no complô contra o candidato.

Naquele 9 de abril de 1948, também se cruzariam, em Bogotá, dois episódios paralelos que iriam marcaram crucialmente a história das relações interamericanas: a IX Conferência Internacional dos Países Americanos, convocada pelos Estados Unidos e chefiada pelo secretário de Estado, o general George Marshall, que deu o nome ao Plano Marshall de recuperação da Europa no pós-guerra. A conferência daria nascimento, dali a um mês, à Organização dos Estados Americanos, a OEA, reunindo as então 21 nações das três Américas, já tendo como meta principal o combate ao comunismo. Paralelamente, surgia no cenário a Conferência Latino-Americana da Juventude, convocada para denunciar a infiltração americana na região e lutar pelos direitos dos trabalhadores. Detalhe, um dos delegados estudantis, era o jovem cubano Fidel Castro, então com

21 anos, que fora designado por Gaitán para falar em nome de seus colegas estudantes, na sessão inaugural do evento.

Voltando às guerrilhas, pode-se verificar que, já em 1962, dois anos antes da criação das FARC, assessores militares norte-americanos haviam organizado, junto com o governo do presidente Guillermo León Valencia, a formação de milícias, constituídas por militares regulares da polícia e do Exército e grupos civis, os paramilitares, para, atuando dentro e fora dos quartéis, reprimir com métodos violentos, os movimentos camponeses. Tais movimentos, impulsionados pelos comunistas e outros grupos de esquerda e intelectuais, eram particularmente atuantes, sobretudo nas zonas mais afetadas pela espoliação dos proprietários de terra e das empresas multinacionais.

Eles se tornaram conhecidos como os paramilitares e recebiam treinamento e formação por oficiais americanos, na Colômbia, ou em guarnições dos Estados Unidos. Os paramilitares tiveram sua ação legalizada, em 1968, quando foi aprovada uma lei permitindo sua formação e atuação. A lei depois foi revogada, mas os paramilitares continuaram sua ação, autodenominando-se, em 1997, Autodefesas Unidas da Colômbia (AUC).

Eles fazem parte do Plano Laso (do inglês Latin American Security Operation), o projeto do presidente John Kennedy (1961-1963) destinado a, no bojo do programa de assistência à Aliança para o Progresso, contrapor-se à ação das esquerdas, então empolgadas pela mística da revolução cubana, de 1969. Respaldados pela ajuda logística e material do governo americano, os partidos Conservador e Liberal esquecem suas divergências e acertam um pacto compartilhado de governança. Sua prioridade é reprimir os movimentos, começando com um ataque de 16 mil homens e armamento pesado, que resultou no massacre de Marquetália. Situada numa altitude de seis mil metros, na Cordilheira dos Andes, no departamento (estado) de Tolima, no centro do país, esta pequena cidade constituía um enclave das chamadas comunidades de autodefesa e guerrilhas, formadas por camponeses e pequenos proprietários rurais, que se organizavam em armas para enfrentar os capangas dos donos de terra e das multinacionais. Houve três mil mortos e, na fuga para a selva, 48 militantes, liderados pelo pequeno proprietário Manuel Marulanda, o Tirofijo, e o teórico e dirigente comunista, Jacobo Arenas, decidem formar as FARC, inicialmente com o nome de Bloco Sul do PCC. O movimento foi aos poucos se estruturando e conquistando adeptos, nos campos e nas cidades. Adotou, inicialmente a sigla FARC e depois lhe acrescentou as letras EP, de Exército do Povo, tornando-se FARC-EP, para indicar sua determinação de tomar o poder nacional e conquistar legitimidade como força beligerante.

O governo inicialmente os percebeu como grupos isolados e sem organicidade, aos quais tratava como simples bandoleiros, mas depois constatou sua organicidade, pelas ações cada vez mais ousadas de sequestros de políticos e grandes proprietários, assaltos a bancos e ocupação de cidades. A estratégia de repressão pura e simples revelou-se insuficiente, sendo o passo seguinte as tentativas de cooptação e, por último, de negociação.

As negociações, tentadas em praticamente todos os governos, desde o início de La Violencia, em 1948, sempre esbarraram na sabotagem aos negociadores, tanto do governo como das guerrilhas. Da parte do governo, alguns grupos poderosos, vinculados aos Estados Unidos, inviabilizavam acordos, a partir de posturas exigentes ou puramente enganosas, enquanto do lado das guerrilhas, as decisões eram desconsideradas ou desafiadas por grupos dissidentes. Numa ocasião, em 1955, cerca de mil guerrilheiros que haviam deposto as armas, numa negociação com o governo Rojas Pinilla, foram massacrados por grupos do exército e de paramilitares descontentes. As FARC decidiram preservar-se, rejeitando as negociações.

Por outro lado, a existência de movimentos guerrilheiros paralelos, como o ELN, que sobreviveu no tempo, e outros, que foram esmagados pelas forças de segurança, ou aceitaram as condições de paz oferecidas pelo governo, tornavam-se mais um fator de complicação nas negociações. O M-19 (Movimento 19 de Setembro), por exemplo, converteu-se em partido político, depois de uma série de ações audaciosas, como o sequestro de 15 embaixadores, inclusive os dos Estados Unidos (Diego Ascencio) e do Brasil (Geraldo Nascimento e Silva) e a invasão da Suprema Corte, que custou a vida dos ministros e de todos os guerrilheiros envolvidos na ação.

A última e mais abrangente negociação com as guerrilhas foi tentada no governo do presidente Andres Pastraña (1998-2002), que chegou a desmilitarizar uma área de 42 mil quilômetros quadrados, para assegurar as negociações com as FARC, mas também foi atropelada pela intransigência das partes. Nos dois mandatos de Álvaro Uribe, que adotou uma postura de enfrentamento e tolerância zero com as guerrilhas, houve tentativas secretas em Havana, mas não conseguiram evoluir. A política de Uribe conseguiu impingir sérias perdas às FARC e ao ELN e chegou a dar a impressão, depois da libertação de alguns prisioneiros, como da ex-senadora Ingrid Bittencourt, e da morte de alguns dirigentes importantes, como Raúl Reyes, de que as guerrilhas tinham sido derrotadas. Elas, no entanto, voltaram a mostrar força, no governo de seu sucessor, Juan Manuel Santos, indicando que o problema jamais seria resolvido pelas armas.

É quando Santos decide partir para novo processo de negociação, desta vez integrando e não isolando, como fez seu antecessor, a *expertise* de Hugo Chávez, ao incluir a Venezuela, juntamente com o Chile, Cuba e a Noruega, como acompanhante das conversações entre os delegados do governo colombiano e das FARC. A medida repercutiu bem, mesmo nos Estados Unidos e na Europa, que não opuseram, pelo menos ostensivamente, qualquer restrição à participação do venezuelano, enquanto foi saudada pelo resto da América Latina como um sinal de que a questão tende agora a ser resolvida entre os colombianos e seus vizinhos, sem a interferência de potências estrangeiras. Afinal, foi assim que a UNASUL, livre da presença dos Estados Unidos e do Canadá, dominantes na OEA, vinha conseguindo resolver seus próprios problemas e iniciando uma nova era de entendimento e coalizão, desde que foi fundada, em 2008.

XXIV — Isolada, a OEA agarra-se à CIDH

Chegou o momento de focar no intenso intercâmbio dos países da América Latina e do Caribe, a partir de 1999, quando Hugo Chávez, assume a presidência da Venezuela e entra com toda a força de seu entusiasmo e determinação para aproximar os países irmãos, na busca da emancipação e desenvolvimento da região. Com sua visão geoestratégica, o novo presidente sabe que não basta só unir os latinos do continente, mas é preciso também congregar, inclusive pelos interesses comerciais e econômicos, os países emergentes do Oriente Médio, da Ásia e da África, que como a Venezuela, são ricos em petróleo, *commodities* e outros produtos essenciais de que carece o planeta.

Por esta razão, desdobra-se em avançar, com suas viagens intermináveis aos quatro cantos do mundo, tanto ao seu redor como nos países afins situados nos outros continentes. Entende que os dois lados, separados geograficamente, estão interconectados por interesses recíprocos, ainda pouco perceptíveis pela maioria, devido à propaganda divisionista que os mantém divididos e distanciados.

Em 2 fevereiro de 1999, quando chega ao Palácio Miraflores, em Caracas, Chávez encontra as Américas Sul e latino-americana dominadas pelas ditaduras, não mais militares, mas cívico-neoliberais, que haviam se despojado das riquezas dos seus países para entregá-las às empresas transnacionais. Não se deixa intimidar, pois pressente que o neoliberalismo está com os dias contados, podendo implodir a qualquer momento. Urge ação, e ele, já antes de assumir, visita o Brasil, Argentina e outros países vizinhos, para falar, não só com seus presidentes campeões do neoliberalismo, como Fernando Henrique Cardoso e Fernando De La Rúa, mas com as forças da oposição, com o fim de iniciar um diálogo de cooperação efetiva, e não mais retórica. Ele já não faz segredos de sua disposição de tornar o petróleo acessível para a região, na base de trocas subsidiadas de alimentos, insumos e tecnologia de que tanto necessitava a Venezuela. Mas o momento não era propício para grandes voos em seu projeto latino, que só decolaria depois da eleição de Lula, no Brasil, em 2002 e dos outros presidentes progressistas que dali se seguiriam.

Entrementes, Chávez volta-se para o Oriente Médio. A OPEP, que congrega os países que mais produzem petróleo, tendo mostrado seu poder de barganha na crise dos combustíveis dos anos 1970, por exemplo, tinha sido praticamente desativada por uma política de preços aviltantes. As cúpulas dos países árabes, na maioria dependentes dos Estados Unidos e da Europa, concordaram em aumentar em grandes proporções a produção do petróleo, rebaixando o preço do barril, a menos de 10 dólares, com consequências danosas para a economia de cada um deles.

Em viagens que faz seguidamente ao Irã, Síria, Iraque, Arábia Saudita e Argélia, Hugo Chávez convence seus governos a ressuscitar a OPEP, com uma reunião, em Caracas, em 2000, de onde ele se torna presidente. A partir dali, com a retomada do sistema de quotas mínimas, o preço do petróleo começa a subir numa escalada, que, depois de algumas oscilações provocadas pela crise mundial de 2008, mantinha-se num nível nunca inferior a 90 dólares, em 2012.

Com a eleição de Lula, Chávez, que havia se encontrado cinco vezes com seu antecessor Fernando Henrique, amiúda os entendimentos com o novo presidente brasileiro e já acertam uma forma de integração soberana com o Brasil e outros países vizinhos. Pouco depois de Lula, se elegeriam o peronista Néstor Kirchner, da Argentina, que cedo se projetou como grande operador da aliança entre esses povos; os progressistas Tabaré Vázquez, do Uruguai; Evo Morales, da Bolívia; Daniel Ortega, da Nicarágua; Rafael Correa, do Equador; Fernando Lugo, do Paraguai; e Ollanta Humalla, do Peru. A OEA, com sede e cabresto em Washington, logo se afigurou como suspeita para articular essas ações e administrar os conflitos que dali se seguiriam pela nova política de soberania e crescimento da América Latina. Tinha-se presente o longo histórico de convalidação das sangrentas intervenções, golpes de Estado, ditaduras e invasões militares tutelados pelo Pentágono, ao longo da história da entidade em seus mais de 60 anos de existência.

A alternativa seria a criação de um organismo próprio, com direção e administração na região e mobilidade para se reunir de imediato, sempre que acionada por alguma emergência. Daí surgiu a UNASUL, que teria uma circunscrição inicial na América do Sul, integrando suas 12 nações, para depois evoluir em termos mais abrangentes de América Latina. A integração dos outros países da América Latina, como da América Central, Caribe e o México, o único país da América do Norte, ficaria para mais tarde, com a formação da CELAC, Comunidade dos Estados Latino-Americanos e Caribenhos, criada em 23 de fevereiro de 2010, na conferência da Cúpula da Unidade da América Latina e Caribe, cidade de Playa del Carmen, no México, e oficializada na cúpula de Caracas, de 1 a 4 de dezembro de 2011, com a presença dos 33 países do continente, menos Estados Unidos e Canadá.

A proposta, encaminhada pelo presidente brasileiro Lula da Silva, tornava-se realidade, em 23 de maio de 2008, numa reunião, em Brasília, com a assinatura de seu tratado constitutivo por todos os membros, inclusive a Colômbia, que, a princípio, hesitou, por causa de pressões de Washington, mas acabou se rendendo à realidade, sob pena de se ver isolada. Em 24 de outubro de 2011, a organização obtinha o *status* de observador junto à Assembleia Geral da ONU, tendo sua solicitação, aprovada por unanimidade pela Comissão de Assuntos Jurídicos do máximo organismo internacional. Antes disso, ela já tinha atuado na mediação e solução de conflitos e pendências, dentro e fora de seus países. A falta de consenso para a indicação do secretário-geral, só efetivada em maio de 2010, com a designação do ex-presidente Néstor Kirchner, não impediu que a UNASUL reunisse seus chanceleres e chefes de Estado para a atender a uma ou outra emergência. Houve ocasiões em que suas reuniões ocorressem em questão de horas, como aconteceu no caso do golpe de Estado no Paraguai, em junho de 2012, quando os chanceleres, reunidos na cúpula mundial da Rio+20. Pouco antes, seus chefes de Estado tinham-se reunido na sede da ONU, numa reunião na ONU, em Nova York, paralelamente à Assembleia Geral das Nações Unidas.

Em pouco tempo, a UNASUL se estruturava em diversos conselhos de segurança, energia, saúde, educação e, por causa de sua ação rápida em enfrentar crises e propiciar soluções, como a da Bolívia, em 2010, de Honduras, também em 2010, do Equador, em 2011 e Paraguai, em 2012, o organismo credenciou-se como uma instância efetiva para o encaminhamento das questões regionais.

A existência e efetividade da UNASUL resultou na virtual desativação da OEA, cuja burocracia emperrada e sua forte dependência da estratégica hegemônica de Washington, a transformou num anacronismo, que só se mantém por causa do poderio dos Estados Unidos, que sempre a utilizou como instrumento político e jurídico para controlar o continente.

Provavelmente, para compensar a inação da OEA, sua Corte Interamericana de Direitos Humanos, a CIDH, que tem estreitos vínculos com os donos de cadeias de TV, jornais e rádios, foi vitaminada para ocupar o noticiário com sentenças e relatórios periódicos de denúncias bombásticas de supostas violações da liberdade de expressão e de imprensa, tanto na Venezuela, como nos outros países de regimes questionadores das políticas neoliberais, como Cuba, Equador, Nicarágua, Bolívia etc. Algumas dessas denúncias, sobretudo as relacionadas com a Venezuela, são produzidas por empresários, banqueiros juízes e ativistas fugidos das prisões de seu país, onde cumpriam penas por crimes comuns, determinadas por sentenças judiciais, devido a crimes de corrupção e terrorismo. Ao se evadirem das prisões venezuelanas, os fugitivos não só encontram abrigo seguro nos Estados Unidos, como desfrutam cobertura garantida da mídia americana e internacional para veicular suas versões dos fatos. A CIDH transformou-se, então, no canal para dar uma espécie de legitimidade, à cobertura midiática, que é sempre parcializada, por respaldar as políticas e estratégias dos Estados Unidos e condenar os países que ousem contrariá-las. Esta cobertura tem como suporte a Sociedade Interamericana de Imprensa, SIP, com sede em Miami, que congrega os donos de mais de três mil jornais das três Américas, tendo entre seus membros o Grupo de Diários América (GDA), integrado pelos maiores periódicos da América Latina, com 2.500 jornalistas, atingindo cerca de seis milhões de leitores, diariamente, sendo que 10 milhões aos domingos[9].

A CIDH é um órgão autônomo da OEA, que não presta contas aos países membros, e é encarregado da promoção e proteção dos direitos humanos. É integrada de sete membros independentes, que se desempenham de forma pessoal e tem sede em Washington, como diz seu site na internet http://www.oas.org/es/cidh/mandato/que.asp. Foi criada em 1959 e, de forma conjunta com a Corte Interamericana de Direitos Humanos (Corte IDH), instalada em 1979, integra o Sistema Interamericano de Proteção aos Direitos Humanos (SIDH).

Depois de muitos protestos contra as sentenças da Corte de sua Comissão Interamericana de Direitos Humanos contra a Venezuela e do respaldo deste órgão à deposição do presidente constitucional Hugo Chávez, pelo empresário Pedro Carmona, o governo desse país decidiu romper o acordo, que criou a CIDH, em 1959, e dela afastar-se. A gota d'agua foi a sentença da CIDH, em julho de 2012, a favor de Raúl Díaz Peña, condenado por autoria de ataques terroristas contra o Consulado da Colômbia e o Escritório de Comércio da Espanha, em Caracas, durante os distúrbios que propiciaram aquele golpe de Estado de abril de 2002.

A decisão foi anunciada em 25 de julho de 2012 pelo presidente Hugo Chávez, que acusou a Corte de "atropelar a Venezuela, o direito internacional e de ofender a dignidade de todo o povo venezuelano". Segundo Chávez, Raúl Díaz é um foragido da justiça,

---

[9]. Informação do site de O Globo: http://oglobo.globo.com/rio/a-atuacao-do--grupo-de-diarios-america-3036603

que fugiu para os Estados Unidos, quando se encontrava cumprindo pena em regime aberto, em Caracas:

– Nosso país vai se retirar da Corte Interamericana de Direitos Humanos, por dignidade, disse o presidente. Não temos outro caminho. Ao mesmo tempo, vamos denunciá-la perante os governos da América Latina e do Caribe, pelos ataques desferidos à Venezuela. Nós acusamos esta Corte perante o mundo de ser indigna de portar este nome.

A decisão venezuelana seguiu-se a outro protesto do Brasil contra sentença anterior da CIDH, de 27 de outubro de 2011, que mandou suspender a construção da usina hidrelétrica de Belo Monte, no Pará, alegando ilegalidades no processo de licenciamento da obra. O Brasil não só se recusou a comparecer à sessão que produziu a sentença, como retirou seu embaixador junto ao órgão e suspendeu seus pagamentos à OEA, situação que persistia até o final da edição deste livro.

Os presidentes progressistas que impulsionaram a criação da UNASUL estão agora empenhados em criar seu próprio órgão de defesa dos direitos humanos, para atuar dentro deste organismo, de forma independente dos interesses Washington e levando em conta a realidade latino-americana e de cada um de seus países. O presidente da Bolívia, Evo Morales, que também tem sido vítima frequente dos relatórios da CIDH e de orgãos de monitoramento dos Estados Unidos, defendeu que a UNASUL também adote a mesma política de Washington, em matéria de certificação e descertificação (condenação) das atividades norte-americanas na região.

XXV — O FIM DO ANALFABETISMO E DA EXCLUSÃO ESCOLAR

A educação pública é possivelmente a realização mais emblemática do processo de integração latino-americana desatado, a partir de 1999. Ela se torna ainda mais relevante se cotejarmos a situação de abandono das escolas pelos governos neoliberais anteriores e do crescimento do analfabetismo. Isso provocou a deterioração do sistema público educacional e a exclusão da maior parte da população da educação formal.

Como o ensino não era universal, as escolas, com a maioria de suas edificações danificadas e os professores desestimulados e mal pagos, não chegavam a todo o país. Os alunos, por sua vez, sem se sentirem motivados para estudar, eram reprovados ou abandonavam os estudos. O senso de 2001 concluiria que cerca de cinco milhões de venezuelanos, entre jovens e adultos, não haviam concluído o ensino básico por problemas econômicos, de exclusão, falta de motivação ou decomposição social. Paralelamente, crescia o número de analfabetos, que chegou a 1,5 milhão de pessoas acima de 15 anos, representando 9,5% da população, de um total de cerca de 25 milhões de habitantes. A situação não era diferente na Nicarágua, Bolívia, Equador, Paraguai e Brasil, que sempre sustentaram índices preocupantes de analfabetismo. Na Argentina e no Uruguai, que sempre mantiveram altos índices de alfabetização, sofriam igualmente da deterioração da escola pública. Os novos governos progressistas arregaçaram as mangas no esforço pela inclusão social e, em pouco tempo tornaram seus países completamente afalbetizados na Bolívia, Nicarágua e Equador. Na Argentina e Uruguai, houve incremento na formação de professores e construção de novas escolas, inclusive de universidades, modificando inteiramente o panorama. No Brasil, por causa das dimensões continentais, o analfabetismo ainda continuou a ser um desafio, mas o governo ampliou as escolas e tornou as universidades mais acessíveis aos excluídos, com um sistema de bolsas e financiamentos, inclusive nas escolas privadas.

Na Venezuela, o governo teve de agir em várias frentes. Em 2003, as Missões (Programas) Sociais Robinson, destinadas a erradicar o analfabetismo, e a Robinson II, para permitir a consolidação dos conhecimentos e prosseguimento dos estudos dos adultos recém-alfabetizados e daqueles que haviam perdido a oportunidade de estudar e concluir o ensino básico na idade apropriada. Foi ainda criada a Missão Ribas, para o encaminhamento desses alunos especiais para o Ensino Médio (Bachillirato) ou para formação de carreiras técnicas. Finalmente, o governo adotou a Missão Sucre, para propiciar aos alunos das missões anteriores ingressarem no ensino superior[10], com a instalação de várias universidades visando atender a uma massa excludente de mais de 470 mil pessoas.

Com um reforço no orçamento, que passou de 2,8% para 7% do PIB, o que representa 20% do orçamento anual, o governo deu uma arrancada na educação, como nenhum outro país tinha feito até ali.

O resultado dessa ampla mobilização, envolvendo governo, povo e sua juventude, foi que, em 28 de outubro de 2005, a Venezuela era declarada, com certificação da Unesco, Território Livre do Analfabetismo: 1.482.000 adultos aprenderam a ler e escrever em pouco mais de dois anos. Rompia-se um marasmo secular, em que os governos anteriores mal conseguiam alfabetizar 70 mil cidadãos por ano. No auge do neoliberalismo dos anos 1990, o go-

---

[10]. As Missões levam os nomes de heróis da independência: Missão Robinson, por causa de José Simões Rodríguez, pseudônimo de Samuel Robinson, o tutor de Simón Bolívar e considerado um dos grandes educadores da pátria; Missão Ribas, homenagem a José Félix Ribas, prócer da independência, que representa a atuação do povo e da juventude venezuelana na defesa da nação; e Missão Sucre, pelo Marechal Antônio José Sucre, braço direito de Bolívar na libertação de diversos países do jugo espanhol.

verno nacional, empenhado na privatização acelerada dos serviços essenciais, havia entregue o plano aos bancos. Foi também um exemplo para o mundo e dali a pouco, a Bolívia, a Nicarágua e o Equador, também se desfaziam desse fardo, com o mesmo método cubano *Yo sí puedo*, (Eu posso, sim) e com ajuda especial de Venezuela e Cuba.

O método, criado pela educadora Leonela Realy, combina dados numéricos, conhecidos pelos analfabetos, e de letras (linguagem) para induzir ao aprendizado. Adaptado às peculiaridades venezuelanas, o método, que consiste na utilização de textos e equipamentos audiovisuais (televisão, rádio e vídeo-cassete), foi aplicado por uma gigantesca equipe de 129 mil alfabetizadores, sob o comando do ministro da Educação, Aristóbulo Istúriz. Foi também lançado um programa de incentivos para quem quisesse aprender a ler e a escrever, incluindo cestas alimentares, lotes de terras, no campo, e créditos, além de 100 mil bolsas de estudo de 75 dólares, que correspondia à metade do salário-mínimo da época.

Entre os alfabetizados, de forma bilingue, incluíam-se 70 mil indígenas de dezenas de comunidades, um contingente não especificado de cegos e mudos e dois mil presos. As pessoas com deficiências visuais foram assistidas com consultas oftalmológicas, receberam 200 mil lentes corretoras.

Outra realização educacional modelo são os Simoncitos, centros de atendimento integral infantil, com assistência à criança, desde a gestação até os seis anos de idade, época em que elas ingressam na educação básica. Esta etapa é considerada pelo Estado venezuelano como a mais vulnerável do ciclo vital, devendo a escola detectar e dar resposta aos problemas de desenvolvimento infantil.

Já foram construídos 2.800 desses centros no país, atendendo mais de 300 mil crianças e suas mães, em espaços adequados, em que há acompanhamento médico, alimentar e pedagógico. As mães são tratadas desde o início da gravidez e as crianças permanecem no recinto, das 7 às 16 horas, recebendo alimentação e cuidados em todo o período.

O sistema bolivariano de ensino ainda mudou radicalmente a realidade social. Os alunos pobres que, na Venezuela, eram obrigados a pagar a matrícula, sem o que não poderiam frequentar as aulas, passaram a receber uniformes, livros, alimentação e assistência médica totalmente gratuitos, e, a grande novidade, computadores portáteis, os populares *laptops*, com acesso gratuito à internet.

O contraste da Venezuela com a situação dos países que permaneceram neoliberais, como o Chile, México e Colômbia, agiganta-se quando se confronta a gratuidade e qualidade do ensino venezuelano com as taxas escorchantes dos colégios e universidades do Chile, por exemplo. Neste país, sacudido nos últimos anos por manifestações de estudantes e de suas famílias, protestando contra as altas tarifas cobradas pelas escolas, que chegam a mais de 10 mil dólares por ano, a educação é obrigatoriamente paga a partir do segundo grau. Com isso, uma família de classe média baixa, jamais terá condições de ver seu filho frequentar uma universidade. Esta extorsão vem sendo denunciada, mundialmente, não só pelos estudantes, como por organismos dos direitos humanos, que há anos reivindicam a mudança de um modelo econômico concentrador e iníquo. E imaginar que é justamente o Chile, o país considerado pela mídia hegemônica como modelo ideal de democracia.

Na Venezuela de antes de 1999, o ensino também vinha sendo privatizado e já se reparava o caminho para a sua completa comercialização, a partir do sucateamento da escola pública e da cobrança de matrículas.

Hugo Chávez recorda que, na época, praticamente, não se construíam mais escolas: "Lembro-me que, nos anos 1980 e 1990, se levantavam aqueles imensos galpões, com estruturas pré-fabricadas. Eram umas vigas com tetos de asbesto. Isto não era escola, isto era um depósito, um galinheiro. Não havia sequer banheiros, muito menos cozinha, restaurante".

Ele fez a observação quando inaugurava, em setembro de 2012, uma das 250 escolas, além dos 450 liceus (colégios) e 2.800 simonzitos (escolas-creches), numa média de 500 por ano, que construiu, além de milhares de reformas nos antigos prédios escolares, nos últimos dez anos.

No prédio que inaugurava naquele dia, a Escola Manuel Clemente Urbaneja, situada num bairro pobre de Caracas, Los Teques, o presidente dizia que entregava um ginásio de qualidade para 886 alunos, com espaçosos salões e corredores para atividades extracurriculares, 14 salas de aula, áreas verdes e quadras esportivas.

A educação na Venezuela é gratuita e obrigatória entre os 6 e 20 anos de idade, e o Estado assegura a gratuidade do ensino público maternal, básico, secundário, especial e universitário. Por isso, é considerado por várias organizações internacionais como um dos países com maior número de matrícula universitária e qualidade nos outros níveis de ensino.

XXVI — O LAPTOP DAS CRIANÇAS POBRES

O *laptop* portado por crianças pobres passou a ser uma cena comum do novo panorama criado pela integração latino-americana. Nesses países, onde o ensino público era entregue ao abandono, as escolas públicas se transformaram em saudáveis locais de convivência em que os alunos encontram um ambiente acolhedor para estudar, praticar esportes, divertir-se e atualizar-se com a mais nova tecnologia.

Na verdade, o computador é apenas o item mais vistoso de uma série de inovações, que incluem salas e espaços mais confortáveis, professores bem treinados e motivados, por receberem salários razoáveis, distribuição de bolsas, alimentação escolar, além de uma pedagogia mais ampla que inclui a participação da família. Os governos progressistas construíram novas ou reformaram antigas escolas ou adaptaram outros prédios para acomodar os alunos matriculados e os contingentes excluídos pelo descaso de seus antecessores.

O Uruguai foi o primeiro país a massificar a entrega de computadores a todas as 362 mil crianças e os 18 mil professores do ensino público, que foi completada em 2009, três anos depois de iniciado o plano Ceibal. Seguiram-se a Argentina, com o projeto Conectar Igualdad, que já forneceu dois milhões de unidades, devendo completar três milhões até o fim do ano. Para se ter uma ideia da abrangência desse programa, o país, de 40 milhões de habitantes, contará até dezembro de 2012 com um total de seis milhões de computadores pessoais, significando que os três milhões de estudantes beneficiados representam exatamente a metade.

O programa entrega os computadores aos alunos para que os levem para casa, onde seus pais e irmãos também possam utilizá-los, e, dessa maneira, disseminar o aprendizado digital. As máquinas são dotadas de *softwares* que os impedem de ver jogos ou pornografia. Também contam com sistemas para evitar roubos, que é detectado pelo colégio. Caso um *laptop* não seja registrado periodicamente, ele deixará de funcionar.

Na Venezuela, o projeto Canaima (Ilha Canaima), o mesmo nome dado ao sistema operacional que o país desenvolve com base em *softwares* públicos, é executado em conjunto pelos ministérios da Educação e de Ciência e Tecnologia, e destinado aos alunos do curso básico, que vai do primeiro ao sexto ano. Eles formam um total de 3,5 milhões, dos quais 2 milhões já receberam seus portáteis. Além da meta de atender o restante 1,5 milhão, o governo já anunciou a extensão do programa aos estudantes do ensino médio, o bachillerato.

O projeto Canaima visa, com os *laptops*, assegurar o acesso massivo às tecnologias de informação e oferecer uma educação de alta qualidade, num modelo que incorpora atividades assistidas pelos computadores portáteis de grande capacidade e sistemas operacionais criados e pensados para o aprendizado das crianças. Neste método de ensino, são aplicados os princípios robinsonianos (Missão Robinson) de aprender fazendo, da forma mais recreativa possível, além do aprendizado dos conhecimentos universais e a promoção dos valores pátrios e da identidade latino-americana.

A ministra da Educação, Maryann Hanson, explica que "o governo bolivariano trabalha um conteúdo cada vez mais integrado para superar a fragmentação do conhecimento. Não trabalhamos mais com disciplinas e sim com projetos educativos integrais, para que as crianças tenham uma visão da realidade social em sua localidade, seu estado e seu país".

Os *laptops* ainda fazem parte do Sistema de Educação Canaima, uma plataforma colaborativa para o desenvolvimento e distribuição de *softwares* livres na Venezuela, na qual professores e alunos tornam-se criadores e desenvolvedores de conteúdos educativos. Uma equipe de 250 professores dedica-se inteiramente à elaboração das aulas e conteúdos, que incluem livros, desenhos, animações, vídeos, informações e orientações para pesquisas. Os canaimitas, como são chamados os *laptops*, são usados de duas a três horas por dia na sala de aula, depois ficam à disposição do aluno para levar para casa e utilizá-los no tempo livre.

A execução desses programas de distribuição de computadores demanda intrincada logística e infraestrutura, por envolver equipamentos de custo alto (cada *laptop* sai em média por 250 dólares) e um acompanhamento e atualização permanentes. Há ainda o risco de os portáteis serem extraviados ou roubados, o que também exige fiscalização nem sempre disponível, sobretudo entre as comunidades mais pobres, em que vivem os alunos. O índice de extravio na Venezuela chega a 15%, mas mesmo assim, o governo considera que o prejuízo é compensado pelo alto grau de conhecimento propiciado, tanto aos alunos e suas famílias, como aos professores.

Os alunos vêm assim agregar dinamismo à internet no país, porque constituem comunidades inteiras plugadas na web, a exemplo de qualquer país desenvolvido. Os canaimitas ainda se juntam às centenas de Infocentros, *lan-houses* de alta qualidade, espalhadas pelo país, oferecendo serviço gratuito aos cidadãos nas mais diferentes cidades do país.

Para assegurar a viabilidade desses programas os governos, tanto da Argentina, como da Venezuela, têm reforçado suas redes de fibra ótica, a um custo também alto, mas cujo dispêndio consideram crucial para o crescimento e desenvolvimento tecnológico da nação. Esses países não estão subordinados às exigências de lucros, como ocorre nos sistemas administrados pelas empresas privadas, geralmente multinacionais. No Brasil, os serviços de internet se tornaram um dos mais lentos, justamente porque essas empresas, que detêm o monopólio do setor, não se sentem estimuladas para tal, ainda que sejam obrigadas a fazê-lo, tanto por lei como por contratos. Enquanto isso, Argentina e Venezuela estão estendendo suas redes de fibra ótica aos rincões mais distantes de seus territórios. A Venezuela, por exemplo, se dá ao luxo de atender às necessidades digitais de partes limítrofes da região norte do Brasil, como as capitais Boa Vista e Manaus.

Um caso de pujança da presença do Estado nas telecomunicações é a estatal argentina Empresa de Soluciones Satelitales (Ar-Sat), instituída pelo presidente Néstor Kirchner, em 2006. Ela está construindo um núcleo central de fibra ótica para atender a todas as regiões do país, não importando a distância ou a situação econômica. Este núcleo integra o programa Argentina Conectada, com 58 mil quilômetros de fibra ótica, dos quais 15 mil estão em execução e quatro mil já foram instalados.

A Ar-Sat ainda joga forte no mercado da telefonia celular de terceira geração (3G), tanto, de forma direta, fazendo seus próprios negócios, como através de cooperativas ou pequenas e médias empresas. Paralelamente, atua a Televisão Digital Aberta (TDA), cuja cobertura chega a 75% da população, estimando o governo alcançar 90% em dezembro de 2012.

Dessa forma, o programa de *laptops* para as escolas públicas vai avançando, ainda que enfrente gargalos, como no Brasil. Na Argentina, concentra-se nos estudantes secundários, enquanto, no Uruguai, contempla os da escola primária. Na Venezuela, o governo, que começou com os alunos do ensino básico, já anunciou o propósito de estendê-lo aos do ensino médio. O Brasil, ainda preso às amarras da política de privatizações, que estabeleceu o monopólio das telecomunicações, enredou-se na burocracia. O programa Um Computador por Aluno, UCA, lançado em 2006, só tinha entregue, até outubro de 2012, 570 mil computadores, o que representa 2% do total de alunos da escola pública nos níveis primário e secundário.

XXVII — O Socialismo do Século XXI

As reformas sociais da revolução bolivariana provocaram três grandes mudanças. A primeira foi a redução drástica de 70% da pobreza absoluta, que acometia 25% da população, com os programas de alimentação gratuita, bolsas, de assistência médica e merenda escolar. Em 2012, as estatísticas indicavam que 98% da população se alimentava com três refeições ao dia. A reviravolta implicou que vastos contingentes populacionais se incorporassem ao processo produtivo, alimentando-se, adquirindo bens e fazendo mais reivindicações.

Se isso beneficiou a população, complicou a economia, porque a oferta não satisfazia a demanda, como observa o jornalista Alfredo Oliva, da IVKE Mundial Rádio, que explica: "Há agora uma população que estuda e trabalha. Ocorreu uma mudança qualitativa, que é a autoestima. Se antes esse contingente não comia carne, por exemplo, passou a exigir carne, e muita carne, afetando dramaticamente a produção no país, que teve de importar. E como aumentou o poder aquisitivo da população, muita gente se incorporou ao trabalho e demanda muitos produtos que antes, por sua condição, nunca sonhava em obtê-los: viagens, supérfluos, carros etc. As vendas de carro aumentaram 800%, infernizando o trânsito, que já era conturbado."

Empolgada com os programas educacionais gratuitos e de qualidade, a população marginalizada, social e economicamente, passou a estudar, frequentando os inúmeros cursos oferecidos pelo governo. Era mais um movimento que afetava as débeis estruturas governamentais, inclusive os transportes. Estes foram aos poucos se ampliando e modernizando, graças a programas arrojados do governo, com a implantação de trens urbanos, *metro-cables* (metrô por cabo), a extensão do metrô e a implantação paulatina de 32 mil quilômetros de ferrovias, interligando todo o país.

Os gargalos, no entanto, eram muitos e exigiam medidas urgentes, que nem sempre poderiam ser atendidas pelo novo governo, gerando um ambiente propício à manipulação, sobretudo quando se tem uma mídia hostil, que, num catastrofismo sistemático, nega e desqualifica qualquer iniciativa oficial, incitando ao descrédito ou à violência.

Com efeito, Hugo Chávez encontrou, em 1999, uma produção em colapso, porque seus antecessores, fiados na bonança do petróleo, não se preocuparam em industrializar o país. É sempre mais cômodo importar, principalmente se se considerar que os dirigentes controlados por Washington eram orientados pelas políticas neoliberais a liquidar os bens e empresas do Estado e nada produzir internamente, para que, dessa maneira pudessem comprar mais excedentes das grandes potências. O problema é que essa política só se viabilizava se o preço do barril estava alto, o que nem sempre acontecia. Em 1989, o governo Carlos Andrés Pérez, que se dizia socialista de centro, foi obrigado a engolir um pacote de arrocho do FMI. O resultado foi o Caracazo, a comoção social que sacudiu o país durante alguns dias e provocou mortes e distúrbios, que se estenderam por muito tempo, provocando, inclusive, o levante liderado pelo tenente-coronel Hugo Chávez, em 4 de fevereiro de 1992.

Há 13 anos no poder, o hoje presidente Chávez diz que seu governo só pôde agir efetivamente depois de quatro anos de Miraflores, pois teve de dedicar-se, em primeiro lugar, à institucionalização da nova ordem, sem a qual nada poderia ser encaminhado para transformar o país. Para tanto, teve de convocar referendo para a nova Constituição, em seguida, a Assembleia Constituinte, que se dissolveu após produzir a Carta Magna, depois a eleição para o novo Parlamento, transformado de bicameral (Câmara e Senado) para unicameral (Assembleia Nacional) e nova eleição do presidente da República, que tinha acabado de assumir. Depois, veio o Golpe de Abril de 2002 e, oito meses depois, o Paro Petroleiro, que afundou o PIB em mais de 20%; o referendo revogatório de 2004, que obrigou o presidente, recém-reeleito, a submeter-se a uma nova prova nas urnas, sem falar nos atos de sabotagem que paralisavam e danificavam o sistema elétrico, o metrô, a precária agricultura e os assaltos de rua, promovidos por grupos violentos financiados pelos conservadores. Finalmente, ocorreram os desastres naturais, como enchentes e furacões, que devastaram residências, prédios comerciais e afetaram a agricultura, em muitas partes do país.

Consolidada a situação, depois de neutralizar todas aquelas conspirações, o governo habilitou-se, a partir de 2003, a iniciar seus grandes programas sociais, as chamadas *Misiones*, como a Missão Robinson, que dali a pouco erradicaria o analfabetismo. Em 2004, instituiu a Missão Barrio Adentro, que implantou o sistema de médico família, com 6.700 clínicas, ambulatórios e grandes hospitais, e que hoje dá assistência médica à integralidade da população. No mesmo ano, iniciou a execução do plano econômico, com as metas de industrialização, mecanização da agricultura, implantação de fábricas de processamento de leite, milho, de petroquímica, em operações conjuntas com a Argentina, Brasil, Cuba e Irã.

Para assegurar uma industrialização sustentável, o governo bolivariano enviou milhares de estudantes à China, Argentina, Uruguai, Brasil, Cuba, Irã, Rússia, e outros dez países, para adquirirem conhecimentos, formar cientistas e técnicos capazes de assegurar a transferência de tecnologia, que está prevista nos convênios de implantação de fábricas de automóveis, tratores, construção de pontes, estradas de ferro, metrô e ampliação da agricultura e da pecuária.

Além de nacionalizar o setor petrolífero, assumindo o controle absoluto da PDVSA e da produção de petróleo na rica Faixa do Orinoco, considerada a maior reserva do mundo, esta antes quase totalmente controlada pelas empresas transnacionais, os setores de eletricidade e de telefonia e internet, o governo comprou parte do controle do Banco da Venezuela ao espanhol Banco Santander e interveio na fábrica de cimentos Sidor. Também interveio em cadeias de supermercados, empresas de exploração agrícola e de imóveis e estabeleceu o controle de preços de alimentos e produtos dólar. Finalmente, assumiu o controle de câmbio.

O resultado destas intervenções, afirma Hugo Chávez, foi que, em 2012, o país já produzia cerca de 80% de suas necessidades, oferecia escola gratuita, em todos os níveis do ensino, com alimentação e equipamentos modernos, a praticamente toda a população, tirava milhares de crianças das ruas e as colocava nas escolas ou no sistema produtivo: "Hoje, já quase não se veem crianças nas ruas", afirma, orgulhoso.

Tais êxitos, contudo, não impediram a insatisfação de um setor da sociedade, concentrado na classe média alta, congregando cerca de três milhões de pessoas, que se sentiu desassistido, inclusive porque desfrutava de toda a atenção dos governos anteriores, mesmo em detrimento da imensa maioria de remediados, pobres e indigentes. "Igualmente, o preconceito de classe aguça este sentimento antigovernamental, na medida em que essas pessoas têm uma cultura diferente e não vão consumir o que consome este povo", como observa Alfredo Oliva. Ele cita o exemplo dos mercados populares criados pelo governo, os Mercal, feiras livres, o Fedeval, supermercados, e os Mercados Bicentenários de distribuição de eletrodomésticos (fogão, geladeira, lavadora, micro-ondas), onde os produtos, subsidiados pelo Estado, em grande parte importados da China (em troca de petróleo), são vendidos com até 60% de desconto, sistematicamente desprezados por aquela elite. Tampouco elas vão aos médicos de bairros, onde as consultas, medicamentos e cirurgias são totalmente gratuitos, porque os médicos são cubanos ou porque ficam um pouco mais distantes de suas casas, preferindo utilizar seus planos de saúde.

Isto gera uma polarização, que acaba sustentando e estimulando o processo de desestabilização, concebido dentro e fora do país pelos prejudicados pelas reformas, principalmente da PDVSA, onde as multinacionais vinculadas ao negócio do petróleo deixaram de ganhar 500 bilhões de dólares, o dinheiro que foi para as missões sociais, como frisa Hugo Chávez.

Na eleição de 2012, Chávez procurou distender essa polarização, ao argumentar que seu governo, ao quase terminar com a pobreza e assistir a população, trouxe paz, segurança e estabilidade a todos, inclusive à burguesia: "Gustavo Cisneros (dono do complexo midiático liderado pela Venevisión) deveria votar em Chávez. Chávez deveria alcançar 100% na Lagunita do Country Club. Por que? Porque o que lhes interessa (aos ricos) é a paz. O que querem eles? Um país que volte a se desestabilizar como na época dos anos 1980? Não, a todos convém a estabilidade", argumentava o presidente, numa entrevista às véspera da eleição, à qual estava presente uma repórter da Venevisión. Quando se refere a si mesmo na terceira pessoa, o presidente explica que fala não de sua pessoa mas de "um projeto que está em marcha, uma proposta que se chama Socialismo".

O Socialismo do Século XXI, de Hugo Chávez, consiste basicamente na nacionalização dos setores estratégicos, a começar do petróleo, que estava antes de sua ascensão quase totalmente privatizado, ou terceirizado; a eletricidade, a telefonia e o setor alimentar. Mas cuida em não abolir a propriedade privada, nem namorar com a ditadura de classes. Chávez orgulha-se de ter resgatado o Socialismo como ideal de sociedade democrática, depois da derrocada do Bloco Soviético, em 1989, quando recorda:

"Alguns bons amigos (de outras partes) do mundo disseram que eu fiquei louco, quando assumimos o caráter socialista da revolução bolivariana, e depois, o primeiro plano socialista da nação." Depois argumenta: "Temos de construir nosso socialismo no marco da Constituição Bolivariana. Nós não temos prevista a eliminação da propriedade privada, nem a grande nem a pequena. Agora, (intervimos), na empresa improdutiva, que abandona seus funcionários, não cumpre as leis, que não paga impostos. Ou o latifúndio, que deixa as terras abandonadas ou improdutivas."

A principal crítica que fazia a seu adversário Henrique Capriles era o comprometimento deste com as forças do mercado, por Chávez consideradas as principais causas do afundamento da

Venezuela, sobretudo no ápice da era neoliberal, que precedeu a revolução bolivariana. Capriles e seus porta-vozes defendiam a volta da inversão estrangeira e da relação prioritária com os Estados Unidos, a abolição da ajuda em petróleo a Cuba e outros países da América Latina e da ALBA. Sobre suas relações com Cuba, o presidente costuma perguntar o quanto despenderia a Venezuela se, obedecendo às leis do mercado, contratasse multinacionais americanas da saúde e da educação para implementar seu programa de assistência médica que hoje não deixa um só venezuelano desassistido ou de reforma educacional, que erradicou o analfabetismo e deu escola, inclusive universitária, para toda a população: "Quanto custará isso em bilhões de dólares. E seria tão eficiente?"

Hugo Chávez admite que o socialismo implica inicialmente em problemas de gestão, que não são facilmente resolvidos, por isso necessita da ajuda das classes mais bem situadas na sociedade, sobretudo da classe média, com seus profissionais e técnicos e de meios de comunicação que critiquem seu governo e não o sabotei com uma campanha sistemática de negar e desinformar.

Também reconhece que necessita do concurso desses setores: "Precisamos da classe média, dos profissionais liberais, dos agricultores, da juventude, que se incorporem ao debate, com lealdade à Constituição. Porque o Socialismo do Século XXI é democrático, é o poder do povo, é o poder da nação, a independência nacional, e vai converter a Venezuela num país potência".

E explica como está produzindo a empresa socialista: "Agora, temos 150 empresas mistas, (unindo o público e o privado. Em alguns casos, os empresários aceitaram que o Estado adquira 51% (das ações), e, em outros o Estado tem 20 ou 30%. Isso é produto de mesas de diálogo e de trabalho. Estas empresas envolvem fábricas de motocicleta, de motores de refrigeração, de veículos, tratores".

Estas fábricas seriam então expandidas com o ingresso, neste projeto de país, dos setores de classe média, profissionais liberais e técnicos, que, aportando seus conhecimentos e gestão, poderiam construir um socialismo produtivo. Ele cita as realizações a alcançar:

"Nosso socialismo também é desenvolvimento econômico. Vejam as metas que temos para os próximos anos e o que tínhamos no passado. Há 15 anos, nosso PIB era de 90 bilhões de dólares e este ano (2012) vamos alcançar 400 bilhões, e isso medido a preços constantes. Isso é mais de 400% de crescimento do PIB. Hoje, somos também uma das mais prósperas economias deste continente. Agora, imaginem em 2019! Em 2014, vamos estar produzindo quatro milhões de barris de petróleo. Em 2016, seremos a primeira potência petroquímica deste continente. Em 2019, seis milhões de barris de petróleo. Também, em 2019, teremos soberania alimentar.

XXVIII — A ENTRADA NO MERCOSUL

A Venezuela estava condenada a esperar pela sua entrada no Mercosul por mais alguns anos, se não fosse o golpe constitucional contra o presidente Fernando Lugo, em junho de 2012. Talvez pretendendo tornar eterna esta espera ou inviabilizá-la de vez, os golpistas e seus inspiradores externos esqueceram da determinação da nova política integracionista, operada pela UNASUL, de rechaçar, de pronto, todo e qualquer atentado à democracia, seja militar ou civil. Este era o segundo golpe de Estado que enfrentava a UNASUL, depois de sua reação contundente à deposição do presidente Mel Zealaya, de Honduras, em 2009.

Além de suspender o Paraguai como país-membro da UNASUL e do Mercosul, os chefes de Estado sul-americanos, pela sua unanimidade, decidiram formalizar o ingresso da Venezuela no Mercado Comum do Sul, depois de seis anos de sistemática procrastinação no Senado paraguaio, a despeito de os Parlamentos dos outros três países-membros, Brasil, Argentina e Uruguai, de há muito já tê-la aprovado. Foi assim rompida, pela primeira vez, por atentado aos princípios democráticos previstos nos tratados de Ushuaya, a regra no Mercosul de adotar medidas pela anuência unânime de seus integrantes. Para ressaltar sua determinação e tornar a matéria um fato consumado, o ingresso da Venezuela foi marcado para o dia 31 de julho, em Brasília, capital do Brasil.

A cerimônia ocorreu, na data aprazada, no Palácio do Planalto, sob a presidência da presidenta Dilma Rousseff, presidenta *pro-tempore* do Mercosul, e diante dos chefes de Estado da Argentina, Cristina Kirchner, e do Uruguai, José Mujica. O presidente Hugo Chávez, sem se referir diretamente ao contencioso paraguaio, usou um ensinamento bíblico para situar a paciência venezuelana: "Como diz a Bíblia, tudo que está abaixo do Sol tem a sua hora". Depois assegurou que "a Venezuela chega ao Mercosul completa e com o desejo de nos integrar totalmente. Continuamos andando na história, preservamos a independência, e o Mercosul é o motor [desse processo]".

Além do aspecto simbólico, a adesão venezuelana representa o coroamento da política de unidade na diversidade, e, às vezes, na adversidade, que os presidentes progressistas encetaram no continente, a partir de 1999. O Brasil, pelo peso de sua geografia, economia e população, teve um papel determinante na consolidação do processo, na medida que soube, com o presidente Lula da Silva e depois com a presidenta Dilma Rousseff, usar de muita habilidade e descortino, num terreno nem sempre plano das negociações, das pressões e contrapressões, inclusive dos dois golpes de Estado acima citados.

Para conhecer melhor o papel brasileiro exercido nessa caminhada, ouvi os dois principais operadores dessa articulação, o ex-chanceler Celso Amorim e o assessor especial da presidênciada República, Marco Aurélio Garcia. Para Celso Amorim, a Venezuela, com sua capacidade energética, seus recursos naturais e com a quarta população sul-americana, de quase 30 milhões de habitantes, completa a vértebra para que o Mercosul se estenda da Terra do Fogo ao Caribe. Já Marco Aurélio Garcia observa que a Venezuela dispõe de um mercado significativo que tem muito a intercambiar com os demais sócios, sobretudo no momento em que refaz sua produção agrícola e industrial, afetada que foi pela facilidade do petróleo abundante.

Celso Amorim acha que o Paraguai, depois de harmonizada sua situação com o reingresso no Mercosul, poderá ter na Venezuela um bom comprador para sua soja e outros gêneros alimentícios, que poderão ser trocados por petróleo e gás, pois o país caribenho tem hoje as maiores jazidas comprovadas no mundo.

O ex-chanceler alerta contudo que o Mercosul só terá pleno êxito com a união aduaneira, ou seja a liberdade comercial entre os países-membros, para que, desse modo, alcance uma política conjunta na hora da negociação com os parceiros lá fora. Atualmente, a tarifa externa comum, que não é perfeita, como diz Amorim, e se situa em torno de 40% dos produtos do bloco, tem possibilitado acordos com a União Europeia, por exemplo, sem que nenhum membro se aventure a fazer negócios em separado.

Marco Aurélio, por sua vez, defende que o Mercosul não seja só mercado, mas que realize uma integração produtiva, com uma agricultura forte e uma indústria diversificada: "Não podemos exportar tudo para um país de economia menos abrangente e não querer importar nada dele, porque aí se torna uma relação predatória, além de inábil, pois este país poderá procurar outros parceiros comerciais fora da região".

Quanto à política de integração em si, tanto Amorim quanto Garcia ressaltam o fato de que ela não se restringiu ao eixo Brasília-Buenos Aires-Caracas, poia lançou as bases comerciais dos principais países com o Chile, a Colômbia e o Peru, cujo intercâmbio aumentou significativamente nos últimos dez anos.

Marco Aurélio Garcia atribui grande parte do êxito desta política à política de pacificação empreendida pelo presidente colombiano Juan Manuel Santos, para quem os conflitos, tanto interno como os da FARC, quanto externos, como aquele com a Venezuela, não seria resolvido pelas armas mas pela negociação. A partir desse entendimento, Santos pôde iniciar um diálogo com a Venezuela, que diminuiu as tensões entre os dois países e aproximou a Colômbia do convívio com o restante da região.

Já Celso Amorim destaca o papel do Conselho de Defesa Sul-Americano, da UNASUL, que, no seu entender, permitiu um maior grau de confiança e a construção de um diálogo permanente, sobretudo depois da ascensão de Juan Manuel Santos, permitindo encaminhar questões delicadas, como a instalação de bases americanas em solo colombiano.

XXIX — A DOENÇA DE CHÁVEZ

Foram 250 dias em Cuba, em menos de um ano, no período que vai de 8 de junho de 2011 a 11 de maio de 2012. Hugo Chávez foi acometido de um câncer agressivo, do tamanho de uma bola de beisebol, que se alojou supostamente na região pélvica. Ele não podia ir para aos hospitais da Venezuela, que não dispunham de *expertise* para o raro caso presidencial. Além do mais, os médicos do país, o boicotavam por causa do seu programa de democratização da medicina, o programa denominado Missão Bairro Adentro, que importou cerca de 30 mil profissionais cubanos.

A mentalidade entre os hospitais e médicos venezuelanos, como no Brasil e no resto do mundo capitalista, privilegia o lucro financeiro sobre o tratamento das enfermidades, mormente no setor popular. Os médicos tradicionais também se recusavam, por comodidade, a sair da grande cidade para o interior, mesmo com salários justos oferecidos pelo governo. Por isso, havia uma enorme população desassistida, inclusive na própria capital, como nos morros de Caracas, onde a maioria das pessoas jamais havia tido a oportunidade de um atendimento médico. A vinda dos cubanos propiciou que toda essa gente fosse não só tratada como também assistida regularmente, através do sistema de médico de família, nos módulos integrados, que Cuba popularizou em seu território e em vários países pobres e emergentes.

Diante de um quadro grave em seu estado de saúde, a alternativa de Chávez foi tratar-se em Cuba, onde se sentia cômodo, tanto por razões de segurança e afinidade com o regime como pela excelência da medicina cubana, dotada de avanços internacionais reconhecidos também na oncologia. Era igualmente uma forma de incrementar a integração daqueles dois países, cuja união já havia permitido eliminar o analfabetismo, dar assistência médica integral e gratuita à população, sobretudo a mais pobre, que nunca tinha visto um médico na vida, e a modernização da burocracia, pelo lado venezuelano; e a salvação da economia, ameaçada de colapso depois da dissolução do sistema soviético, pelo lado cubano. Era também uma maneira de dar o exemplo de unidade e aprofundar os laços com outros países latino-americanos, que sempre viveram de costas uns para os outros, por força da pressão colonialista.

Aos que prenunciavam o caos com suas frequentes saídas para o tratamento em Havana, Chávez respondeu com uma ação administrativa, econômica, política e sobretudo social das mais articuladas e efetivas. Do quarto do hotel ou da residência que Fidel e Raul Castro lhe haviam designado para a convalescência, o presidente se reunia com um grupo de ministros e técnicos quase diariamente para inteirar-se da situação e anunciar medidas importantes, como os programas sociais Gran Misión En Amor Mayor, para atender aos idosos em situação de pobreza ou que não conseguiram obter pensão de aposentadoria, Hijos y Hijas de Venezuela, destinada a combater a pobreza extrema em famílias de poucos recursos, com mais de um milhão de famílias inscritas e 50 mil bolsas já distribuídas; Saber y Trabajo, com o propósito de gerar três milhões de empregos até 2018; e Madres del Barrio, com mil créditos, beneficiando cinco mil mulheres; e, por último, o Farmapátria, que distribui remédios com preços 40% inferiores aos do mercado e a construção de uma rede de 172 farmácias estatais.

Tais medidas logo desembocaram em forte injeção na economia, como mostraram os dados do Banco Central do primeiro trimestre de 2012: 5,6% de crescimento do PIB, sendo que o setor de construção cresceu 29,6%, transportes e armazenamento, 8,5%, comércio, 7,9%, comunicações, 7%. São dados que contrastam flagrantemente com a economia da Europa, que, no mesmo período registrava recessão na Espanha, Grécia e estagnação na Inglaterra e outros países, enquanto o desemprego espanhol subia a alarmantes 24,6%, sendo que de 52% entre os jovens de 18 a 24 anos.

Hugo Chávez, que anunciou esses dados, depois de oito dias de silêncio a que se recolheu por ordem médica, ao retornar a Caracas em seguida a sua quarta aplicação de radioterapia, numa ligação telefônica à estatal Venezuelana TV, fez questão de frisar: "Isto é produto de uma estratégia social e econômica: a redistribuição da renda nacional. Boa parte desse impulso da economia venezuelana se deve ao incremento do poder aquisitivo da massa popular venezuelana, à inversão social, à injeção de recursos, à grande Misión Vivienda Venezuela (casas), a todo o esforço científico e tecnológico que estamos fazendo".

Finalmente, ele outorgou a Lei Orgânica dos Trabalhadoras e Trabalhadores, a LOTT, que diminuiu, pela primeira vez na América Latina, a jornada de trabalho de 44 para 40 horas. A nova lei ainda eliminou o sistema de terceirização na contratação de funcionários públicos, nefasta herança do neoliberalismo, que ampliou, em vez de diminuir, os gastos com o setor; ampliou as licenças pré e pós natalidade, num total de seis meses e duas semanas, e decretou inamovível, por dois anos, o pai de criança recém-nascida.

O presidente ainda tinha de dar conta de sua pesada agenda de líder latino-americano com projeção mundial. Esforçou-se para manter acesa a chama da ALBA e da Petrocaribe, que continuaram tão dinâmicas como antes, das relações bilaterais com Argentina e Brasil, e os convênios que a Venezuela mantinha com o Irã, a Rússia e a China. Ainda agiu com destemor no protesto contra a invasão da Líbia pela OTAN, quando denunciou ao mundo a atrocidade do assassinato de Muamar Kadafi, e as pressões do Ocidente contra a Síria, que geraram uma outra guerra civil, depois de terminada a ocupação líbia. E finalmente, organizou a CELAC, Comunidade dos Estados Latino-Americanos e do Caribe, em reunião momentosa realizada, em Caracas, em 2 de dezembro de 2012, com a presença da quase totalidade dos chefes de Estado da região, ele aí incluído, quando a careca da quimioterapia já exibia alguns fios novos de cabelo. Chávez que fez pelo menos dez viagens à China, cinco ao Irã, quatro à Rússia, assim como visitas a países árabes e outros emergentes, além da intensa presença nas três Américas. Para manter este giro constante pelo mundo, articulando apoio para a economia de seu país e do subcontinente, delegou poderes ao chanceler Nicolás Maduro para que o representasse nessas gestões, numa ação que culminou com a definição de Caracas como a sede da próxima reunião do MNOAL, Movimento dos Países Não-Alinhados, fundado por Nasser e Nehru, na década de 1960. Esvaziado pelo neoliberalismo e pela globalização, Chávez quer agora reavivar o movimento, nas mesmas formas que fez com a OPEP, quando chegou ao poder, em 1999.

As ausências prolongadas de Chávez do país ainda foram úteis para testar os sistemas de segurança e inteligência do governo, que funcionaram com a precisão de um relógio suíço, a despeito das ondas avassaladoras de rumores indicando um suposto estado terminal da saúde do presidente. Elaborados por potentes laboratórios psicológicos, a partir de Miami, Washington, Madri, Caracas, Rio de Janeiro e Buenos Aires, com o evidente propósito de semear o caos e a preocupação entre a população venezuelana, estes boatos esvaneciam-se com a mesma intensidade com que surgiam.

O sistema de inteligência construído com o auxílio de Cuba, considerado um dos mais adestrados do mundo, juntamente com uma ação de rua do pessoal de governo e dos partidários da revolução bolivariana, impediu que a ordem pública fosse alterada ou que a administração sofresse qualquer solução de continuidade. Era algo diferente que estava acontecendo numa democracia sul-americana, habituada no passado a conviver com conspirações, derrocadas, assassinatos e até suicídios de presidentes, na maioria das vezes patrocinadas por companhias transnacionais ou de órgãos de segurança dos Estados Unidos e da Europa.

As viagens do presidente tornaram-se fato corriqueiro, porque os venezuelanos sabiam que ele estava atento a seu povo e às coisas do Estado, tanto pela TV, que tinha permanentemente ligada, como os constantes telefonemas que dava ao vice Elias Jaua, membros da equipe e a vários representantes da sociedade, assim como a chefes de Estado, como Cristina Kirchner, Dilma Rousseff, Evo Morales e Daniel Ortega. Seus torpedos no @chavezcandanga eram outro precioso meio de interação, também administrativa. As reuniões com os ministros em Havana, à frente o chanceler Nicolás Maduro, os ministros da economia, da ciência e tecnologia, entre outros, nas quais o presidente fazia questão de postar-se tendo ao fundo as bandeiras de Cuba e da Venezuela, ladeadas respectivamente pelas fotos de Simón Bolívar e José Martí, acabaram aceitas para a maioria dos compatriotas como simples fato de rotina.

Era evidente que para a narcisista elite venezuelana, que jamais tragou aquela aproximação com Cuba, aquilo era um acinte, mesmo um achincalhe. Chávez estava cubanizando a Venezuela e era preciso dar um basta a tal pretensão.

Mas essa mesma elite, que havia se locupletado desde Cristóvão Colombo com a pobreza e miséria de seu povo, estava com o potencial político esgotado. Suas tentativas de deposição do presidente, em 2002, no golpe de 11 de abril, com o sequestro do chefe-de-estado, o *lock-out* petroleiro de dois meses, em 2003, e a tentativa de magnicídio durante o programa Alô Presidente, em Maracaibo, em maio de 2004. Por seu turno, os agentes americanos da CIA, da DEA e de fundações e empresas transnacionais, que arquitetavam golpes de Estado, como os contra Getúlio Vargas, Perón e Allende, já tinham sido expulsos do território venezuelano. Só lhe restava a mídia privada, nacional e internacional, a principal encarregada de irradiar os boatos contra o presidente, o governo e a revolução bolivariana.

Quanto ao povo, este sentia uma admiração especial por Cuba, neste caso, não apenas pelo heroismo da revolução, que resistia bravamente ao bloqueio e às perseguições norte-americanas de toda sorte, mas pelos novos sistemas de saúde e educação. Naquela altura da doença de Chávez, cerca de 500 mil venezuelanos que sofriam de cegueira, câncer e outras doenças graves já haviam ido tratar-se nos hospitais cubanos, graças aos programas denominados missões. Estas pessoas não tinham recursos para tratar-se e viviam resignadas e marginalizadas da vida social e produtiva. De lá, muitos haviam voltado curados e com uma nova disposição de viver e inserir-se na sociedade.

Hugo Chávez, no entanto, era um paciente rebelde. Ele resistiu a aceitar o câncer, quando este se manifestava de forma quase evidente em seu corpo. O próprio Chávez confessou que foi a firmeza de Fidel Castro, diante dos exames que o venezuelano foi fazer em Havana, em junho de 2011, que o convenceu a submeter-se à cirurgia. O problema é que a doença já estava avançada.

No tratamento, a rebeldia do convalescente o levava a fazer extravagâncias, como aquela de passar nove horas falando de pé aos deputados da Assembleia Nacional, em fevereiro de 2012. Chávez sentia uma compulsão de mostrar aos venezuelanos de que estava curado e que podia levar uma vida normal. Foi um erro que pagaria caro, porque dali a pouco estava sofrendo uma recidiva do câncer.

Nova crise, novas viagens e ausências prolongadas e, consequentemente, novos boatos assustadores. O presidente ainda exibia uma aparência negativa. Seu corpo estava muito inchado. Muitos observadores, mesmo seus partidários e companheiros incondicionais, passaram a duvidar de sua capacidade de sobreviver, inclusive para a eleição presidencial, marcada para 7 daquele outubro de 2012.

A revelação da recaída, feita com grandes fanfarras pela oposição, a qual, com o feito parecia desmoralizar as reservas mantidas pelo governo, ainda coincidiu com as eleições primárias oposicionistas, que escolheram um candidato único – o governador do estado de Miranda, Henrique Capriles Radonski, de 39 anos – para concorrer com Chávez. O risco de Radonski decolar e suplantar Chávez não era desprezível, ainda mais porque ele entrou de imediato em campanha, embora a legislação determinasse o início desta a partir do mês de julho.

O candidato oposicionista, no entanto, é homem ligado aos golpistas de 2002 e 2004. Filho da elite empresarial e comunicacional venezuelana, este descendente de judeus poloneses e holandeses, envolvera-se diretamente no assalto dos golpistas à embaixada de Cuba, quando Chávez encontrava-se sequestrado na ilha La Orchila. Na ocasião, era prefeito de Baruta, município situado dentro da capital Caracas. Foi acusado de incitar os golpistas, que conspiravam contra a vida dos diplomatas cubanos e por isso foi preso durante quatro meses.

    Seguiram-se cinco dolorosas sessões de radioterapia, espaçadas de sete a dez dias, depois das quatro de quimioterapia feitas durante a primeira fase da doença. O paciente finalmente cedeu à disciplina e conseguiu descansar. Ele diminuiu sua exposição, inclusive no Twitter, com o fim de recuperar-se das lancinantes aplicações de radioterapia, as quais, como se sabe, alteram as imunidades e comprometem outras partes do corpo além da área da lesão cancerígena. Pôs de lado a jactância e desabafou: "Tenho de assumir, e assim confesso ao país: eu, lamentavelmente, não vou continuar a ser o cavalo desembestado por aí. Eu não dormia. Agora estou trabalhando, segundo a lei, oito horas por dia, às vezes menos, descansando, seguindo uma dieta. Agora, pedindo a Deus que me dê a força do búfalo ao invés da do cavalo... para manter a saúde e terminar de cumprir a missão".

    O efeito colateral da nova atitude, além dos físicos decorrentes das aplicações, foi a intensificação dos boatos, os quais mesmo magnificados pelos maiores meios de comunicação do mundo inteiro, não conseguiram afetar nem a ordem pública nem o favoritismo do presidente na eleição de outubro. Não se registrou sequer uma greve, manifestação ou distúrbio de rua relevante ao longo do período que permeou a enfermidade presidencial.

    O candidato oposicionista Henrique Caprilis Radonski continuou na rabeira em que começou na disputa, com uma média de 25% a 30% de distanciamento em relação a Chávez. Isto se deveu, em grande parte, à política comunicacional do governo, que mobilizou todos os seus veículos para responder aos ataques oposicionistas e dar visibilidade aos atos governamentais. Cuidou igualmente de gerir suas próprias pesquisas eleitorais, este campo minado e altamente influenciado pelo poder econômico, as quais confrontava com as oposicionistas, sustentadas e na maioria das vezes inflacionadas pela mídia privada, como sói acontecer na Venezuela e em toda a América Latina.

Também foi decisiva a ação coesa do vice-presidente Elías Jaua, dos ministros, do presidente da Assembleia Nacional, Diosdado Cabello, e do chanceler Nicolás Maduro, na manutenção da rotina venezuelana. Estes atuavam intensamente na administração, dando respostas a problemas graves como a insegurança e a violência nas cidades, esta, aguçada pela truculenta militância oposicionista e midiática; na construção de casas para os desabrigados das enchentes, que chegaram a 250 mil naquele período da enfermidade presidencial; na extensão dos programas de *misiones* e no preparo da nova lei do trabalho. A mídia privada, sempre ditando as ordens à oposição, tentou fabricar uma crise de grandes proporções no episódio da evacuação da prisão La Planta, em maio. Tentou, em vão, açular a ira da população, a partir de câmeras instaladas no interior do presídio, com as quais transmitiam ao vivo as ameaças dos amotinados, num total de mais de mil, e as cenas do caos que o incidente gerava no trânsito, já comumente congestionado naquela área, localizada próxima ao centro de Caracas. Novamente fracassava mais uma ação golpista midiática ante a pronta ação governamental. O governo demonstrou mais uma vez controle e segurança, além de dar uma lição de democracia, ao obter a saída dos presidiários, através do diálogo. Eles foram redistribuídos em outras prisões e La Planta destinada a abrigar um centro social e de lazer, aliviando as tensões do bairro Paraiso, onde os moradores viviam assustados, desde que os governos anteriores a Chávez construíram e mantiveram a cadeia naquela área superpovoada. As ações governamentais eram ainda acompanhadas de intensa mobilização popular e comunicacional, com o fim de mostrar que, mesmo hospitalizado ou convalescente, seu presidente estava a postos. O resultado deste trabalho foi o crescimento do favoritismo na eleição presidencial, cuja campanha tinha sido deflagrada pela oposição, depois da definição de seu candidato único, em fevereiro de 2012.

A equipe ministerial ainda mostrou coesão inesperada diante da heterogeneidade dos grupos sociais e ideológicos que compõem o chavismo, ainda divididos em civis e militares, por causa da origem castrense do presidente. À frente da equipe estava o vice-presidente Elias Jaua Milano, de 42 anos, um sociólogo e ativista, que ingressou no movimento bolivariano a partir de sua militância juvenil como estudante e depois professor universitário.

Jaua é um dos integrantes da jovem equipe que Chávez promoveu no ministério, na reformulação ministerial de julho de 2010, quando o militante foi indicado para a primeira vice-presidência executiva do país e substituto eventual do presidente, cargo que, na Venezuela, é da competência privativa do chefe de Estado. Ele antes já tinha sido secretário do Movimento Quinta República (MVR), que precedeu o PSUV (Partido Socialista Unidos da Venezuela), ministro da Presidência da República e ministro da Economia. Dotado de enorme capacidade de trabalho, a ponto de ser visto atuando em várias cidades num mesmo dia, recebeu um conselho de Chávez, durante o pronunciamento quando este chegou de Cuba, em 11 de maio de 2012: "Descanse, Elias", disse Chávez com a preocupação de quem sofreu na própria carne as consequências de ser um hiperativo.

Uma das exigências da oposição era que o presidente passasse o cargo ao vice quando este fosse tratar-se em Cuba. Chávez conhecia a velha tática, usada pelas classes dominantes na Venezuela e em outras praças latino-americanas, destinada à cooptação do presidente interino e atirá-lo contra o presidente titular, perpetuando o cargo. Os vices, de uma maneira geral, sempre se prestaram a conspirações contra os titulares, fossem eles aliados ou companheiros de partido. No Brasil, Getúlio Vargas viu seu vice Café Filho, político quase desconhecido eleito no rastro do prestígio getulista, juntar-se à conjura contra o presidente que se viu na contingência de suicidar-se, em 1954.

Mais recentemente, Cristina Kirchner, deparou-se com a atitude de seu vice, logo no início de seu primeiro mandato, Julio Cobos, político provinciano igualmente catapultado pelos votos dos Kirchner. Dependendo de um único voto no Parlamento para vencer a ferrenha disputa que então travava com os ruralistas, Cristina viu aquele voto cooptado pelas forças conservadoras, impingindo-lhe acachapante derrota. A partir dali, Júlio Cobos passou a ser o maior contendor da presidenta, transformando-se, com forte apoio midiático, no virtual candidato oposicionista à sucessão. Cobos, no entanto, provou não possuir envergadura para enfrentar Cristina e no final não teve sequer apoio político para postular a candidatura. Cristina venceu a eleição com 54%, dali a pouco mais de três anos. Mas Elias Jaua não se deixou embalar pelo canto de sereia oposicionista e assumiu muitas funções presidenciais, inclusive para tocar as medidas que exigiam a administração, mas não houve o rito de transferência oficial do cargo.

Finalmente, as classes dominantes pressionaram para que Chávez se tratasse em São Paulo, onde os médicos já tinham quase curado o presidente Fernando Lugo, do Paraguai, também paciente de câncer. Mas São Paulo estava a seis horas de avião de Caracas, enquanto Havana, a duas horas e meia, e não oferecia as condições de segurança exigidas por Hugo Chávez, considerado pelos serviços secretos norte-americanos, tão ou mesmo mais perigoso do que Fidel Castro, contra quem planejaram mais de 200 atentados sobretudo fora de Cuba. Chávez ainda via na proposição uma forma de humilhar a medicina cubana, cujos avanços são contestados pela medicina capitalista, inclusive porque lhe tem imposto alguma diminuição dos lucros pelos serviços baratos ou gratuitos que presta às populações emergentes.

XXX — A ELEIÇÃO DE 7 DE OUTUBRO DE 2012

Os chavistas se levantaram às três horas da manhã para votar. Na véspera, o presidente solicitara que chegassem cedo aos locais de votação, para que ao meio-dia, eles já tivessem definido, com o seu voto, "a vitória perfeita", como proclamava. Outro pedido era para que os eleitores permanecessem nas ruas até a proclamação dos resultados o que ocorreria pouco antes da meia-noite, para assim defender o seu voto. Ele considerava que a presença massiva do povo nas praças desestimularia qualquer tentativa de desestabilização, por parte dos setores radicais da oposição, para reverter o triunfo do regime bolivariano.

Indagado por uma repórter da rede de TV Venevisión se aquela era uma forma de incitar à violência, respondeu: "É um chamado à paz, ao júbilo, à alegria. Quando peço para as pessoas ficarem na rua, é para estarmos todos atentos. Para que? Para evitar a desestabilização. (...)". Assegurou que, quando os resultados fossem divulgados, "os setores que acalentarem planos Bs, não vão poder fazer nada", porque "a Venezuela estará em júbilo". E, "se um ou outro sair para cantar fraude, primeiro, não terá nenhuma prova, e, se chamarem à violência, essas vozes se perderão no vazio". Para ele, "a maioria dos venezuelanos, que votarem no governo ou tiverem outra opção, querem paz", pontuando: "A maioria não está cega pelo ódio. Todos têm filhos, netos, família e lar, e querem preservá-los". Às quatro da madrugada, a televisão francesa *France 24* retratava as filas que se acumulavam nas zonas eleitorais, apesar de que a votação só fosse começar às 7 horas.

Numa das campanhas mais organizadas de que se tem conhecimento, Hugo Chávez fez questão de assumir o comando, nos mínimos detalhes. Nos comícios, chegava a, pessoalmente, orientar os eleitores sobre os cinco objetivos do Programa da Pátria de Governo, que abarcaria o período presidencial de 2013 a 2019.

Com a paciência e a perseverança de um professor, Chávez começava seus discursos, recitando e explicando, ponto por ponto, as implicações de cada um daqueles objetivos, que ele mesmo elaborara com o comando de campanha e que pretendia ver transformados em lei, depois da eleição:

I – Defender, expandir e consolidar o bem mais precioso que temos reconquistado depois de 200 anos: a independência nacional.

II – Continuar construindo o Socialismo Bolivariano do Século XXI na Venezuela, como alternativa ao modelo selvagem do capitalismo e com isso assegurar a maior soma de seguridade social, estabilidade política e de felicidade para nosso povo.

III – Transformar a Venezuela num país potência no social, no econômico e no político, dentro da grande potência nascente da América Latina e do Caribe, de modo a assegurar a formação de uma zona de paz na nossa América.

IV – Contribuir para o desenvolvimento de uma nova política internacional na qual tome corpo um mundo multicêntrico que permita alcançar o equilíbrio do universo e garantir a paz planetária.

V – Contribuir com a preservação da vida no planeta e a salvação da espécie humana.

A oposição e os jornalistas midiáticos procuraram ridicularizar aquelas diretrizes, alegando que "a independência não mata a fome do povo" ou que "a Venezuela não tinha condições de salvar o planeta". Chávez respondia que a independência não é um conceito abstrato. E, citando um exemplo concreto, referiu-se ao controle da PDVSA, que, antes do governo bolivariano, "mandava seus lucros de 300 bilhões de dólares para os Estados Unidos e as empresas transnacionais". "Este dinheiro agora fica na Venezuela e é carreado para construir casas, escolas, postos de saúde, ferrovias, metrô etc.", pontuou.

Para alcançar esta independência, Chávez explicava didaticamente que, ele próprio, sofrera um Golpe de Abril e o Paro Petroleiro no final 2002. Ambas as conspirações, foram derrotadas pelo povo na rua, que deu apoio à sua política social e econômica. Infelizmente, como frisou, outros presidentes progressistas que o precederam, como Cipriano Castro, Isaías Medina, não tiveram a mesma sorte e foram depostos, enquanto Carlos Delgado foi assassinado.

Diante de enormes multidões que enchiam as praças das várias cidades, ele perguntava depois quem já tinha completado a lista de 10 pessoas que deveria convencer para votar em sua chapa. Era a campanha 1x10 e Casa por Casa, nas quais os militantes se inscreviam na internet, para receberem instruções via SMS no celular.
Ele pegava o celular para perguntar a um determinado partidário se havia completado aquela tarefa naquele dia. Antes, havia instituído o Comando Carabobo, em homenagem à batalha decisiva para a independência do país, em 1821, liderada por Simón Bolívar, sob a chefia do prefeito de Caracas, Jorge Rodríguez. O comando era distribuído em sete subcomandos regionais, em 24 Estados, 33 municípios, 1.067 bairros e 11.308 núcleos de base. A estratégia ainda previa a fiscalização de 38 mil mesas eleitorais, com a realização de ensaios prévios.
Mal restabelecido do câncer que o acometera e o obrigou a passar por três cirurgias, Chávez sabia que ia ter uma campanha difícil pela frente. A oposição estava unida em torno de um só candidato, Henrique Caprilles, um tipo atlético de 40 anos, que desfrutava de amplo apoio financeiro e midiático no país, e,principalmente no exterior.
Ao mesmo tempo lutava contra o divisionismo em suas hostes, a que atribuía grande parte da perda de apoio eleitoral verificada nas duas últimas eleições para o Parlamento e os governos estaduais, além da derrota do referendo para a reforma constitucional de 2007. Desta vez, ele resolveu assumir, mesmo convalescente, a situação que o obrigava a falar ao povo, em entrevistas ao telefone pela TV e pelo rádio, todas etapas da campanha, pois sabia que sua autoridade poderia impedir qualquer veleidade pessoal que afetasse o objetivo maior da vitória.

De seu leito no hospital em Cuba, onde ficou 250 dias, nas muitas viagens que fez por causa da doença, Chávez teve de orientar a antecipação da campanha, provocada pela oposição que colocara o bloco na rua, antes do período legal previsto em lei. E teleguiou de Havana muitos comícios na capital e no interior que tiveram ampla participação popular, apesar de sua ausência física.

Finalmente, Chávez tinha em mente as eleições para o governo dos 24 estados venezuelanos que se daria a pouco mais de dois meses, em 16 de dezembro. Estas demandariam uma nova batalha, quase tão excruciante à quanto presidencial. Uma vitória decisiva em 7 de outubro lhe daria musculatura suficiente para, partir de uma base mais confortável, recuperar muitas dos governos perdidos para a oposição, no pleito de 2008.

O resultado deste empenho foi que, desde o início extraoficial da campanha, o nome de Hugo Chávez despontava como o franco favorito, à frente de seu oponente com pelo menos dez pontos percentuais. Temeroso que o triunfalismo o prejudicasse e favorecesse o adversário, ele redobrava seus esforços a cada pesquisa que saía.

Este cuidado e o crescimento dos opositores nas eleições precedentes levaram os adversários e seu formidável aliado, a mídia hegemônica, tanto no país como no exterior, a difundir mundo afora que Chávez iria perder a eleição. Para tanto, utilizavam pesquisas eleitorais sem a menor credibilidade, indicando que Henrique Capriles estava em empate técnico ou que já tivesse ultrapassado o líder bolivariano.

Isto levou "respeitáveis" meios de comunicação, com seus avassaladores sites na internet, a criar, no dia da eleição, o 7 de outubro, uma expectativa de que a derrota se avizinhava de Hugo Chávez: "Venezuelanos vão às ruas sob cenário incerto", *O Estado de S. Paulo*; "O maior teste de Chávez", *O Globo*; "A Venezuela vota e toda a América Latina está em suspense", *La Nación*; "Uma clara perda de votos para o chavismo, depois de 14 anos no poder", *Clarín*; "Chávez põe em jogo sua cruzada socialista e eleitoral", *Agência Reuters*.

A mesma *France 24*, um canal estatal hoje sob a responsabilidade do presidente socialista François Hollande, que registrava a presença de eleitores nas filas de votação às quatro horas da manhã de 7 de outubro, anunciava do alto de sua irresponsabilidade: "A Frente anti-Chávez faz tremer o presidente em fim de mandato". O curioso é que essa manchete permaneceu no site france24.com/fr/ por mais de 12 horas depois de anunciados os resultados oficiais dando a vitória de Hugo Chávez. Até o progressista Guardian, de Londres, caía na esparrela da desinformação: "O Culto a Chávez acabou". Tampouco o sinistro Nélson Bocaranda, que deu em primeira mão a notícia da doença de Chávez, poderia faltar com suas previsões apocalípticas, ao afirmar ao jornal La Nación, de Buenos Aires: "O Chávez nunca pensou que os pobres fossem apoiar outro candidato". Por fim, a capa da revista norte-americana Newsweek, estampava "Adios, Chávez?", assim mesmo, em espanhol, em sua edição internacional em inglês daquela semana.

Tais manchetes, de enorme repercussão política, ainda que não tanto entre os chavistas, porque vacinados de outros carnavais, provocavam naturais preocupações no comando de campanha. O ex-vice-presidente José Vicente Rangel, jornalista bem informado e com trânsito na oposição, havia alertado para o risco de a ultradireita desconhecer o resultado eleitoral, por julgá-lo fraudulento e dessa forma, justificar outro golpe, através do incitamento à violência, como ocorrera em eleições anteriores.

Rangel, integrante da direção de campanha, estava convencido de que a oposição lançava todas as suas fichas nesta eleição e poderia novamente apelar para o golpe, a partir da agitação de rua e o auxílio da mídia. Assim tinha acontecido, em abril de 2002, com o Golpe de Abril, o Paro Petroleiro, de dezembro de 2002 a fevereiro de 2003 e o referendo revogatório de 2004, em que Chávez saíra vencedor, mas a oposição contestou, com distúrbios, alegando fraude.

O raciocínio de Rangel, que parecia ser o mesmo de Hugo Chávez, baseava-se no fato de os apoiadores do candidato opositor

Henrique Capriles Radonski negarem-se a subscrever o acordo de reconhecimento dos resultados, firmado por Chávez no Conselho Nacional Eleitoral, enquanto seus companheiros desqualificavam o organismo, o Plano República, apoio militar para garantir as eleições, e em geral, desconheciam a legitimidade democrática do governo constitucional.

Pouco depois da meia-noite em Brasília e das 22:30 horas, em Caracas, os resultados divulgados pelo Conselho Nacional Eleitoral, depois de apurar 96,7% das urnas, surgiam límpidos e cristalinos, sem dar a menor margem a dúvidas: Chávez venceu em 22 dos 24 Estados e 82% dos 365 municípios, recebendo, no plano nacional, 55,11% dos votos, contra 44,27% de Henrique Capriles, uma diferença equivalente a 1,5 milhão de votos. Um dado importante desta eleição foi o comparecimento de 80,10% de 18 milhões de eleitores, num país onde o voto é facultativo e o eleitor não sofre qualquer tipo de sanção, caso o eleito se recuse a sufragá-lo.

Os fatos mostravam mais uma vez sua preponderância sobre a desinformação e Hugo Rafael Chávez Frias foi reeleito com consagradora maioria, a ponto de obter o imediato reconhecimento do candidato derrotado Henrique Capriles. Este gesto foi reconhecido pelo presidente reeleito que, no discurso da vitória, fez uma homenagem ao patriotismo da oposição, a quem estendeu as mãos e a convidou para trabalharem juntos na construção do país socialista, obviamente respeitando as diferenças. Chávez não esperou pelo telefonema protocolar do ex-candidato e fez questão de ligar-lhe, pessoalmente, para, mais uma vez, formular o convite pela unidade nacional, e Capriles respondeu desejando "vida longa".

De imediato, Hugo Chávez recebeu as homenagens dos presidentes progressistas e cumprimentos dos outros presidentes latino-americanos, dos Estados Unidos e da União Europeia. Só o Canadá se recusou a fazê-lo. A presidenta da Argentina, Cristina Kirchner, foi a primeira a telefonar. Cristina reproduziu parte da conversa em seu Twitter: "Hugo, você sempre lembra as palavras do Bolívar solitário do exílio, quando dizia: 'Sinto que arei no mar'". Hoje quero dizer que você arou na terra, a semeou, a regou e agora faz a colheita. Sua vitória é também a nossa. A da América do Sul e do Caribe. Força, Hugo! Força, Venezuela! Força, Mercosul e UNASUL!"

A presidenta Dilma Rousseff, do Brasil, onde também se realizaram eleições municipais em nível nacional, classificou a reeleição de Chávez como um "processo democrático exemplar". Numa ligação de 15 minutos, na segunda-feira, Dilma ainda elogiou "o processo de votação, marcado por eleições tranquilas, o alto índice de comparecimento às urnas (80,10%) e o baixo nível de votos nulos". A presidenta ainda disse que o Brasil está pronto a colaborar com o venezuelano na construção de uma América mais justa e igualitária.

Em outro país, a mídia hegemônica ressaltaria o espetáculo democrático daquelas eleições livres, participativas e inquestionavelmente democráticas. A oposição preferiu, desta vez, abandonar seu ranço golpista, e reconhecer não apenas a vitória do vencedor, como também atestar que não houvera fraude no processo. Mas isto não ocorreu. Procurando desqualificar, ainda que agredindo os fatos, a mídia internacional teve de admitir que "as eleições venezuelanas foram livres", mas ressalvando que "não foram justas", em flagrante discrepância com o veredicto dos observadores internacionais, inclusive do Center Carter e da UNASUL. Alguns jornais chegaram ao cúmulo de dizer que Chávez não saíra tão vitorioso, porque teria havido "empate técnico". Melhor seria alegar que a vitória não teria sido tão retumbante quanto a de 2006, quando ele obteve 62,84%, numa competição fracionada por diversos candidatos oposicionistas, em contraposição à eleição de 2012, quando os adversários se uniram em torno de um único postulante. Na verdade, os 55,11% de 2012 foi um pouco menor do que os 56,2% que obteve naquela de sua estreia de 1998. A mídia ainda retomou sua antiga arenga de que o país continuava dividido, porque 44%

tinham votado em Capriles, o que levou Chávez a indagar se os Estados Unidos também ficavam divididos quando elegiam seus presidentes, em disputas igualmente acirradas, pontuando: "Ou estão querendo uma vitória de 100% dos votos?"

Ele falava durante uma entrevista coletiva, dois dias depois da eleição, a que compareceram 50 jornalistas internacionais e 24 venezuelanos, incluindo mídia privada, oficial e comunitária, quando também pediu objetividade da mídia: "Tomara que aqueles que tenham alguma dúvida, por uma outra razão, se convençam definitivamente para sempre que aqui está em marcha um processo democrático e que será cada dia mais democrático e mais transparente".

Argumentou que "o povo votou pela continuidade de um projeto político, econômico e social, de corte socialista. E isso é muito importante porque vai nos permitir, em paz e democracia, continuar consolidando as realizações obtidas, ao abrir o novo ciclo de 2013 a 2019".

Sobre o entendimento com a oposição, Chávez discorreu que, nos anos 1980 e 1990, "o diálogo era de chumbo", enquanto a revolução bolivariana veio para inaugurar, em 1999, uma nova era na Venezuela. E um dos elementos definitórios desta nova era é precisamente uma nova forma de diálogo, um chamado ao entendimento, e à convivência, à paz.

Citou, como exemplo desta nova diretriz, a Constituição de 1999, escrita num processo de ampla participação coletiva, abrangendo todo o país, depois submetida a referendo e aprovada pela grande maioria (87,75%): "Não há precedente, em toda a história da Venezuela e eu não sei se na Europa ou neste continente, de um processo como este, fundamentado na maior participação, debates, diálogos com católicos, ateus, evangélicos, protestantes, a diversidade sexual, afrodescendentes, índios... e militares".

"Só depois desse debate a Constituição foi redigida e submetida a referendo. Desde então, é esse o nosso espírito", atalhou.

Recordou ainda seu esforço conciliatório depois do golpe de Estado de abril de 2002, durante o qual foi preso e depois resgatado pelo povo: "Neste mesmo salão", disse referindo-se ao Salão Ayacucho, do Palácio Miraflores, "regressando quase da morte, a primeira coisa que fiz foi libertar alguns ministros conspiradores, incluindo algumas senhoras (em vestidos de gala) que não conseguiram escapar (depois da retomada do palácio pelas forças leais ao presidente constitucional). E aqui mesmo convoquei uma entrevista coletiva, uma cadeia nacional (de TV) em que chamei para o diálogo, nomeei o vice-presidente José Rangel coordenador da mesa de diálogo, que aqui mesmo se instalou. Eu ia a muitas dessas reuniões, ouvindo até observações desrespeitosas, porque a oposição interpretou aquele chamado ao diálogo como um sinal de debilidade".

Recordou que aquelas reuniões contaram com a participação do secretário-geral da OEA, César Gaviria, ex-presidente da Colômbia, o ex-presidente Jimmy Carter, dos Estados Unidos, então já dirigindo seu Centro Carter: "O Carter ia e vinha (ao Miraflores) e então propôs uma reunião minha com os dirigentes opositores". Ele me disse: "Olha, o senhor tem de compreender que eles não virão aqui a Miraflores". Respondi-lhe: "Não importa. Entendo, proponho a sede da Conferência Episcopal". Alguns disseram que sim e, ao final, disseram que não. Aí o Carter disse: "Não foi possível. Eles agora querem outro lugar, que não acho o mais correto, porque também fui presidente". E eu indaguei: "Então, onde eles querem?" Carter respondeu: "No hotel onde estou (hospedado). O senhor não aceita isso, não é?". Eu disse: "Sim, eu aceito". E fui lá. Eles não foram".

Mesmo atento a este histórico, Hugo Chávez, reiterou seu propósito manifestado no discurso da vitória de 2012: "Hoje ratifico meu chamado aos dirigentes da oposição para que falem claro ao país e que mostrem uma vontade de convivência. Porque alguns setores da oposição entendem o diálogo da velha maneira, como um pacto entre as elites. Se você não aceita o que eles propõem, você é um tirano e (assim) não há diálogo. Este é o diálogo deles. É a imposição, porque se acostumaram toda vida, aqui havia o Pacto de Punto Fijo, com AD (Ação Democrática), COPEI (Partido Democfrata Cristão), Fedecâmeras, organização máxima dos empresários, as cúpulas da grande burguesia e a cúpula operária. Então, eles impunham as posições burguesas ao povo, através de presidentes que terminavam sendo marionetes da grande burguesia".

"Eu não cheguei aqui para submeter minha pessoa e muito menos o governo ou o Estado aos interesses da burguesia. (Agora, sintonizados com) os interesses nacionais e o mandato da Constituição, dentro deste marco, nós estamos abertos e dispostos a promover e impulsonar diferentes mecanismos de encontros, de debates e díálogos. E também criamos muitas instuições que estão aí, como a Assembleia Nacional (o Parlamento)... Que façamos um debate, aberto e franco e que a oposição ou a elite opositora mude (suas posições) que nós também mudamos as nossas."

E assim terminava a 16ª eleição nacional, mais de uma a cada ano, na Venezuela bolivariana, que se mostra cada vez mais democrática e empenhada na integração latino-americana, construindo, dessa forma, o polo energético-alimentar capaz de conferir poder determinante ao subcontinente, no cenário mundial, dentro de muito pouco tempo.

Agradecimentos

Este livro não teria sido possível sem a ajuda despretensiosa de muitos amigos, que me estimularam e aprofundaram minha visão deste novo mundo pluripolar que se descortina depois da chegada ao cenário de Hugo Chávez. Infelizmente, não posso citar todos, mas não poderia deixar de registrar quanto foi valiosa a colaboração de Beto Almeida, dirigente em Brasília da Telesur e presidente da TV Cidade Livre, de Brasília, que, como ativista integracionista, me indicou muitos contatos na Argentina e na Venezuela; Helena Iono, também da TV Cidade e moradora eventual em Caracas, que obteve alguns depoimentos para este trabalho e me foi indispensável na revisão dos originais, a cargo do jornalista Jairo R. Viana e da revisora Antonieta Canelas; dos jornalistas Edgardo Esteban, correspondente da Telesur, e Stela Calloni, de Buenos Aires, que foram essenciais na compreensão do fenômeno de transformação empreendida naquele país por Néstor e Cristina Kirchner; do escritor Giulio Santosuosso e do editor Carlos Parra, da Editorial Galac, do escritor Humberto Gómez García, e do jornalista Ovidio Cabrera, ex-vice-presidente da Telesur, que me mostraram os caminhos das pedras na Venezuela. Segue ainda meu reconhecimento ao editor José Carlos Venâncio, que vem seguida e entusiasticamente publicando meus livros, desde o "Brizola Tinha Razão", em 1987, pela Global Editora, o "El Caudillo – Leonel Brizola", pela Editora Aquariana, em 2008, e agora "Quem Tem Medo de Hugo Chávez?", também pela Editora Aquariana, de São Paulo. O agradecimento final vai para meus filhos Gustavo, autor da capa deste livro e de "El Caudillo", e de Guilherme e Gabriel, que me incentivaram com sua juventude e assessoramento digital dos mais competentes.

Bibliografia

AMORIM, Celso. *Conversas com jovens diplomatas*. Bencirá, 2011, São Paulo.

BATISTA, Paulo Nogueira. *O Consenso de Washington – A visão neoliberal dos problemas latino-americanos, PEDEX – Programa Educativo da Dívida Externa*, 1994, São Paulo, Brasil.

BRITTO GARCÍA, Luis. *Socialismo del Tercer Milenio*. Monte Ávila Editores, 2008, Caracas, Venezuela. http://www.scribd.com/doc/49435535/socialismo-tercer-milenio-Luis-Britto-Garcia

BRITTO GARCÍA, Luis. *Dictadura mediática en Venezuela. Investigación de unos medios por encima de toda sospecha*. Ediciones Correo del Orinoco., 2012, Caracas, Venezuela.

BROUWER, Steve. *Revolutionary Doctors*. Monthly Review Press, 2011, New York, USA.

CALLONI, Stella. *Evo EN La Mira – CIA y DEA en Bolivia*. Editora Punto del Encuentro, 2009, Buenos Aires, Argentina.

CARDENAL, Fernando. *Junto a mi Pueblo, con su Revolución. Memórias*. Editorial Trotta, 2009, Madrid, Espanha.

CARDOSO, Fernando Henrique. *A Arte da Política – A história que vivi*. Civilização Brasileira, 2006, Rio de Janeiro, Brasil.

CARMONA Estanga, Pedro. *Mi Testemonio ante la Historia*, 2ª edición, 2005, Caracas.

CASTRO Ruz, Fidel. *Por todos os caminhos de la Sierra – Victoria Estratégica*. Oficina de Publicaciones del Consejo de Estado de la República de Cuba, 2010, Habana, Cuba.

CASTRO, Fidel. *Reflexiones*. Ocean Sur, 2010, Melbourne, Austrália.

CASTRO, Juanita. *Fidel e Raúl, meus irmãos. Memórias contadas a Maria Antônia Collins*. Tradução: Rodrigo Leite. Planeta, 2011, São Paulo, Brasil.

ESTEBAN, Edgardo. *Iluminados por el Fuego*. Editorial Biblos, 2002, Buenos Aires, Argentina.

GOLLINGER, Eva. *Bush vs Chávez*. Monthly Review Press, 2007, New York, USA.

GOLLINGER, Eva. *The Chávez Code: Cracking U.S. Intervention in Venezuela*. Olive Branch Press, 2006, Northampton, Massachusetts.

GÓMEZ García, Humberto. *Hugo Chávez Frías, del 4 de Febrero a la V República*. Colección 4F, 2012, Caracas, Venezuela.

GOTT, Richard. *À Sombra do Libertador*. Expressão Popular, 2005, São Paulo, Brasil.

GOTT, Richard. *Hugo Chávez and the bolivarian revolution*. Verso, 2005, London, Inglaterra.

MOCHKOFSKY, Graciela. *Pecado Original – Clarín, Los Kirchner y la Lucha por el Poder. Espejo de la Argentina*. Planeta, 2011. Buenos Aires, Argentina.

HARNECKER, Marta. *Um homem, um povo*. Editora Expressão Popular, 2004, São Paulo, Brasil.

KOZLOFF, Nikolas. *Hugo Chávez: Oil, politics and the challenge to the U.S.* Palgrave MacMillan, 2007, New York, USA.

MARCANO, Cristina e BARRERA, Alberto. *Hugo Chávez sem uniforme*. Gryphus, 2004, Rio de Janeiro, Brasil.

MONIZ BANDEIRA, Luiz Alberto. *Fórmula para o Caos – A derrubada de Salvador Allende*. Civilização Brasileira, 2008, Rio de Janeiro.

MORAIS, Fernando. *Os últimos soldados da Guerra Fria*. Companhia das Letras, 2011, São Paulo, Brasil.

MOCHKOFSKY, Graciela. *Pecado Original – Clarín, Los Kirchner y la Lucha por el Poder. Espejo de la Argentina*. Planeta, 2011, Buenos Aires, Argentina.

PAGE, Joseph. *Perón. Una biografía*. Traducción: Martha Gil-Montero. Grijabo Mondadori, 1999, Buenos Aires, Argentina.

PERÓN, Juan. *Tercera Posición y Unidade Latinoamericana*. Selección Fermin Chavez. Editorial Biblos, 1990, Buenos Aires, Argentina.

PERÓN, Juan Domingo. *Los Vendepatria – História de una Traición*. Rueda e Brachet-Cota Editores, 1983, Buenos Aires, Argentina.

PERDOMO, Euclides. *"El País", contra la lógica*. Ediciones Correo del Orinoco. Colección Guerra Mediática, 2012. Caracas, Venezuela.

POSADAS, J. *América Latina: Del Nacionalismo Revolucionario al Socailismo*. Ediciones Ciencia Cultura Política y Fundación Editorial El Perro y La Rana, 2008, Caracas, Venezuela.

RAMÍREZ Roja. Kléber. *Historia documental del 4 de Febrero*. Colección 4F, 2012, Caracas, Venezuela.

RICE, Condolezza. *No High Honor – A Memoir of my Years in Washington*. Crown Publishers, 2011, New York, USA.

ROMANO, Vicente. *La Violencia Mediática. El Secuestro del conocimiento*.

SÁNCHEZ OTERO, Germán. *Abril Sin Censura*. 2012, Habana, Cuba.

SANTOSUOSSO, Giulio. *Reinventar a Venezuela: una estrategia para el siglo XXI basada en el desarrollo personal*. Editorial Galac, 1992, Caracas, Venezuela.

TORRES, Juan Carlos. *Operação Xeque – A verdadeira história do resgate de Ingrid Betencourt*. 2009, Planeta, São Paulo, Brasil.

VILLEGAS POLJAC, Ernesto. *Abril Golpe Adentro*. Editorial Galac, 2009, Caracas, Venezuela.

WORNAT, Olga. *Cristina – Vida pública y privada*. Planeta, 2010, Buenos Aires, Argentina.

Depoimentos

Alfredo Oliva
Álvaro Díaz
Arevalo Mendez
Beto Almeida
Carlos Parra
Carlos Amoim
Celso Amorim
Edgardo Esteban
Ernesto Villegas
Giulio Santossuosso
Helena Hiono

Helena Salcedo
Humberto Gómez García
José Genoíno
Juan Pablo Lohlé
Juan Paz Morález
Julio García Montoya
Marco Aurélio Garcia
Ovídeo Cabrera
René Maurício
Stella Calloni
Yamila Blanco

Fotos

Ingresso da Venezuela no Mercosul – 30/07/12 (Chavez Dilma Mujica Cristina se dão as mãos)
http://agenciabrasil.ebc.com.br/sites/_agenciabrasil/files/gallery_assist/24/gallery_assist700058/AgenciaBrasil310712WDO_6763_1.JPG
Reunião em Buenos Aires para assinar a ata constitutiva do Banco do Sul (9/12/2007)

Primeira Página ld Nacional e Universal de 12/04/2002 (Ernestina Noble e general Rafael Videla, na inauguração da Papel Prensa, em 27/09/1978). Wikipedia em português: http://pt.wikipedia.org/wiki/Papel_Prensa

Chavez e Kirchner vendo mapa Gasoduto do Sul (acervo Wikipedia Found.)
http://pt.wikipedia.org/wiki/Grande_Gasoduto_do_Sul

Cabo de fibra óptica ligando Venezuela a Cuba 640 gigas p/segundo
http://esquerdopata.blogspot.com.br/2012/05/cabo-de-fibra-otica-venezuelano-chega.html

Banco del Sur (Foto dos Kirchner, Chávez, Lula, Evo, na assinatura do Banco del Sur, em Buenos Aires)
http://es.wikipedia.org/wiki/Banco_del_Sur

Foto do Buque Eva Peron para a PDVSA (EFE, no noticias 24. Capa da Veja: Quem precisa de um novo Fidel?)
http://veja.abril.com.br/idade/exclusivo/040505/capa.html(http://www.noticias24.com/internacionales/noticia/40476/botan-al-mar-buque-petrolero-argentino-eva-peron-destinado-a-pdvsa/ e texto em Telam (12/04/2012)
http://www.telam.com.ar/nota/31445/
http://www.youtube.com/watch?v=Dn7ijF8vKPU

Vídeos

La revolución no fue televisionada
Asedio a una embajada. Ángel Palacios. Caracas, 2008
www.medioscomunitarios.org
Caracas. Associación Nacional de Medios Comunitarios Libres Alernativa.
Endereço no Youtube:
http://video.google.com/videoplay?docid=-1352185964025828251

Auto juramentação de Carmona (Carlchucho. Caracas, 2006. 12 minutos)
Endereço no Youtube: http://www.youtube.com/watch?v=Dn7ijF8vKPU

Abreviaturas e Siglas

ABC – Pacto de Não Agressão da Argentina, Brasil e Chile
ALADI – Associação Latino-Americana de Integração
ALBA – Aliança Bolivariana para os Povos de Nossa América
ALCA – Área de Livre Comércio das Américas
ALCSA – Associação Latino-Americana de Livre Comércio
AUC – Autodefesas Unidas da Colômbia
Banco do Sul
BASIC – Brasil, África do Sul, Índia e China
BBC – British Broadcast Corporation
BID – Banco Interamericano de Desenvolvimento
BNDES – Banco Nacional de Desenvolvimento Econômico e Social
BRIC – Brasil, Índia e China
CAN – Comunidade Andina de Nações
CARICOM – Comunidade dos Estados do Caribe
CELAC – Comunidade dos Estados Latino-Americanos e Caribenhos
CEPAL – Comissão Econômica para a América Latina e o Caribe
CIA – Central Intelligence Agency
CIDH – Comissão Interamericana dos Direitos Humanos (órgão da OEA)
CNN – Cable News Network
CNE – Conselho Nacional Eleitoral
CÚPULA ASA – Cúpula América do Sul-África
CÚPULA ASP – Cúpula América do Sul-Países Árabes
ELP – Exército de Libertação Nacional (Colômbia)
EMBRAPA – Empresa Brasileira de Pesquisa Agropecuária
FMI – Fundo Monetário Internacional
FARC-EP – Forças Armadas Revolucionárias da Colômbia-Exército do Povo

GDA – Grupo Diários América
Mercosul – Mercado Comum do Sul
MINCI – Ministerio del Poder Público para la Comunicación e Información
NAFTA – North American Free Trade Agreement
OEA – Organização dos Estados Americanos
OMC – Organização Mundial do Comércio
ONG – Organizações Não Governamentais
ONU – Organização das Nações Unidas
PAC – Programa de Aceleração do Crescimento
RESORTE – Lei de Responsabilidade Social no Rádio, TV e Meios Eletrônicos
OTAN – Organização do Tratado do Atlântico Norte
RCTV – Radio Caracas Televisión
SEBIN – Serviço Bolivariano de Inteligênca Nacional
TEC – Tarifa Externa Comum
TIAR – Tratado Interamericano de Assistência Recíproca
UNESCO – Organização das Nações Unidas para Educação, Ciência e Cultura
USAID – United States Agency for International Development
ULAM – União Latinoamericana de Agências de Notícias

Sites e Blogs

Nacionais
cafenapolitica.com.br
cartacapital.com.br
cartamaior.com.br
conversaafiada.com.br
estadão.com.br
folha.com
oglobo.com.br
politicaparapoliticos.com.br
pdt.org.br
pt.org.br
tvcomunitariadf.com

Internacionais
andes.info.ec
aporrea.org
cubadebate.cu
france24.fr
news.bbc.co.uk
hispantv.com
noticias24.com
Prensa Latina
Presstv.com
telam.com.ar
telesurtv.net

ÍNDICE REMISSIVO

A

Acta de Constitución del Gobierno de Transición Democrática y Unidad Nacional, 150
AD (Ação Democrática), 147, 242
Adolfo Pérez Esquivel, 118
AFSCA, 174
ALBA, 19, 22, 25, 49, 78, 79, 87-89, 216, 225
Alberto Federico Ravel, 155
ALCA, 81
Alfredo Oliva, 211, 214
Alfredo Peña, 142, 146
Alí Rodríguez, 46, 47, 57, 101, 103, 104
Alí Uzcátegui, 156
Aliança para o Progresso, 191
Al-Jazeera, 120
Allende, 15, 40, 44, 52, 64, 138, 227
Alô, Presidente, 88, 123, 124, 227
Alvarado, 15, 33, 61, 62, 64
Álvaro Uribe, 22, 92, 96, 101, 111, 179-181, 183-187, 193
American Airlines, 71
Anastasio Somoza, 70
Andrés Mata Osorio, 155
Andrés Pastrana, 181
Ar-Sat, 210
Assembleia Geral das Nações Unidas, 45, 198
AUC, 181, 191
Autodefesas Unidas da Colômbia, 181, 191
Autoridade Federal de Serviços de Comunicação, 174

B

Baltasar Porras, 145, 146, 147
Banco da Venezuela, 213
Banco do Sul, 41, 73, 75, 76, 79, 105, 109, 111
Banco Santander, 213
Banerj, 70
Banespa, 70

BBC, 73, 114, 115, 120, 140
Berenice Gómez, 154
Bill Clinton, 21, 45, 65, 82, 160
BNDES, 15, 70
Bogotazo, 189
Bolívar, 12-14, 18, 25, 28, 29, 31, 33, 34, 43, 48, 59, 91, 96, 119, 132, 149, 183, 187, 202, 227, 235, 239

C
Canaima, 129, 208
Cantv, 129
CAP, 43
Caracazo, 10, 18, 27, 29, 107
Carlos Andrés Pérez, 18, 43, 63, 103, 150, 212
Carlos Delgado, 235
Carlos Fernandez, 151
Carlos Ibañez del Campo, 37
Carlos Menem, 82, 163, 165
Carlos Ortega, 142
Carlos Parra, 129, 243
Casa Branca, 45, 159
Casa Nariño, 180
Casa Rosada, 96, 163, 171, 176
Cátia TV, 153
CDS, 102
Ceibal, 207
CELAC, 19, 94, 97, 99, 197, 225
CEPAL, 112
Chávez Candanga, 131
Che Guevara, 99, 124, 127
CIA, 13, 39, 40, 59, 100, 146, 152, 160, 227
CIDH, 195, 198, 199, 200
Cipriano Castro, 235
Círculos Bolivarianos de Defesa da Revolução, 153
Cisneros, 142, 145, 155, 215
Ciudad Caracas, 133
Clarín (grupo), 169, 171, 172, 176, 177
Clausewitz, 43
CNN, 73, 114, 115, 120, 140, 141, 155
Coca-Cola, 22, 88

Comando Carabobo, 235
Comando do Sul, 179
Comando Unificado da Força Armada Nacional, 145
Comissão Econômica para a América Latina e o Caribe, 112
Comitês Revolucionários Cubanos, 153
Companhia Anônima de Telefones da Venezuela, 129
Complexo Cirogénico do Oriente, 58
Comunidades de Estados da América Latina e Caribe, 19
Condolezza Rice, 86, 159
Conectar Igualdad, 207
Confederação dos Trabalhadores da Venezuela, 140
Conferência Pan-Americana, 82
Connie Mack, 118
Conoco Phillips, 51
Consecomercio, 151
Conselho de Defesa Sul-Americano, 101, 102, 103, 221
Conselho Nacional Eleitoral, 238
Consenso de Washington, 23, 27, 35, 71, 81, 86, 127
Contracúpula, 21, 86
Conviasa, 33
COPEI, 151, 242
Correo del Orinoco, 14, 132
Corte Interamericana de Direitos Humanos, 198, 199, 200
Cristina Fernandez, 69
Cristina Kirchner, 109, 119, 132, 163, 166, 167, 176, 186, 219, 226, 231, 238
CUFAN, 145
Cúpula da América Latina e do Caribe sobre Integração e Desenvolvimento, 97, 107
Cúpula das Américas, 21, 22, 82, 86, 88, 89, 92, 115, 127, 128
Cúpula dos Povos, 21, 86, 115
Cúpula Ibero-Americana, 127, 128
Cúpula Sul-Americana, 95, 96
Cúpulas Ibero-Americanas, 92
CVT, 140

D

Daniel Ortega, 22, 23, 70, 84, 125, 126, 142, 196, 226
Daniel Romero, 150
Danny Grover, 118

DAS, 182
David Graiver, 176
DEA, 60, 227
Departamento Administrativo de Segurança, 182
Diego Ascencio, 193
Diego Maradona, 21, 183
Dilma Rousseff, 69, 101, 219, 220, 226, 239
Diosdado Cabello, 154, 157, 230
Dom Ignacio Velasco, 151
Drug Enforcement Agency, 60, 227

E
Edgardo Esteban, 115, 166
Editorial Galac, 129
Eduardo Dualde, 40, 163
Eduardo Galeano, 118, 123
El Calafate, 167
El Nacional, 138, 143, 155
El Tiempo, 137, 186
El Universal, 138, 143, 155
Eletrobras, 70
Elias Jaua, 226, 231, 232
Eliécer Hurtado Sucre, 145
Eliecer Jorge Gaitán, 190
ELN, 187, 189, 192, 193
Empresa de Soluciones Satelitales, 210
Enarsa, 76
Enersa, 73
Era Vargas, 12, 14, 16, 71, 82
Eric Nepomuceno, 177
Ernesto Cardenal, 118
Escola das Américas, 93
Escritório do Alto Representante das Nações Unidas para os Direitos Humanos, 180
Eusébio Leal, 33
Evo Morales, 21, 22, 23, 41, 60, 70, 74, 84
Exército de Libertação Nacional, 189
Exxon Mobil, 51

F
Facebook, 121

FARC, 72, 141, 179, 183, 186, 187, 189, 192, 193, 221
Faruk, 61
Fedecâmaras, 53, 140, 142, 145, 151
Fedeval, 214
Fernando Armindo Lugo de Méndez, 23
Fernando De La Rúa, 165, 195
Fernando Henrique Cardoso, 40, 48, 65, 71, 81, 90, 97, 107, 195
Fernando Lugo, 60, 70, 84, 93, 100
Fidel Castro, 17, 21, 29, 31-34, 46, 59, 65, 72, 78, 89, 124, 144, 190, 228, 232
FMI, 10, 18, 26, 27, 66, 77, 85, 107, 110, 128, 135, 166, 169, 212
Forte Tiuna, 143, 145, 147, 152, 155, 156
Fox News, 73, 114, 115
France 24, 115, 233, 237
Francis Fukuyama, 81
François Hollande, 237
Fundação Nacional Cubano-Americana, 32

G
Gabriel Turbay, 190
Gaitán, 190, 191
Gamal Abdel Nasser, 61, 62
Gasoduto do Sul, 16, 72, 76, 77
Gaviria, César, 56, 57, 241
George Marshall, 190
George W. Bush, 21, 45, 65, 85-88, 159, 160, 185
Geraldo Nascimento e Silva, 193
Germán Sánchez Otero, 144, 146
Getúlio Vargas, 12, 15, 37, 64, 71, 99, 138, 227, 231
Giulio Santosuosso, 116
Globo, O, 137, 171, 236
Globovisión, 143, 155
Godoy Peña, 156
Golpe de Abril, 16, 60, 125, 212, 234, 237
Guardian, 237
Guillermo León Valencia, 191
Gustavo Cisneros, 142, 145, 155, 215

H
Heather Hodges, 60
Héctor Ramírez Pérez, 141

Henrique Capriles, 215, 228, 236, 238, 240
Hipólito Hirigoyen, 163
Hitler, 45
Humberto Gómez García, 48, 243

I
Ignacio Ramonet, 119
Ignacio Salvaterra, 151
Instituto do Hemisfério Ocidental para a Cooperação em Segurança, 93
Isaías Díaz Baduel, 144, 154, 155
Isaías Medina, 235
István Mészáros, 123
IT&T, 59
IV Frota Marítima, 179
IVKE Mundial Rádio, 211
IX Conferência Internacional dos Países Americanos, 190

J
Jânio Quadros, 99, 154
João de Gouveia, 55
João Goulart, 40, 61, 63, 64, 99, 138, 154
John Kennedy, 191
Jorge Mas Canosa, 32
Jorge Rafael Videla, 172
Jorge Rodríguez, 235
Jose Amelliac, 58
José Curiel, 151
José Daniel Ortega Saavedra, 23
José Genoíno, 103
José Luiz Azuaje, 146, 147
José Luiz Zapatero, 124, 125, 126
José Maria Aznard, 125
José Martí, 18, 33, 227
José Pepe Mujica, 97
José Pirillo, 176
José Vicente Rangel, 237
Juan Bautista Rodríguez, 154
Juan Carlos de Borbón y Borbón, 124, 126
Juan Manuel Santos, 92, 101, 111, 112, 182, 183, 186, 187, 193, 221
Juan Paz Morález, 39
Juan Roa Sierra, 190

Juan Velasco Alvarado, 61, 62
Julian Assange, 89
Julio Brazón, 151
Julio Rodríguez Salas, 156

L
La Nación, 137, 172, 176, 177, 236, 237
La Razón, 172, 176, 177
Latin American Security Operation, 191
Lei de Democratização da Representação, Transparência e Equidade Eleitoral, 175
Lei de Responsabilidade Social no Rádio, Televisão e Meios, 134, 136
Leonel Brizola, 14, 62, 70, 97, 116, 154, 161, 243
Leonela Realy, 203
Ley dos Medios, 169, 173
Lídia Papaleo, 176
Lincoln Gordon, 61
London School of Economics, 186
Luís Britto Garcia, 123
Luis Henrique Ball Zuloaga, 151
Luís Inácio Lula da Silva, 13, 21-23, 25, 39, 57, 69, 70-74, 76, 77, 84-87, 96-101, 118, 167, 186, 196, 197, 220

M
M-19, 192
Manuel Antonio Rosendo, 145
Manuel Rosales, 151
Manuel Zelaya, 22, 41, 60, 97, 100, 138
Mao Tse Tung, 18, 43
Marco Aurélio Garcia, 98, 220, 221
María Ángela Holguín, 187
María Ema Mejía, 112
María Emma Mejía, 101
María Gabriela Chávez, 155
Maria Isabel Rodríguez, 155
Maria José Sarmiento, 110
Maria Ostoic, 165
Mariano Ospina Pérez, 190
Maritza Izaguirre, 66
Marta Harnecker, 44
Martin Redrado, 109, 110

Maryann Hanson, 208
Maurício Santoyo, 181
MBR-200, 29, 59
Mercal, 214
Miguel Ángel Juarez Celman, 82
Miguel Angel Martinez Capriles, 151
Miguel Ángel Moratinos, 125
Miguel Henrique Otero, 155
Miraflores, 44, 64, 140-142, 144, 145, 149, 152-155, 157, 160
Misiones, 108, 123, 213, 230
Mnoal, 226
Mônica Bruckmann, 104
Mossad, 181
Movimento 19 de setembro, 192
Movimento Bolivariano Revolucionário, 18, 29, 44, 59, 135, 231
Movimento dos Países Não-Alinhados, 226
Muamar Kadafi, 46, 65, 72, 109, 120, 126, 225
Mussolini, 56

N

NAFTA, 20
Napoleão, 43
Nélson Bocaranda, 237
Nelson Jobim, 103
Néstor González González, 141
Néstor Kirchner, 13, 21-23, 39, 69, 76, 84, 86, 88, 96, 101, 163-165, 167, 169, 170, 172, 186, 196, 197, 210
Newsweek, 237
Nicolás Maduro, 133, 186, 187, 226, 227, 230
Noam Chomsky, 123

O

O Estado de S. Paulo, 236
O Globo, 137, 171, 236
Occupy Wall Street, 120
Odebrecht, 25, 74
OEA, 22, 32, 41, 56, 60, 83, 92, 95, 97, 137, 167, 184, 190, 193, 195, 196, 198, 199, 200, 241, 250
Ollanta Humalla, 70, 84, 196
Omar Camero, 155
Omar Torrijos, 61, 62

OMC, 87, 250
ONGs, 39, 84, 151, 175, 181
OPEP, 13, 25, 43, 45-47, 53, 84, 103, 196, 226
Organização do Tratado do Atlântico Norte, 109, 250
Organização dos Estados Americanos, 22, 32, 83, 95, 137, 183, 190, 250
Organização dos Países Exportadores de Petróleo, 28, 45
Organização Mundial do Comércio, 87, 250
OTAN, 101, 102, 109, 119, 126, 225, 250
Otto Neustald, 141
Oval Office, 45

P
Pacto ABC, 37, 38
Pacto de Punto Fijo, 241, 242
Pamela Cox, 128
Papel Prensa, 169, 172, 175, 176, 177
paramilitares, 180, 181, 182, 187, 189, 191, 192
Partido Comunista, 189
Partido Conservador, 189
Partido Liberal, 189, 190
Pat Robertson, 159
Patrícia Poleo, 155
Patrícia Villegas, 119
Patrick Duddy, 60
PDVSA, 13, 35, 46, 47, 51, 52, 53, 55-58, 73, 75, 76, 77, 101, 105, 141, 152, 213, 214, 234
Pedro Carmona, 40, 135, 142, 145-147, 149-152, 155, 156, 157
Perón, 15, 33, 37, 38, 39, 44, 61, 62, 64, 163, 164, 170, 227
Petrobras, 12, 25, 73, 74, 76, 77
Petrocaribe, 49, 75, 78, 79, 225
Petroleos de Venezuela SA, 35, 51
Petrosul, 73, 76
Pilín León, 55, 57
Phillip Goldberg, 60
Plano Ávila, 145
Plano Colômbia, 179, 180, 181
Plano Inca, 62
Plano Laso, 191
Plano Marshall, 190
Ponte Llaguno, 140, 143

Porfírio Díaz, 20
Porto de Bajo Grande, 57
PP, 125
Praça Francia Altamira, 55
PT, 103

Q
Quinta San Pedro Alejandrino, 187

R
Radio Caracas Televisión, 134, 250
Rádio Martí, 114
Rádio Mauá, 12
Rádio Nacional, 12, 54, 123
Rádio Perolo, 153
rádios e TVs comunitários, 152, 153, 155
Rafael Caldera, 32, 66
Rafael Correa, 22, 41, 60, 70, 74, 84, 89, 97, 108, 128, 183, 196
Rafael Ianover, 176
Rafael Isea, 33
Rafael Vicente Correa Delgado, 23
Randy Allonso, 155
Raul Castro, 99, 124, 224
Raúl Díaz Peña, 199
Raúl Reyes, 183, 193
RCTV, 134, 143, 155, 250
Refinaria Abreu e Lima, 73, 77
Resorte, 134, 135, 136, 137
Reuters, 115, 236
Richard Stallman, 119
Rocio Guijaro, 151
Rodada Doha, 87
Rojas Pinilla, 192
Rolando Segura Jimenez, 120
Rupert Murdoch, 114

S
Sadam Houssein, 46, 65
Salão Ayacucho, 149, 156, 241
Salvador Allende, 15, 40, 44, 52, 64, 138, 227
Samuel Pinheiro Guimarães, 85

San Martin, 33
Saul Landau, 118
Servicio Nacional de Medios, 132
700 Club, 159
SIDH, 199
Sidor, 213
Simón Bolívar, 12, 28, 29, 31, 34, 48, 59, 96, 119, 132, 149, 183, 187, 202, 227, 235
SIP, 137, 199
Sistema Interamericano de Proteção aos Direitos Humanos, 199
Sociedade Interamericana de Imprensa, 137, 199
Spruille Braden, 61
Stela Calloni, 115, 116, 243
SUCRE, 92, 93

T
Tabaré Ramon Vásquez Rosas, 23, 70, 86, 96, 97, 196
TCP, 79
Telenotícias, 115
Telesur, 10, 16, 73, 112, 113, 117-120, 129, 155, 156
Televén, 142, 143
Tenentismo, 61
Terceira Posição, 39
TLC, 79
Todd Howland, 180
Torrijos, 33, 61, 62, 64
Tratados de Comércio dos Povos, 79
Tratados de Livre Comércio, 79
Triamo, 147, 154, 155
Tristán Bauer, 118
Tupac Amaru, 33, 117
TV Cubana, 155
TV Pública, 118, 119, 170
Tweeter, 121

U
ULAM, 112, 250
Um Computador por Aluno, UCA, 210
UNASUL, 19, 22, 23, 41, 92, 94-97, 99, 101-105, 111, 112, 167, 172, 186, 193, 197, 198, 200, 219, 221, 239
União Cívica Radical, 165

União das Nações Sul-Americanas, 19, 22, 96, 167
União Latino-Americana de Agências de Notícias, 112
United Fruit, 59
United States of America, 26
Universidade de Harvard, 186
Univision, 114
USAID, 84, 250

V
Vale do Rio Doce, 12, 70
Venezolana Televisión, 54
Vicente Fox, 22, 88
Victor Javkin, 176
Voz da América, 114
Voz do Brasil, 12
VTV, 54, 113, 114

W
Western Hemisphere Institute for Security Cooperation, 93
WHINSEC, 93
Wikileaks, 60, 89, 156
William Jefferson Clinton, 82
William Lara, 157

Y
Yamila Blanco, 132
Yare, 43, 63
Youtube, 18, 121, 125, 151

Sobre o autor

Francisco das Chagas Leite Filho, jornalista e blogueiro, nasceu em Sobral – Ceará, em 1947. Lá fez seus primeiros estudos e começou no jornalismo, através do rádio, aos 14 anos. Aos 18, seguiu para Fortaleza, onde, também atuando no radiojornalismo, terminou o segundo grau e fez o primeiro ano de jornalismo na Universidade Federal do Ceará – UFC. Mudou-se em seguida para Brasília. Aí residindo, desde 1968, e onde terminou seu curso na UnB, em 1970, militou nos principais jornais – *Correio Braziliense, Diário Popular* (SP), *Estado de Minas, Jornal do Brasil, Correio do Povo* (RS), *O Globo* e *Folha de S. Paulo*. Começou na reportagem de cidade, depois cobriu Educação, de onde foi deslocado, em 1974, para a cobertura política, no Congresso e no Executivo.

Entre 1977-78, atuou como correspondente do *Correio Braziliense*, em Londres. Daí para cá, vem alternando sua atuação na mídia pública e privada, sendo atualmente analista político na Liderança do PDT, Câmara dos Deputados. Em 1987, publicou, pela Global Editora, *Brizola Tinha Razão*, retratando o embate do líder trabalhista com o Plano Cruzado. Desde 2007, edita este blog cafenapolitica.com.br, e, em 2008, escreveu *El Caudillo Leonel Brizola – Um Perfil Biográfico*, editado pela Editora Aquariana, de São Paulo.

Impresso por:

Graphium
Gráfica e editora

Tel: (11) 2769-9056